U0943518

本书属于以下项目的研究成果

教育部人文社科基金青年项目（项目号：11YJC740113）

中国博士后科学基金特别资助项目（项目号：2015T80530）

中国博士后科学基金面上项目（一等资助）（项目号：2013M530245）

国家语委“十二五”科研规划项目（项目号：ZC125-14）

Discourse
and
Trade Dispute

话语与贸易摩擦

——以中美轮胎特保案为例

吴 鹏◎著

人民出版社

责任编辑:洪　琼

图书在版编目(CIP)数据

话语与贸易摩擦——以中美轮胎特保案为例/吴　鹏 著. —北京:人民出版社,2017.2

ISBN 978-7-01-016600-1

Ⅰ.①话…　Ⅱ.①吴…　Ⅲ.①世界贸易组织-国际贸易-经济纠纷-研究-中国、美国②世界贸易组织-贸易法-研究　Ⅳ.①F743.2②D996.1

中国版本图书馆 CIP 数据核字(2016)第 194136 号

话语与贸易摩擦

HUAYU YU MAOYI MOCA

——以中美轮胎特保案为例

吴　鹏　著

人民出版社 出版发行

(100706　北京市东城区隆福寺街 99 号)

北京汇林印务有限公司印刷　新华书店经销

2017 年 2 月第 1 版　2017 年 2 月北京第 1 次印刷

开本:710 毫米×1000 毫米 1/16　印张:13.5

字数:210 千字

ISBN 978-7-01-016600-1　定价:49.00 元

邮购地址 100706　北京市东城区隆福寺街 99 号

人民东方图书销售中心　电话 (010)65250042　65289539

文化话语研究:破解现实问题的新路径(代序)

吴鹏博士的新书《话语与贸易摩擦——以中美轮胎特保案为例》即将出版。这本书是在其博士论文的基础上打磨而成,其中凝结了他多年的努力。作为他的博导,我为他的博士论文最终从人民出版社与世见面感到高兴,也为他这些年着眼的研究成果感到欣慰和骄傲。

众所周知,在当代中国,贸易摩擦的解决事关国计民生,也涉及中国的国际形象和关系。对贸易摩擦多角度、多方位、多学科的探索不仅是一项重要的学术问题,还是一个重要的实践问题。简单的文献回顾可以发现,大多数相关研究都局囿于经济学、法学、政治学等传统学科范式,讨论的焦点大多数是如何从经济、法律或外交层面灵活应对贸易摩擦中涌现的各种问题,较少有人从语言学或者话语学的角度关注这一问题。与此不同,在《话语与贸易摩擦——以中美轮胎特保案为例》一书中,作者从前沿的文化话语研究(Cultural Discourse Studies)框架出发,旗帜鲜明地提出,贸易摩擦不仅是经济、政治和法律等单一层面的问题,当然也不单纯是语言/外语问题,而是在外贸领域发生的多元因素交织的文化话语现象。本书作者指出,对贸易摩擦话语的细致分析不但能让人们看清摩擦的发展过程和其中的核心问题,还能揭示交织于摩擦之中的权力关系与意识形态,从而帮助人们更为全面、深刻地把握贸易摩擦的实质与应对策略。我本人对此学术观点十分赞同,但更关心作者如何在这一观点的指引下构建出可行的贸易摩擦话语研究框架。令人欣慰的是,该书在清楚界定"贸易摩擦话语研究"的基本概念框架后,系统论述了贸易摩擦话语研究的对象、目标、问题、方法与原则,大致勾勒出了贸易摩擦话语的基本分析框架。从其对中美轮胎特保案的个案分析过程和结果来看,该研究框架具有理论系统性和可行性,也具有较好的实践意义,为话语研究和贸易摩擦研究搭上了真正对话的桥梁,开拓了两门学科的研究视角、理论与方法。

我一直认为,中国当代话语研究长期以来在理论和方法创新、本土问题意识和跨学科交叉研究三个方面都有所欠缺。在此背景下,中国的话语研究学者和学生亟需在现实问题意识的指引下切实关注当代中国社会的各种变革与发展,突破单一学科的束缚(不论它是经济学、国际关系学,还是语言学),以社会交往传播——文化话语——的新视角,将解决中国本土问题作为研究的一个重要任务和价值取向。而本书恰恰现实问题意识突出,理论构建和分析框架设计有突破,实为难能可贵。

吴鹏是我在国内指导的第一位博士生。就读期间,吴鹏学习勤奋,在国内外核心期刊发表多篇论文,以博士论文为基础申报的课题还先后获得了教育部人文社科基金、江苏省社科基金和国家语委"十二五"科研基金的立项资助。2011 年毕业之后,吴鹏继续在话语研究领域勤奋工作,后续深入研究又先后获得国家社科基金和中国博士后科学基金的立项资助,逐步成长为一位成熟的青年学者。我为中国话语研究界多了一位青年才俊而高兴。希望他能不忘初心,继续开拓,为中国话语研究的创新发展作出更大的贡献。

是为序。

施　旭

教育部"长江学者"特聘教授、博士生导师

杭州师范大学当代中国话语研究中心主任

目　录

图 目 录

表 目 录

前　言

国际贸易是中国经济发展的重要增长点和影响中国外交关系的关键性因素。近年来，在贸易成交量突飞猛进的同时，中国的出口产业频频遭到西方发达国家（如欧盟、美国、澳大利亚、加拿大、新西兰等）和部分发展中国家（如印度、墨西哥、阿根廷等）的调查或制裁。中国商务部2013年发布的信息显示，中国已经连续18年成为世界上遭遇反倾销调查最多的国家，连续8年成为遭遇反补贴调查最多的国家；2013年全年共有19个国家和地区对中国发起了92起贸易救济调查，比2012年增长了17.9%①。正如商务部部长高虎城（2006）所言，中国已然进入了贸易摩擦的“高发期”，如何恰当地应对纷至沓来的贸易摩擦业已成为中国亟待解决的一个重大现实问题。对此，国际贸易学、国际法学、国际政治学等多个学科领域的专家学者做了大量的理论与实证研究，并就如何在WTO摩擦解决机制的框架内采取经济、政治、贸易和法律等多种配套措施策略地应对贸易摩擦提出了若干建设性意见。

在我们看来，贸易摩擦不仅与经济、政治或法律关联密切，还与摩擦各方的话语实践息息相关：一纸贸易调查公告（官方话语）可以引起一场波及海内外的贸易摩擦，也可以使一触即发的贸易摩擦化作乌有；一场关于贸易摩擦的听证会（论辩话语）既可能使摩擦烟消云散，也可能使摩擦白热化；一篇涉关贸易摩擦的新闻报道或评论（媒体话语）既能让人们就此问题达成统一意见，

① 数据来自商务部新闻发言人沈丹阳2014年1月16日在商务部例行新闻发布会上的介绍，参见http://www.mofcom.gov.cn/xwfbh/20140116.shtml。

也能让人们泾渭分明地站成两队……一言以蔽之，在中外贸易摩擦中，话语既有“兴邦”之力，又有“毁邦”之能。

基于上述认识，本书系统论述了中外贸易摩擦话语的内涵、特征以及可能的研究思路，并在真实话语语料的基础上，对2009年中美轮胎贸易特保案中中美各方的话语实践进行宏观与微观两个层面、多个角度的刻画、剖析与阐释，希冀能在理论上为话语研究和贸易摩擦研究搭上对话的桥梁，为中美/中外贸易摩擦话语研究提供一个可行的分析框架，同时在实践上为中国更加智慧、灵活地应对贸易摩擦提供话语使用上的建议。

导　言

一、选题缘起

总体而论，本研究对中外贸易摩擦话语的关注既源自对中国多年来饱尝贸易摩擦（特别是美国、欧盟等西方国家发起的贸易摩擦）之苦且应对乏力的现实思考，也源于对中西方话语研究现状的反思。

（一）愈演愈烈的中外贸易摩擦

“贸易摩擦”①宽泛地说就是不同经济主体在贸易交流过程中为了特定经济或政治利益而产生的矛盾和摩擦（杨衍佐，2009）。改革开放以来，中国抓住经济全球化快速发展的有利时机，对内根本性改革外贸体制，对外大力开拓贸易往来，进出口贸易额逐年上涨。根据中国海关统计的数据②，2010 年 1 到 11 月，中国进出口贸易总额已经达到 2837 亿美元，出口额达到 1533 亿美元，同比分别增长 31.1%和 30.3%，进出口贸易收入占据了中央财政总收入的 1/3（丁黎，2005），对外贸易已经成为了中国经济发展的一个重要支柱。但是，在贸易总额逐年攀升的同时，贸易摩擦的数量也在与日俱增。据 WTO 秘书处的数据显示，在 2008 年全球发起的 208 起反倾销调查和 14 起反补贴调

---

① 本书中的“贸易摩擦”在内涵和外延上与国际贸易领域经常使用的“贸易纠纷”、“贸易争端”、“贸易冲突”等术语基本相同，主要指的是国家与国家之间的、牵涉整个行业的大型贸易摩擦。在本书中，如无特别说明，“贸易摩擦”即为“中外/国际贸易摩擦”，相应地，“贸易摩擦话语”即为“中外/国际贸易摩擦话语”。

② 参见中国海关总署网站公布的“2010 年 11 月全国进出口总值表”：http://www.customs.gov.cn/publish/portal0/tab1/info257089.htm。

查中,中国分别遭遇73起和10起,占总数的35%和71%①。

总体而言,除了数量和强度一直居高不下之外,中国遭遇的贸易摩擦还有三个主要特点或趋势:(1)摩擦逐渐从传统市场扩散到了新兴市场(王碧峰,2005)。虽然美国、欧盟、日本、澳大利亚等发达国家仍是贸易摩擦的"主战场",但印度、俄罗斯、南非、墨西哥等发展国家近年来由于交易额大量增加,与他们的贸易摩擦也呈上升趋势②;(2)摩擦的焦点从单个产品逐渐扩散到产业,且上升到了政策和制度等宏观经济层面(秦法萍,2005;郭兴平,2005),人民币汇率之争和长期争论不休的"非市场经济地位"便是其中最为突出的两个表现;(3)摩擦类型多样化,不仅包括传统的"两反一保"摩擦(反倾销、反补贴、保障措施),还包括技术性贸易壁垒、检验检疫标准、直接或间接实行进口禁令、反垄断措施、社会责任标准、知识产权壁垒、绿色壁垒等多种非关税壁垒的贸易摩擦(刘彤,2007;吴仁波,2006)。

当前,学界对于中外贸易摩擦的研究主要集中于国际贸易学、国际法学和国际政治学三个学科领域,讨论的问题可以大致归纳为有机相连的两点:摩擦产生的原因是什么?如何应对贸易摩擦?对于第一个问题,学者们认为可以从内因和外因两个角度去考察。内因主要包括中国经济的快速发展、出口商品的结构和市场分布过于集中、外贸依存度过高、外贸经营管理体制还不完善、部分外贸统计方法与贸易伙伴不接轨、入世时的"妥协性"承诺(非市场经济地位、特别保障措施、纺织品限制措施、过渡性报告审议机制)等,外部原因主要包括各国经济发展不平衡、世界整体经济发展不景气导致贸易保护主义抬头(特别是2008年经济危机席卷而来之后)、WTO例外条款的模糊性以及争端解决机制的缺陷、部分国家对于中国崛起的恐惧与遏制等(丁黎,2005;

① 参见中国商务部网站公布的"WTO统计2008年中国成为遭遇'双反'调查最多的成员":http://gpj.mofcom.gov.cn/aarticle/subject/mymcyd/subjectdd/200905/20090506258669.html?2447080961=2320678451。

② 2009年1至8月,共有17个国家(地区)对中国发起79起贸易救济调查,其中印度占22起,阿根廷发起10起,土耳其发起6起,巴西、墨西哥、秘鲁、多米尼加、印尼、巴基斯坦各2起,哥伦比亚、哈萨克斯坦、南非各1起。参见中国商务部公告:http://gpj.mofcom.gov.cn/aarticle/subject/mymcyd/subjectdd/200909/20090906504018.html? 3906043393=2320678451。

邵来安,2005;贾海基、李春顶,2006;杨衍佐,2009)。在应对贸易摩擦的方法与策略上,学者们认为政府和企业都要有所行动。具体而言,政府应该根据国际经济环境的变化趋势及时调整经济与贸易发展战略,完善贸易摩擦预警和救济机制,完善国内相关法律和法规,为进出口企业提供更为全面、及时的国际贸易咨询服务,在遇到贸易摩擦时要充分利用 WTO 的贸易争端解决机制;企业则需要转变粗放型的产品出口模式,大力实施品牌战略和多元化市场战略,发展企业集团;在遭遇贸易摩擦时,企业应该借助行会的力量,形成同盟、积极应诉,维护自身的合理权益(王碧峰,2005;范黎波、屠新泉,2005;陈爱蓓,2010)。

受各自学科传统研究范式的限制,上述研究几乎没有提及语言/话语在催生和应对贸易摩擦中的作用,贸易摩擦在这些研究看来不言而喻地仅与经济、政治、外交或法律密切相关。但历次贸易摩擦实例非常现实地告诉我们,正视和重视话语使用对处理贸易摩擦极其关键:2006 年中澳铁矿石贸易摩擦中,本不应作为摩擦话语主体的中国政府不合时宜地介入了两国企业、行会间的谈判,宣布"如果出现不能接受的价格,中国政府要采取必要措施"。这一话语行为立即成为了澳大利亚政府攻击中国不遵守国际贸易惯例、执行贸易保护政策的重要证据,国际批评之声顿时不绝于耳,在很大程度上影响了谈判的进程和最终结果(熊焰,2007);2005 年的中欧纺织品贸易摩擦案中,中国商务部调动了所有相关企业和行会组织参与应对,先是对欧盟提出的每一个论点和论据进行针锋相对的"隔空喊话",赢得国际舆论的支持,后又在关键时刻通过新闻发布会和官方会晤"释放和谈诚意",最终通过十小时的艰苦谈判化解了一场可能给我国纺织业带来灭顶之灾的贸易摩擦。由此可见,在每一场贸易摩擦中,说什么、谁来说、怎么说、什么时候说、在什么场合说等一系列话语的使用问题对于摩擦的解决来说都至关重要。作为一个后发国家,中国在世界贸易活动中可能必须遵循一些西方发达国家根据自己意志制定的、并不平等的游戏规则,有时还会遭遇政治和意识形态主导的贸易纷争,对于这些实际困难,我们不能总以"没有话语权"、"科技含量不够"、"品牌竞争力不强"、"实力不够"等自责性的言说方式来安慰自己和鼓励对方,而是应该认真思考如何以恰当的话语内容与形式更加有理、有据、有力地发出自己的声音，推动国际贸易话语体系的多元化。正如刘亚猛(2004:16—17)所言，在一个远非合理和平等的国际政治和话语秩序内，即使是由于人种、文明、文化、宗教、意识形态等差异而明显处于弱势的一方，也绝非一定说话不响，只有那些已经在内心深处抱有“话说的再多也没有用”的失败主义观念，并对这一局面“认命”的群体才注定总是“默默无闻”。

从摩擦所涉国别上看，中美之间的贸易摩擦尤为引人注目。建交三十年间，中美贸易取得了长足发展，美国已经成为中国的第二大贸易伙伴。截至2010年11月，中美双边贸易总额达到3468亿美元，同比上涨30.2%，是1979年贸易总额(24.5亿美元)的141倍①。在贸易额稳中有涨的同时，由于双方在社会制度、价值观念、经济结构、发展水平、心理状态等诸多方面的差异(刘芹，2001；李春顶，2007)，美国多年来频频借助反倾销、反补贴、各种技术性壁垒和特别保障措施(以下简称特保)②等贸易救济手段向中国发难。2008年金融危机风起云涌之后，美国为了摆脱工商业极度低迷、失业率暴涨的困境，变本加厉地推行贸易保护主义(籍佳婧，2009；杨超、王峰，2010)，针对中国产品的贸易救济调查较之以往更加层出不穷，2009年中美之间的贸易摩擦案件较2008年激增10倍，创中美贸易史新高③。其中，2009年4月至9月间美国对中国消费用替代型轮胎发起的特保调查影响最为广泛，后果也最为严重，它是美国奥巴马时代首起对华特保案，也是迄今为止中国被其他国家成功制裁

---

① 参见中国海关总署网页公布的“2010年11月全国进出口总值表”：http://www.customs.gov.cn/publish/portal0/tab1/info257099.htm。

② 针对中国出口产品的特别保障措施指的是根据《中华人民共和国加入WTO议定书》第16条规定，在中国加入WTO之日起的12年内，如果原产于中国的产品在进口至任何WTO成员领土时，其增长的数量或所依据的条件对生产同类产品或直接竞争产品的国内生产者造成或威胁造成市场扰乱，该WTO成员可请求与中国进行磋商，如果磋商未能使中国与有关WTO成员在收到磋商请求后60天内达成协议，该WTO成员有权在防止或补救此种市场扰乱所必需的限度内，对此类产品撤销减让或限制进口。

③ 参见中国商务部部长陈德铭接受凤凰卫视采访的实录：http://finance.ifeng.com/video/20100127/1761048.shtml。

的首起特保案[①]。在这场轮胎特保案中,中国方面花费了前所未有的人力、物力积极应诉,与美国政府、原诉方美国钢铁工人联合会、美国国际贸易委员会等有关部门和组织据理力争,但最终仍以失败告终,个中原因耐人寻思。鉴于中美贸易的重要意义和中美贸易摩擦花样翻新、不断升级的现状,本书最终选择将这场兼具典型性和重要性的轮胎特保案作为研究个案,以此探索贸易摩擦话语的研究思路和中国的应对策略。

（二）中西方话语研究的现状与反思

"话语"(discourse)简单地说就是"实际生活中的语言活动"(施旭,2010:3)或者"语言的使用方式"(van Dijk,1997)[②],对这种语言活动和使用方式的研究即为"话语研究"(Discourse Studies,DS)[③]。话语研究是一个古老而又十分年轻的学科,说其古老是因为它的研究历史至少可以追溯到中国两汉到南北朝时期兴起的文章学和古希腊先哲对话语修辞技巧的阐述,说其年轻是因为如果从西方语言学家 Harris(1952)正式提出"话语分析"(Discourse Analysis,DA)这一概念算起,系统、独立的话语研究,或者说当代话语研究,至今还不到一个甲子。鉴于西方话语研究[④]对中国当代话语研究[⑤]的深刻影响(这种影响用"亦步亦趋"来概括似乎也并无不妥),我们将首先简要勾勒前者的产生背景、研究范围与主要特征,然后探讨后者的现状与不足。

---

① 2009年12月13日,世贸组织争端解决机构向世贸组织成员散发了中国诉美轮胎特保措施世贸组织争端案专家组报告,裁定美国针对中国输美轮胎所采取的特保措施没有违反世贸规则;2011年9月5日,世贸组织上诉机构就中国诉美轮胎特保措施世贸争端案发布裁决报告,驳回了中国的上诉,维持了美国的特保措施决定。也就是说,特保案最终以中国的失败告终。

② 学界对于话语的定义众说纷纭,为方便下文叙述与讨论的迅速展开,此处只给出两个较为宽泛、学界普遍认同的定义。本书对话语的理解详见第二章。

③ 本书中的"话语研究(Discourse Studies)"在内涵与外延上与话语分析(Discourse Analysis)和语篇分析(Text Analysis)等术语相似。之所以使用"研究"(studies)一词而不使用"分析"(analysis)主要是因为我们比较认同 van Dijk(2007:xix,xxxvii)的观点,倾向于将其视作一种有其理论目标的独立学科(discipline)或学术领域,而非仅仅一种"分析方法"。

④ "西方话语研究"主要指的是英美国家的话语研究以及继承了英美国家话语研究传统的其他西方国家的话语研究(比如澳大利亚、加拿大等)。囿于篇幅所限,本书没有按照国别对西方各国的话语研究进行详细介绍与评价,而是较为笼统的介绍西方话语研究的情况。

⑤ 囿于篇幅和文献收集渠道的限制,本书所讨论的"中国当代话语研究"主要指的是大陆地区的话语研究,不包含港澳台地区的话语研究。

1.当代西方话语研究

当代西方话语研究的产生是20世纪60、70年代哲学、社会学、人类学、语言学等多门学科发展变革和相互影响的结果(Bhatia et al.,2008:2)。在哲学领域,以Wittgenstein、Ryle、Austin、Strawson等人为代表的日常语言哲学学派旗帜鲜明地提倡将人们日常使用的语言(而非理想化的人工语言或逻辑语言)作为哲学的主要分析对象,按照日常语言中使用的意义来理解和使用各种哲学范畴(夏基松,2009:184—189)。他们的语言思想(包括对日常语言的重视、对语言功能与意义的阐释、言语行为理论等)为后来的话语研究奠定了坚实的理论基础,其中,Austin(1962)提出的"言语行为理论"(Speech Act Theory)直接为话语研究提供了一种基础性的分析方法;在社会学领域,以Goffman(1959)和Garfinkel(1967)为主要代表的一些社会学家注意到了语言使用在社会行为和社会结构形成中的重要作用,主张将研究目光从宏观的社会结构转向社会主体间的日常语言交流与互动。在他们的影响下,Sacks等人(1974)开创了"会话分析"(Conversation Analysis,CA)——一种重要的话语分析方法,专门对日常交谈的会话结构进行细致分析,探讨会话的语言特点、社会属性与社会功能;在人类学领域,Hymes(1972)等人创立了"言语民俗学"(ethnography of speaking/ communication),对特定社团成员的语言使用惯俗及身份认同进行田野调查与剖析,试图从中发现社会—文化因素对人们语言使用的影响。这种研究方法不仅超越了传统人类学的神话、轶事研究传统,还为话语研究开拓了田野调查式的语料收集方法和社会—文化取向的分析模式;在语言学领域中,一些学者开始反思由Saussure开创的结构语法与Chomsky创立的生成语法对句法系统的重视和对语言实际使用的忽视。他们认为语言的真实使用情况绝对不能简化为一组孤立的、抽象的、研究者自己"发明"的句子,语言研究者还要关注比单个句子更大的、整体性的语言单位——话语/篇章①。出于

① 早期学者将这种"比句子更大的语言单位"区分为两种,一类是代指书面语言"篇章"(text),另一类是代指口头语言的"话语"(discourse)(黄国文,1988:3—4)。虽然目前学界对这两个词语的指代仍有争议(黄国文,徐珺,2006;黄国文,2007),但总体趋向是将两者画上等号。本书对这两个词语不做区分,统一使用"话语"(discourse)指代书面与口语语言。

这样的理念，van Dijk、Grimes、Dressler 等人提出了“语篇语法”（text grammar）的研究范式，重点分析句群之间的语义与功能联系，包括语篇的连贯方式以及主要信息与焦点在语篇中的分配等。语篇语法研究突破了语言学的传统句法研究范式，但是它仍旧没有跳出结构主义语言学的研究范式，忽略了语言使用的社会属性（van Dijk，1997：26；van Dijk，2007：xx）。Halliday、Hasan 等人在同一时期开创的“系统功能语言学”（Systematic Functional Linguistics，SFL）弥补了这一缺憾，他们继承了伦敦语言学派的语言思想，认为语言是传递社会结构、价值观、知识系统和各种深层的文化结构的重要方式；语言的意义仅存在于特定的语境与情形之中（Halliday，1973：45），主张以社会的视角，从语言系统和语言功能两个层面，结合具体语境来理解和分析实际使用中的、真实的语言现象。语篇语法理论和系统功能语言学为话语研究奠定了坚实的语言学基础、提供了较为系统的语言分析方法，使话语研究在语言学领域中站稳了脚跟。

除了上述哲学、社会学、人类学、语言学等学科外，其他许多人文社会学科（如心理学、符号学、传播学、文化学等）都在 20 世纪 60、70 年代开始对实际使用中的语言—话语产生了浓厚的兴趣并提出了相关理论与研究方法。总体而言，这些理论与方法的最大共同点（或共通之处）在于：（1）关注的不是抽象的语言系统和虚构语句，而是人们在自然场景中对语言的真实使用；（2）分析单元不是孤立的词语或句子，而是比其更大的语言单位，如篇章、话语、会话、言语行为、交际事件等；（3）将语言研究视域从传统的语法研究拓展到了对语言行为和互动的剖析；（4）高度重视社会、文化和认知语境对语言使用的影响（van Dijk，2007：xxii）①；（5）打破了语言学对语言研究的“专属权”，提倡综合多门学科对现实的语言使用进行全面、透彻的研究。事实上，这些共同点正是话语研究与其他类型语言研究（如句法研究、语音研究、语言形态研究等）的不同之处，也是当代西方话语研究一直秉持的研究立场。

---

① van Dijk（2007：xxii）总共列举了七个共同点，但是本书认为此处列出的这四点最具说服力，也最能说明各学科在话语研究问题上的共同点。

经过五十余年的发展，西方学界对于话语和话语研究有了更为成熟的看法，话语被认为是一种兼具语言、认知、社会和文化等多重属性的人类活动：首先，话语主要表现为对语言的使用，语言符号是话语活动的重要载体。其次，话语与话语主体（说话人与听话人）的认知和心理密切相关，语言使用者的个人认知模式和与他人共享的社会文化表征在话语活动以及话语的描述和解释中起到了关键性作用（van Dijk，1997：31）。再次，话语具有社会实践性，它参与了社会结构各个方面的构建，同时又直接或间接地受到社会结构的制约和塑造（Fairclough，1992；64）。最后，话语还是一种文化现象（Gumperz，1982：3；Shi-xu，2005：156），话语的内容与表达形式无所选择地根植于说话人所处的文化土壤。

基于对话语上述属性的认识，西方学者从不同的研究/学科角度出发发展了风格迥异的多种话语研究方法，如言语行为研究、互动社会语言学研究、言语民俗学研究、语用学分析、会话分析、内容分析、变异分析、修辞分析、论辩研究、系统功能分析、叙事分析、社会心理分析、话语认知研究等[①]（van Dijk，1997：13－23；van Dijk，2001，2007：xxvii－xxxiv；Titscher et al，2000：51；Renkema，2004；Schiffrin，1994）。从研究目标上看，话语研究大致可以被分成“描述性”（descriptive）和“批判性”（critical）两种类型（Johnstone，2008：27）。前者认为人类的话语活动是一种“客观存在”，是可以被认识、被描述的，话语研究的主要目的应该是“客观”地“描述”语言的使用情况，研究者不应（也不能）奢望以此改变社会、解决实际的社会问题；后者受相对主义（relativism）和批判社会理论（特别是 Foucault 和 Habermas 的批判思想）的影响，认为世界上并不存在什么“科学”、“客观”、“普适”的“事实”或“知识”，所谓的“事实”和“知识”只不过是权力、控制的话语再现（discursive reproduction）。因此，话语研究者不应停留于（但绝不是不重视）语言层面的描述性分析，而是应该通过话语研究“解放”（emancipate）那些被压迫、压制、禁锢（特别是思想、认知层面

① 话语研究通常综合运用多种方法，此处仅是按照研究方法的理论基础和侧重点的不同而进行的简单分类。

的)的群体。当前,西方越来越多的话语学者开始从事这种"批判性"的研究(Johnstone,2008:28),"批判话语研究"(Critical Discourse Studies,CDS)①就是其中影响较大的一个学派②。

总体而言,当代西方话语研究主要呈现出三个特点:(1)问题导向/驱动(problem-oriented/driven)的研究如日中天。话语研究者不再满足于纯学术的语言描述与分析,而是试图从话语和话语研究的角度对现实存在的各种社会、政治、文化、经济等问题(如种族歧视、教育不公、性别歧视、医患冲突等)进行阐释和干预(intervention)③。换句话说,研究者越来越关心话语研究的实践性意义,而不是一味专注于其理论性意义;(2)跨/多学科交叉、多种理论与方法并用的研究格局日渐清晰。如前所述,话语研究的产生是哲学、社会学、人类学等多门学科合力的结果,从一开始就深受不同学科理论和方法的影响,而在话语的语言、认知、社会和文化等多重属性被广泛认可之后,跨/多学科的话语研究就基本成为了西方学界的共识;(3)细致清晰的语言分析仍是一个重点。话语首先表现为对语言符号的使用,其他属性都要建立在这一基础之上,因此,"以较为清楚的方式展示语言分析的过程"通常被视作话语研究的重点(Johnstone,2008:4),也是话语研究区别于其他社会科学研究的一个重要特征,因为与话语研究对语言层面分析的重视相比,其他人文社会学科领域"往往不关心语言活动本身,最多把它作为一种工具或者手段去获取'其中'或

---

① 批判话语研究在英语中主要有两种表达,即"critical discourse analysis,CDA"和"critical discourse studies,CDS",在汉语中则有"批判/批评(性)话语分析"、"批判/批评(性)语篇分析"、"批判/批评(性)话语研究"等不同译法。本书对这些内涵相同的英汉术语不做区分,统一使用"批判话语研究"(critical discourse studies,CDS)。

② 纵观当前西方各国的话语研究可以发现,"批判性"和"反思性"是许多研究者普遍采纳的一个研究视角,但并不是所有研究者都认为自己的批判性研究属于"批判话语研究",因为提到"批判话语研究",我们似乎更容易将其局限于几种固定的研究模式(如 van Dijk 的"社会—认知"分析、Fairclough 的"三维分析模式"、Wodak 的"话语—历史"分析法等),虽然这并不符合"批判话语研究"学派兼容并包的研究思路(Wodak,2006)。为避免混淆,本书将"批判话语研究"视作批判性话语研究的一个重要流派,而非全部。

③ 由话语研究领军学者 T.A.van Dijk(2007)主编的 Discourse Studies(五卷本)收录了 79 篇佳作,代表了当前西方话语研究的最新成果,其中绝大多数研究有着明确的问题意识,着眼于现实社会问题的解决。

‘背后’的‘信息’、‘知识’、‘事实’”(施旭,2008)。

2. 中国当代话语研究

始于两汉时期、鼎盛于南北朝的文章学和修辞学一般被视作中国最早的话语研究①。其中,南北朝时期刘勰的《文心雕龙》是中国学术史上最早系统论述话语的一部杰作(施旭,2008;袁晖,2000:9)。在这部鸿篇巨制中,刘勰讨论了语言与符号的基本作用、功能、性质,涉及词语的表达、指称、意义,探讨了汉语话语的词语意义多维复合结构,展现了中国传统文化对语言、符号精细而深刻的见解(唐青叶,2009:362)。遗憾的是,《文心雕龙》的话语理论在其后的一千多年中没有得到全面、系统地继承和发展,也没有形成相应的学派,只是部分地在个别学科领域(传统文论研究)中得到了转化(施旭,2008)。

20 世纪 80 年代,中国一些学者,如王福祥(1981,1989)、黄宏煦(1982)、廖秋忠(1983)、黄国文(1988)、陈平(1987)、钱敏汝(1988)等人开始逐步引介西方话语研究的理论与方法,并试着将其应用于汉语语料的分析。从徐珺(2007)统计的数据来看(数据来源于中国知网和万方数据库),这一时期(截至 1991 年)中国内地学者在话语研究方向上所发表的文献仅有 72 篇,其中 25 篇是阐述和介绍国外语篇分析学术动态的参考性文献。从引介或研究的主题与内容上看,讨论最多的主要是话语结构、连贯、衔接、主题、信息分布等“纯语言学”问题,话语的社会、文化等其他属性几乎没有涉及。在语言学领域之外,其他与话语密切相关的学科,如社会学、人类学、心理学等,对话语研究这一“新鲜事物”(尽管此时西方人文社会学科同行对话语和话语研究的关注已有近二十年的历史)大多持观望态度,鲜有系统的评介性或应用性论著出现。在众多专家和学者②的努力下,20 世纪 90 年代中期以后(特别是 2000

---

① 先秦时期孔子、老子、孟子等诸子百家也对“言”、“辞”、“语”有过零散的论述,但真正将“文章”(在内涵上最为接近今天的“话语”概念)作为主要研究对象并加以系统研究的论著出现于两汉到南北朝期间。

② 特别是以胡壮麟、顾曰国、施旭、黄国文、朱永生、苗兴伟、何自然、徐盛桓、何兆熊、冉永平、任绍增、辛斌、吴宗杰、徐赳赳、马博森、王振华、丁建新、田海龙等人为代表的一批话语研究者。

年后），话语研究在中国开始真正起步，学术关注度有了大幅提升①，国外许多话语研究的理论与研究方法，如语用学研究、会话分析、系统功能语言学、内容分析、叙事分析、批判话语研究等，被较为完整、细致地引介到了内地，话语研究逐渐成为一门“显学”。

相比20世纪80年代的相关研究，当前中国话语研究主要呈现出三个重要特点：(1)稳定的多学科话语研究队伍基本形成。从中国知网（CNKI）的检索结果②来看，1995年以后中国内地共发表话语研究方向的论文近三千篇，硕士论文四百余篇，博士论文三十余篇，加上国内出版的各类话语研究专著、会议论文、国外出版的论文（著），中国话语研究成果的数量可谓非常庞大。更为重要的是，就学科分布而言，话语研究已不再是语言学的“专利”，社会学、传播学、心理学、法学、国际关系学、逻辑学等众多学科的研究者都开始积极引介、应用话语研究的理论与方法。(2)应用型话语研究的数量显著增加。与80年代话语理论介评一统天下的研究状况不同，当前话语研究主要可以分为理论介评（国外话语理论的引进与探讨）、理论建设（原创性话语理论研究）和应用研究（对国内外话语理论与方法的应用）三类。在这三类研究中，应用研究的数量最多且逐年增加，这说明越来越多的话语研究者已不再满足于纯粹的理论引介，开始认真思考如何将现有理论框架应用于实际的问题分析中。粗略看来，话语研究的理论与方法已被广泛应用于中国许多社会领域，如教育问题（朱旭东，2000；谭斌，2006；李钢，2009）、传播问题（胡春阳，2007；代树兰，2009）、医疗问题（田海龙，2004；于国栋，2008）、法律问题（廖美珍，2003；杜金榜，2004）、旅游问题（田海龙，2009；冯捷蕴，2010）、城市发展问题（施旭，2009）、国际关系问题（郑华，2008；孙吉胜，2009）、贸易摩擦问题（吴鹏等，2010，2011；杨文慧，2009）等。(3)批判性的话语研究异军突起。如果说80年代到90年代初是描述性话语研究占据主导地位的话，那么90年代中期以

① 参见中国知网（CNKI）统计的数据：http://trend.cnki.net/trendshow.php? searchword=%E8%AF%9D%E8%AF%AD%E5%88%86%E6%9E%90。

② 为了穷尽性地检索到所有与话语研究相关的文献，我们分别以“话语”和“语篇”为关键词和标题在中国知网数据库中进行多次检索和筛选。

后就是批判性的话语研究与描述性话语研究“平分秋色”的时期。在辛斌、吴宗杰、丁建新、田海龙、项蕴华、纪玉华、陈丽江、支永碧等专家和学者的推动下,国外多种批判性的话语研究理论与方法(不仅包括 CDS 理论与方法,还包括 Foucault、Laclau & Mouffe、Derrida、Habermas、Bakhtin 等人的话语理论)被引介至中国,部分还得以现实运用。

总之,在过去的三十年里,中国话语研究取得了巨大进展,研究成果和研究队伍的数量与规模都处于世界前列(徐珺,2007)。但是,毋庸讳言,中国话语研究的总体水平与西方同行相距甚远。具体而言,当代中国话语研究主要存在四个重大问题:(1)忽视了非英语国家理论、方法的引介与研究。中国的话语研究者大多出身于英语专业,而非外语专业出身的研究者所掌握的外语又大多是英语,因此,过去三十年间引介至中国内地的基本上是英语国家(如英国、美国、加拿大、澳大利亚等)的话语研究,非洲、亚洲、拉丁美洲等世界其他国家或地区的话语研究甚少被关注,更没有系统的研究①。这种情况造成的直接后果就是研究者往往有意或无意地言必谈英美传统、言必提“系统功能”②、言必及“CDS”,看不到其他国家或地区优秀的话语研究资源,更无法与他们进行有益的学术对话,学术视野的拓展也因此深受影响。(2)理论与方法创新不足。作为西方学术的“舶来品”,当代中国话语研究理想的发展模式可能应该是“引介+批判+创新”:引介西方话语理论和方法是基础与前提,批判西方研究范式的不足、创新本土话语理论和研究方法是发展的关键。但目前我们话语研究现状是介绍、照搬、照套西方研究范式有余,批判与创新却严重欠缺。在 CNKI 上搜集到与话语研究相关的 3000 余篇文献中,有 1000 余篇是对西方研究的引介,1700 余篇是对西方话语理论与方法的应用(通常是不加任何批判或反思的套用),只有不到 150 篇是对西方研究的批判和本土化创新。由于缺乏必要的创新,中国话语研究者长期以来无法在国际学界发

① 从这点上看,本书之前对西方话语研究的介绍与评论也存在这样的“国别忽视”问题,这主要囿于笔者非英语外语能力的限制。

② 甚至有著名学者直接宣称“系统功能语言学是一种比其他理论更适合于语篇分析的理论,我们完全可以只用这一理论来指导我们语篇分析的实践”(黄国文,2007)。

出独立而清晰的声音，难以与西方同行平等对话，只能在他们圈定的研究范围内"戴着镣铐跳舞"。更重要的是，西方的话语研究范式扎根于西方文化圈内共享的价值体系与语言—社会观①，有其独特的研究旨趣和社会目的，将这种研究范式不加扬弃地应用于中国文化、历史、社会背景下的话语现象无异于削足适履。(3)缺乏本土问题意识。如前所述，问题驱动/导向是当代话语研究的一个主要特征，也是话语研究者参与社会实践的重要方式。中国话语研究不乏问题意识，每项研究都有明确的研究问题，但是他们关心的要么是西方世界关心的问题，如美国总统的就职演说、美国/英国的新闻话语、美国的教育话语等，要么就是纯粹的学理问题，对中国当代社会的实际问题缺乏应有关切②，这与西方同行对社会现实问题的密切关注形成了鲜明对比。事实上，处于变革期的当代中国在社会、经济、政治、文化等每个领域都有大量值得进行话语研究的问题，如果我们的话语研究意在切实为社会变革作出贡献，意在与其他学科思想进行对话与交融，而不是在象牙塔内"自娱自乐"、"孤芳自赏"，就理应给予这些问题以更多的关注。(4)跨学科交叉研究亟待加强。虽然语言学、新闻学、社会学、法学等多个学科领域都在进行话语研究，但"画地为牢"、固守学科界限的局面一直没有得到根本改变：一方面，语言学领域的话语研究往往只注重话语的语言层面分析，其他学科知识通常只作为语言分析的"背景资料"，缺乏对话语"非语言"属性的深入考察；另一方面，其他学科领域（如社会学、新闻学、法学等）的话语研究主要关注话语背后的社会意义，对话语本身缺乏细致、系统的语言层面剖析，因此，在话语语言属性和其他属性的关系论证上很难做到既有"理"又有"据"。

---

① 施旭（2008）认为，如果以中华文化为参照，西方的话语研究的文化特殊性主要体现在四个方面，即功能主义、个人主义、二元对立和语言中心论，这与中华文化和话语观有着本质区别。

② 一些关切现实的话语学者已经开始对中国的实际问题作出了话语解读，如黄敏（2004）运用 van Dijk 的新闻话语结构理论对中国大陆和中国台湾新闻媒体关于福建渔民与台海巡逻人员发生冲突的报道进行了剖析；项蕴华、张迈曾（2005）分析了国企改革中下岗女工身份的话语构建问题；田海龙（2004）对 2003 年"非典"爆发期间中国卫生部新闻办公室发布的病例报告进行了批判性分析；施旭（2010）从话语研究的角度对中国的人权、城市发展、公众空间等问题进行了详尽剖析。

针对中国话语研究的现状和存在的问题，对比西方话语研究的范围与特征，我们认为中国的话语研究者应该着力在三个方面有所作为：(1)正确认识话语研究在学术意义和社会责任两个方面的有机统一关系，在重大问题意识的指引下真正关注、审视当代中国的各种变革与发展，将解决或部分解决社会现实问题作为话语研究的一个重要任务和价值取向。(2)批判吸收西方话语研究理论的同时大力挖掘中国传统的文化话语观，在此基础上创新并构建能够集中西方话语思想之美、根植于中国文化土壤、适合中国社会—历史语境的话语研究理论与方法（施旭，2008a，2008b，2010：50—74）。(3)打破学科间的陈陋藩篱，加强不同学科在话语研究上的对话、合作与融合，从多个角度和层面深入探讨话语的丰富属性。

在上述三方面举措中，重大现实问题意识是发展中国话语研究的起点，也是构筑话语理论和跨学科合作的一个重要前提。施旭（2010：73—74）从社会实际和学术创新两个角度出发，将中国的现实话语问题大致分为七类，即发展话语、行业话语、民族话语、主权话语、危机话语、文化交融话语和跨文化话语。在这七类话语问题中，贸易摩擦问题显得尤为突出，它不仅与中国的经济发展（发展话语）和行业安全（行业话语）息息相关，还与外交危机（危机话语）密切相连，是话语研究者应该关注的一个重大现实问题。

综上所述，无论是出于对中国话语研究现状的反思，还是出于中外贸易摩擦研究的现实需要，贸易摩擦话语都是一项有意义的、亟待拓展的研究领域。

二、国内外研究综述

国内外学界与本书研究主题“中美轮胎贸易摩擦话语研究”密切相关的研究主要有两大类：国际贸易话语研究和中美轮胎贸易摩擦研究①。

（一）国际贸易话语研究

如果国际贸易可以被定义为“世界各国（或地区）之间进行的以货币为媒

① 目前国内外专门的国际贸易摩擦话语研究尚不多见，仅有中国学者施旭（2010）、吴鹏、邹慧民（2010）、吴鹏、黄澄澄（2011）等人对此进行了初步探讨，本书将他们的研究一并归入“国际贸易话语研究”。

介的商品交换活动”(贾建华、阚宏,2002:1)的话,国际贸易话语就可以被大致界定为“世界各国(或地区)间商品交换过程中的语言使用行为”。目前中西方学界对这种语言使用行为的研究大多冠以“国际贸易沟通”(international business communication)、“国际贸易谈判”(international business negotiation)或“跨文化贸易沟通”(intercultural business communication)之名。虽然名称上有所差别,但三者究其本质都是在探讨国际贸易过程中的“话语沟通”问题,因此本书不再对其进行细致区分,而是将其归为一类,从总体上介绍它们的主要内容与特点。

从具体的研究问题和研究内容来看,为数不多的国际贸易话语研究主要可以分为两类:第一类探讨语言/话语与国际贸易的关系,第二类主要探讨文化因素对国际贸易话语沟通的影响。

1.语言/话语与国际贸易的关系

西方学者对语言与国际贸易之间关系的系统论证始于20世纪90年代,那时他们的关注点主要集中于英语对贸易交流的影响。其中,Hilton(1992)曾就英语在日本对外贸易中的重要性问题采访了日本企业的多位行政管理人员,发现能够熟练使用英语进行贸易交流的日本企业似乎更容易与英语国家的企业成功达成交易,这些日本企业特别注重自己英语的实际表达能力,而不是一味追求标准的英语口音;Scott(1995)在其研究中描述了“河口英语”①在英国贸易沟通中的广泛使用,并建议所有希望与英国商人进行正常贸易往来的他国商人都要熟悉河口英语的发音与词汇;Lundelius(1997)在调查了中国香港外贸企业对英语的使用情况之后发现,大多数中国香港企业在对外贸易活动中都将英语作为主要交流语言,且以书面英文交流为主;在书面交流中,中国香港外贸人员最重视的是谋篇布局的技巧,其次是语法技巧;Goby(1999)其后也对新加坡的国际贸易交流进行了细致调查并大致描绘了新加坡英语变体在贸易交流中的具体使用情况,她的研究提出了一个供学者们广

① Estuary English,一种介于英式标准音和伦敦音之间的英语变体,有明显的语音和语法特点。

泛探讨的、十分实际的问题,即我们是否需要一种共同的英语使用方式来满足跨文化和跨语言贸易沟通的现实需求?Choi(2002)采用定量分析的方法对使用不同语言的两个经济实体之间贸易交流状况进行了调查,结果发现在贸易自由的情况下,两个经济实体在贸易沟通中通常会使用工资水平较高一方的语言,且长远看来工资水平较高、使用者众多的语言将会成为国际贸易的通用语言,这样看来,满足这两个条件的只有英语。

上述各项研究中一个显而易见的预设是将使用“共同语言”(common language)作为国际贸易交流的充要条件,认为只要能有一种共同语言,比如英语,贸易沟通就会正常进行。针对这一不言而喻的预设,Melitz(2008)提出了反驳意见,他认为我们不能将注意力仅放置于使用何种语言上,还要考虑话语渠道的问题。在此认识下,他进行了大量数据分析,分析结果显示,在使用同一种语言的情况下,借助翻译和直接交流(Direct Communication,DC)对外贸沟通有着不同的促进作用:直接交流更加有助于外贸沟通,其效果是非直接交流的三倍,但借助翻译可以帮助外贸人员有效跨越语言障碍,即使没有一种共同语言,贸易沟通也不会完全失败。Hutchinson(2002)的研究部分证明了Melitz的观点,他在考察了美国1995年与世界其他33个国家的双边贸易沟通后发现英语无论是作为第二语言还是第一语言对出口贸易的影响都不大,但是对进口贸易的影响较大。但是,Lohmann(2011)认为语言障碍(即不能使用同一种语言交流)对国际贸易的影响远比以往想象的要大得多,他以语言障碍指数(Language Barrier Index)为测量工具,采用定量研究的方法对201个国家的贸易情况进行统计分析,结果发现当语言障碍指数上涨10%时,两个国家的贸易量就会下降7%—10%。

与上述学者对贸易交流语种的关注不同,Levy和Wilkinson深入探讨了话语对国际贸易关系的构建性作用。Levy(2002)通过对WTO条款的批判性话语研究,揭示了国际贸易长期秉持的“自由贸易”(free trade)相关话语背后隐藏的权力关系。他认为,貌似公正、合理的“自由贸易”只不过是一整套相关话语构建的产物,自由贸易话语体系的背后是秘而不宣的意识形态、道德和价值偏向,在这套话语体系的支配下,发展中国家和不发达国家只能按照发达国家为他们设定的路线行进。Wilkinson(2009)批判性地剖析了当前世界贸易领域盛行的关于多边贸易自由化体系即将瓦解的“危机话语”(crisis discourse),分析结果显示这些危机话语的出现主要是为了服务于GATT和WTO的机构性发展,促成GATT缔约方和WTO成员国之间达成协议。

中国学界系统探讨语言与国际贸易关系的学者主要有谢毅、王蕾、杨文慧、施旭、吴鹏等人。谢毅(1999)从贸易谈判实践的角度讨论了国际贸易谈判中的一些话语策略,如虚假地解决问题、限定讨论范围、以关系作为筹码、诉诸权威等。王蕾(2004)从话语范围、话语方式和话语体式三个角度出发,以真实的英语谈判为语料,细致分析了外贸谈判英语语域的语言特征。她认为外贸谈判英语有其自身的语言特征,语言的选择要视谈判目的、性质、角色关系以及面对面谈判方式而定。杨文慧(2009)从福柯的“话语—权力”理论出发剖析了中美贸易谈判中的“话语权利”与“话语权力”问题。她认为在现代国际贸易谈判中谁拥有了话语权,谁就能最大限度地操控和影响谈判的走向和实质。其中,政治因素、谈判者的认知形式和话语配备决定了话语权的实现。因此,要创立话语权共享的谈判境界,在提高国家政治经济实力的同时,我们必须了解话语与权力联结的隐蔽机制,洞察话语与主体之间的复杂关系。

施旭、吴鹏等人探讨的主要是话语在国际贸易摩擦中的作用及其可能的研究范式。他们认为话语是国际贸易(摩擦)的重要组成部分,研究贸易摩擦不能仅从经济、政治或法律角度出发,还要从话语和话语研究的角度对国际贸易和贸易摩擦问题进行探讨。其中,施旭(2010:98—125)简要论述了国际贸易话语的基本理论假设并以中欧鞋类贸易摩擦为例,围绕谁在说话、谁不在说话、说什么、如何说、构建什么样的社会关系、时空和文化关系把握如何、产生何种影响等基本研究问题细致论证了国贸话语的研究方法。吴鹏等人(2010,2011)在施旭教授研究的基础上,系统探讨了贸易摩擦话语研究的对象、目标、问题、原则与思路,并以中美轮胎贸易摩擦为例展示了贸易摩擦话语研究的多种研究方法。

总体看来,当前中西方学界对语言/话语与国际贸易之间关系的探讨主要有两个发展特点:(1)随着全球一体化程度的不断加深,各国外贸人员的外语应用水平都有了很大提高,语言能力对国际贸易的影响越来越小,研究者的研究视角不再局限于某一语种在贸易沟通的作用,转而探究外贸人员的整体语言使用方式(或者说是“话语”)及其对于贸易沟通的影响。(2)受后现代批判理论和批判性话语研究的影响,学者们(不仅是语言学者,还包括国际贸易领域的学者)开始关注现行国际贸易体系背后隐藏的话语秩序和权力关系,试图从中揭示、批判西方发达国家控制世界贸易格局的话语“操控”与“遮蔽”手段。这两个发展特点,特别是后一特点,对本书的研究思路有很大的启示性意义。

2.文化因素对国际贸易话语沟通的影响

文化因素对国际贸易话语沟通的影响是中西方学者共同关注的一个热点问题。西方学界在这方面的研究主要是基于 Hall、Hofetede 和 Janosik 三位学者提出的跨文化交际理论。

Hall(1976)认为文化有高语境文化(high-context culture)和低语境文化(low-context culture)之分,在高语境文化中,绝大部分信息已经存在于传播双方的物质语境中,或者已经内化于个人内心,极少存在于双方所运用的语言和信息之中,因此语言和信息是模糊而不充分的,以中国为代表的东方国家大都属于这种高语境文化国家;在低语境文化中,沟通交流双方主要依赖他们所运用的语言,因此语言和信息一般清晰而充分,美国和欧洲大部都属于低语境文化国家。Fisher(1983)认为正是这种高低语境文化的差异给国际贸易的话语沟通与谈判带来了巨大阻碍。为了验证这一文化理论在国际贸易沟通中的现实反映,Mintu-Wimsatt 和 Gassenheimer(2000)对 186 名美国(低语境文化)出口商人和 285 名菲律宾(高语境文化)出口商人的贸易沟通进行了实证研究。研究显示,在同一文化圈内,男性和女性的商务谈判沟通方式几乎没有差别,但是在不同文化圈内,低语境文化下的美国商人表现出更加强势的谈判风格,而高语境文化下的菲律宾商人通常采用合作型谈判方式,强势的谈判风格是他们所不能接受的。这充分说明了跨文化贸易活动中了解对方文化语境和人口特征的重要性。Adler、Brahm 和 Graham(1992)、Gram、Minlu 和 Rogers(1994)、Mintu-Wimsatt 和 Calanlone(1995)等人的研究也都显示,身处高语境文化的中国商人无论是在国内贸易谈判还是在国际贸易谈判中都会倾向于采用问题解决型的谈判策略,且谈判者的个人魅力与谈判对手对谈判结果的满意度高度正相关。

总之,西方学界一般认为高、低语境文化在贸易谈判沟通中的不同表现可以归结为如下几点:来自低语境文化的人倾向于将间接处理冲突的方法视为一种软弱或者逃避,而高语境环境中的人倾向于将间接处理冲突的方法视为有礼貌和有品位;低语境文化者经常将冲突事件和相关人员分隔开,而高语境文化者一般认为冲突与问题和引起这些问题的人是息息相关的(Augsburger,1992)。

由 Hofstede 等人提出的区分文化差异的五个维度也是国家贸易话语沟通的重要理论基础。Hofstede(1980)在其经典之作 *Culture's Consequences: International Difference in Work-related values* 一书中从权力距离(power difference)、对不确定因素的避免(uncertainty avoidance)、个人主义/集体主义(individualism/collectivism characteristics)、男性化/女性化(masculinity/femininity)四个角度剖析了不同的文化偏好。8 年之后,Hofstede 和 Bond(1988)又在此基础上结合中国儒家思想,增添了长期/短期取向(short /long term orientation)这一维度。为了检验 Hofstede 等人提出的这一跨文化沟通理论,Gulbro 和 Herbig(1999)进行了一项实证研究。他们向美国进出口企业发放了一千份问卷调查,同时向驻美的跨国企业(包括中国、拉丁美洲国家、法语国家、日本等)发放了两百份问卷,这些企业基本分布在 Hofstede 所划分的五个文化维度内,调查结果发现:高度集体主义文化圈内的外贸从业人员会在与贸易谈判沟通并不直接相关的间接活动上花费更多的时间,而高度个人主义文化圈内的人则会把大部分时间用在贸易谈判上;在权力距离较大的文化语境中,个人通常不愿意在达成谅解上耗费时间,而女性化色彩浓重的文化更愿意花费时间去劝服对方;对不确定因素避免程度较高的文化也不愿意为了达成一致而花费大量时间。这个研究结论与 Hofstede 的主张基本一致。

Chang(2002)从中国台湾铭传大学和美国诺瓦东南大学各挑选了五十位 MBA 学生作为研究对象,对他们的国际贸易沟通与谈判技巧进行测量,结果发现,在以文化为自变量的情况下,所有学员对国际贸易谈判与沟通的撤出方式都有截然不同的偏好;以谈判情景为自变量,所有学员对谈判与沟通中的容忍、合作、撤出、竞争方式也有截然不同的偏好;以个人主义程度高低为自变量的话,所有学员对谈判与沟通的竞争方式也有完全不同的偏好。也就是说,无论以文化、情景和个人主义中的哪一项作为自变量都可以发现国际贸易人员在话语沟通与谈判方式的巨大差别。

与 Hall 和 Hoftsede 对文化类型的明确划分不同,Janosik(1987:385—387)反对泛化和简单化文化因素对谈判的影响,认为文化是一个很难确定的复杂概念,它对于跨文化谈判的影响不能简单按照"个人/集体主义"或"高/低语境"去判定,研究者还要考虑文化内部的个人差异。他主张从四个方面考察文化对谈判的影响,即文化作为一种习得行为(culture as learned behavior)、文化作为一套共享价值系统(culture as shared values)、文化作为一种辩证(culture as dialectic)和语境中的文化(culture in context)。Osman-Gani 和 Tan(2002)依据 Janosik 的跨文化谈判研究理论对旅居新加坡的 300 名中国、150 名马来西亚和 150 名印度商人的贸易谈判风格进行了研究,结果发现这三组从事国际贸易的商人在事实型谈判风格、分析型谈判风格、规范型谈判风格和直觉型谈判风格上的分布比例几乎一致,这说明受共享的东方价值系统的影响,三个国家的外贸人员有着类似的沟通与谈判方式。Volkema 和 Fleurv(2002)对 72 名巴西商人和 70 名美国商人在七个不同场景中的五种国际贸易谈判沟通进行了问卷调查,调查结果显示,尽管身处不同的文化传统,但是他们在夸大开始条件或要约这一谈判行为上几乎没有任何差异,这就直接证明了 Janosik 的观点,即文化背景并不是影响国际贸易谈判或沟通的唯一要件,影响人们贸易沟通交际的还有各种语境因素。

中国学者对国际贸易跨文化话语沟通问题的研究主要集中于策略探讨上,研究方法以经验思辨为主。如周雪晴(2001)从经济学的角度讨论了国际贸易中的跨文化沟通障碍问题,并为改善跨文化贸易沟通提出了相应策略与技巧,如培养跨文化理解力、采取适应性营销策略等;陈海花(2007)以语境理论为指导,从跨文化交际的视角对国际贸易谈判中的主要文化要素,如意图、主题、情境、谈判者、媒介等进行了分析,她认为在这些要素中谈判者是最重要的,他决定着谈判场合的适当性,也制约谈判的进行过程与方式。谈判者只有得体地处理谈判中的文化差异,使交流的双方既能够充分发出属于自己文化的声音,又能够最大限度地相互理解与沟通,才有可能最终达到彼此共同的谈判目标;庄佳(2003)通过对比中美双方的文化差异和谈判风格,为中方参加国际贸易谈判提出了一些建议,如谈判前要了解中美文化之间的差异、关注谈判的议题与成果、不要在意美方的谈判人员人数和性别、尽量缩短谈判时间等。

与上述经验思辨式的研究不同,赵霞、张生祥(2005)在德国组织了110组的中德贸易模拟谈判,收集了相关的数据,并对该数据进行了量化分析。分析结果表明,在中德跨文化贸易谈判中,谈判者的个人特征影响谈判者的策略选择,而谈判者所采取的策略又对谈判结果起着至关重要的作用;受不同文化背景的影响,德国人采取解决双方问题的倾向要远远高于中国人,他们的忍耐力也比中国人略高一些,而中国人在保持良好的谈判气氛和愿意保持长期商务合作关系这两项上要远远高于德国人,因此,在中德贸易谈判中保持良好的谈判气氛和高度忍耐力对于取得好的谈判结果非常重要。

就发展趋向而言,受跨文化研究最新进展和国家贸易沟通现实实践的影响,当前学界已经超越了早期简单、机械的文化定式(stereotype),更为注重个人的文化背景(而非整个群体所处的总体的文化背景)、个性化特征以及具体的语境因素对国际贸易话语沟通的影响。正如 Scollon & Scollon(2000:125)所言,文化与文化之间并不能沟通,沟通只能是人际间的沟通(interpersonal communication)。这对本研究的启示在于,一方面,如果仅从文化定式的窗口观察人们在国际贸易话语沟通中的不同行为,我们可能会忽视一些更为重要的影响因素,如现实的社会—历史语境、意识形态、权力关系、沟通者的个性等;但另一方面,前人的研究成果充分证明,不同的文化背景对贸易话语沟通的影响的确不可小觑。因此,我们的研究既要避免文化定式,又要在具体语境中考虑各种文化因素对贸易话语行为的制约。

3.不足与启示

综合看来,当前国际贸易话语研究主要存在四个不足:(1)缺乏系统、细致、全面的话语分析。在探讨语言/话语和文化因素在国际贸易中的地位和作用时，大多数研究要么立足实证主义，采用定量的方法对贸易沟通中可能遇到的语种障碍、文化背景进行统计，要么采用理论或经验思辨的方式从总体上探讨三者之间的关系，对于语言使用的形式和内容没有细致的剖析，更没有提出系统的贸易沟通话语研究方法。这实际上反映出相关研究在语言使用问题上普遍存在的一个误区，即认为成功的国际贸易沟通简单等同于熟练掌握"国际贸易通用语言"（比如英语）和对方国家的文化背景，忽略了贸易沟通中的各种话语策略及其具体语言形式。此外，大多数研究对语言/话语的认识较为片面，语言/话语仅被视作交流的"工具"，忽略了语言/话语对国际贸易关系、国际贸易主体身份、国际贸易行为等一系列社会现实的构建作用。（2）对语境的认识不够全面。语境因素控制着话语的生成，同时，话语的各种意义也只能在语境中被理解和诠释。但是大部分相关研究关注的是"普遍/一般的规律"（且不论他们的结论是否具有"普遍性"，在哪个范围内具有"普遍性"），倾向于对大量话语实例进行统计与分析，而对单个实例没有进行必要的语境分析。虽然近年来部分相关研究注意到了语境因素对国际贸易话语沟通的影响（如 Volkema& Fleurv，2002），但是"语境"这一概念在他们看来仅仅包括说话的时间、场合、主题等情景化的语境因素，更为宏观的国内/国际社会、政治和历史语境没有得到足够的重视。实际上，这些宏观语境因素对国际贸易话语的影响并不弱于微观的情景语境因素，比如中美信任危机频发时期两国的贸易话语无论在内容上还是形式上可能会与两国外交"蜜月期"时有很大不同。（3）忽视了国际贸易话语的互动性。如上所述，国际贸易本质上就是一种"商品交换活动"，国际贸易话语作为维系这种交换活动的社会实践必然具有多主体性和互动性的特征。但是当前研究大都孤立地选取某一方的话语行为作为考察对象，较少将贸易双方或多方的话语行为放在同一平面或维度上进行综合考察，这就难免造成"只见树木不见森林"的后果。以中美贸易为例，如果我们仅对中国一方的话语进行考察，置美方的话语和行为于不顾，可能就很难理解中国在特定阶段为什么要这么说，也很难评判中方话语的效果究竟如何、是否得当。

鉴于上述三点不足，我们对中美轮胎贸易摩擦话语的研究在理论上将更为全面地认识话语在国际贸易和贸易摩擦中的地位与作用（特别是话语的构建作用），注重对话语本身（既包括话语内容也包括话语形式）和话语语境（既包含微观的情景语境也包括宏观的社会、政治、历史语境）的细致考察，从多个角度、同一时间切面对摩擦双方的贸易摩擦话语实践以及与话语实践密切相关的其他实践活动进行综合剖析。

（二）中美轮胎贸易特保案研究

对中美轮胎贸易特保案的研究主要集中于中国学界，从学科立足点来看主要见诸于国际贸易学和国家法学两个学科领域，讨论的焦点问题主要有三个，即导致特保案发生的多种原因、特保案的影响以及中方可能的应对策略。

1.中美轮胎贸易特保案的产生原因

综合当前相关研究，美国当局之所以对中国输美轮胎进行特保调查既有经济考虑，也有政治思量。就经济因素而言，傅菊辉、申健（2009）、黎慈（2010a）等人认为在世界金融危机的冲击下，美国很多企业要么业绩显著下滑，要么面临破产，失业人口不断攀升，企业和政府都面临着巨大压力，贸易保护主义因此重新抬头，轮胎特保案就是美国奉行贸易保护主义的一个典范；甘梅霞（2010）从国际生产网络的视角出发，认为事实上跨国轮胎巨头出于利润最大化的目的，利用当前国际分工的特点和各国的比较优势，在全球把轮胎从生产到销售的各个环节分配到成本最低的国家，以便在全球形成有利于他们的生产网络是中美轮胎特保案产生的一个重要经济原因；张英博（2009）、罗淑娟（2010）等人则认为轮胎特保案渗透着美国政府在新时期秉持的强烈的“新重商主义”思想①。在政治因素方面，韦桂华（2009）、黎慈（2010）认为美国政府不顾本国轮胎进口商的、销售商和中国政府的强烈反对作出上述决定，主要是为了迎合国内某些利益集团的需求，同时“报答”奥巴马竞选总统时钢

① 新重商主义是指美国出现的一种主张国家干预对外贸易以减少逆差的思想。从 20 世纪 80 年代以来，美国在对外贸易中逆差额不断扩大，于是美国国内一些人将经济衰退、就业下降等社会敏感问题都归结于贸易逆差，鼓动政府出台政策、干预贸易，希望在经济上以各种理由减少进口，在政治上利用贸易逆差迫使对方国家货币升值，从而实现国家干预下减少逆差、扩大出口的目的（罗淑娟，2010）。

铁工人对他的大力支持,以换取他们对奥巴马政府医疗改革计划的支持。此外,韦桂华(2009)还特别指出,奥巴马的最终裁决选择在G20峰会前夕公布,一来可以诱导、启发欧盟跟进,推进贸易保护措施的连锁反应;二来可以打击中国在经济危机时的世界瞩目的出色表现,以此彰显其世界强权经济地位。

2.中美轮胎贸易特保案的多重影响

轮胎特保案的发生对中美两国和世界经济发展都有深刻的影响。首当其冲地是对中国轮胎业和整体经济发展的影响。杨恺钧(2010)、张婧(2010)、毕夫(2009)、黎慈(2010b)等人认为,中国的出口轮胎中有近1/3都是出口到美国市场,轮胎特保案后,由于美国对中国轮胎出口实施高额惩罚性关税,中国对美的轮胎出口将大幅下降,轮胎产业因此遭受的损失高达10亿美元,10万轮胎工人的就业问题也将受到很大影响,中国轮胎可能将最终完全退出美国市场,与轮胎产业唇亡齿寒的橡胶工业增长速度也将下降5至6个百分点。黄凌云、朱军凯和李星(2010)借助美国Pudure大学农业政策研究中心提出的GTAP模型(全球贸易分析模型)对轮胎特保案的种种影响做了综合量化统计与分析后发现,轮胎特保调查不仅给中国对美轮胎出口、轮胎产出与价格、贸易平衡以及产业收入与就业带来一定的负面冲击,也将对我国整体对外贸易条件、GDP增长及社会总福利产生不同程度的消极影响。毕夫(2009)认为轮胎特保制裁还具有明显的“羊群效应”。因为按照WTO的基本游戏规则,如果某个WTO成员因特保调查成立而实施特保措施,其他WTO成员就可以“贸易转移”为由,对同一种出口产品实施连锁特保措施,因此不能排除欧盟、澳大利亚、巴西等中国轮胎的输入国会随后跟进,其后果将更为严重。

轮胎特保案对美国的影响也是十分明显的,杨恺钧(2010)、毕夫(2009)等人认为,美国虽有2万名轮胎产业制造工人,但同时还有多达10万人从事轮胎进口和销售。强行削减从中国进口只会迫使企业从其他国家选择类似产品,这不仅无利于美国制造业,还会给美国消费者和汽车业的发展带来不利影响;其次,美方在华有4家轮胎生产企业,并占中国对美轮胎出口的2/3,特保结果将直接影响这些美资企业的利益;最后,特保案还将导致美国普通消费者支出增加,削弱美国政府力图振兴汽车产业相关措施的效果。

蔡云、李玉娟(2009)、张艳茹(2009)、朱妮娜、吕世平(2009)等人认为,美国在轮胎特保案中的做法为其他同样遭受经济危机袭击的国家树立了极为不好的榜样,极有可能进一步加剧贸易保护主义的蔓延,从而影响世界经济的复苏。

3.中方今后的应对策略与启示

与其他中外贸易摩擦的对策研究一样,学者们大致从政府、企业和行会三个角度论述了轮胎贸易摩擦的应对策略。

从政府的角度看,黎慈(2010b)认为中国政府需要建立应对国际贸易摩擦的有效机制,包括完善相关法律法规,健全适合 WTO 规则的法律制度、鼓励企业牢固树立以质取胜的战略意识,引导企业优化出口结构、发挥政府收集信息的优势,建立国际贸易摩擦的预警机制、开拓国内市场,促进产品内需市场的健康发展等。在法律法规的完善方面,李娟(2010)的观点颇具建设性意义,她认为,中国国内立法对相关的特保条款毫无涉及,应该尽快通过立法明确我国政府和企业的相关权利、行动和程序等问题以便应对 WTO 其他成员方针对中国产品提起的特保案件。此外,她还认为目前我国的原产地制度并不完善,应着手建立严格的原产地规则制度,规定只有在我国加工增值达到一定程度的最终产品才能打上"Made in China"的原产地标志。此外,朱妮娜、吕世平(2009)、宋志刚(2010)等人认为中国政府还应该在发生类似特保案件和其他贸易摩擦时加强政治领域的沟通与合作,必要时还可以在磋商谈判进程中对出口到中国的美国企业实施某种贸易措施(不是报复),以提高中方的谈判威胁力。

从企业的角度来看,蔡云、李玉娟(2010)认为发展国内市场是中国企业未来的必经之路,发展国内市场才是长远之计,她们建议中国的轮胎企业可以考虑到把销售的重点逐步转移到国内市场上来,加大研发的力度,提高产品技术含量和质量,缩小国内品牌与国际先进品牌的差距。韦桂华(2009)认为,特保案暴露出中国轮胎行业的许多恶疾,许多企业为了抢占国际市场,产品大幅降价,恶性无序竞争激烈,出口产品长期处于产业链的最低端,低廉价格把污染和劳资问题留在了国内,福利拱手让给了外国,在国际贸易上还屡遭碰壁。为改变这种"两头不讨好"的状况,轮胎企业必须尽快调整产业结构,实行技术升级,提高技术含量,开拓国际市场。此外,黄凌云、朱军凯和李星(2010)指出,我国轮胎企业需要积极把握市场需求信息,调整生产规模,防止产出过剩和价格下滑的加剧,同时和相关部门共同解决好产业工人就业和收入问题。

行业协会也应该从轮胎特保案中吸取教训。蔡云(2010)指出,特保案中虽然中国橡胶工业协会进行了有理有节的斗争,但也暴露出很多问题,如行政依赖性强、不熟悉 WTO 的运作规则和游说专业性不强等。对此,她认为今后应该从端正对行业协会性质的认识、完善有关行业协会的立法、加快行业协会从业人员的职业化队伍建设、防止行业垄断等方面发挥行业协会对企业的帮扶作用。黎慈(2010)也认为我国政府应推动《行业协会法》尽早出台,促进行业协会的建设,进一步明确行业协会的权威性和协调作用,让行业协会能切实地保护各个行业企业的利益。

4.启示与不足

上述研究较为全面地剖析了 2009 年中美轮胎贸易特保案的起因、影响和应对策略,从这些研究结果中我们可以得到如下两点启示:(1)中美轮胎贸易特保案的发生的背景(宏观语境)既要考虑到全球经济危机对美国整体经济的影响,又要考虑到美国奥巴马政府试图从中得到的政治筹码,还要考虑到中国在全球经济危机中的表现以及美国对此的心态;(2)中美轮胎特保案及其带来的连锁效应给中国经济发展带来了巨大的影响,应对类似的特保案件和其他贸易摩擦牵涉多方面知识,因此,对类似特保案件和其他中外贸易摩擦的研究既有很强的现实意义又有深刻的学术意义。

总体看来,上述研究大都存在一个较为严重的问题,即理论基础不够清楚明了,研究方法不够系统,数据的列举也较为随意,结论的信服力不强。此外,这些研究较少关注话语使用在催生和应对特保案中的重要作用,虽然赵海斌、张晓宇(2010)在其研究中提出在轮胎特保案中应该对美国国际贸易委员会(International Trade Commission,以下简称 ITC)、美国贸易代表办公室(United States Trade Representative,以下简称 USTR)和美国总统三者进行多渠道的游说,朱妮娜、吕世平(2009)、宋志刚(2010)也认为中国政府应该在沟通工作上加强力度,但是他们对话语的作用仅是"点到为止",在更为重要的"怎么说"这个问题上没有进行深入的阐释。这两个问题的存在给本研究留下了丰富的思考空间,我们将借助话语研究的理论与方法,对中美贸易摩擦中的话语使用问题进行系统而细致地剖析,以图填补当前研究的缺憾。

三、研究目的与研究问题

(一)研究目的

本书的研究目的主要有两个:(1)借助话语研究和国际贸易的相关理论与方法构建起贸易摩擦话语的基本研究框架(包括贸易摩擦话语研究的理论基础和可能的研究方法)。理想中,这个研究框架应该能够帮助我们更为全面、系统、深刻地认识话语在贸易摩擦中的重要作用,同时还能帮助我们更为有效地剖析中美轮胎贸易摩擦和其他贸易摩擦中的话语行为;(2)对中美轮胎贸易摩擦话语实例进行系统、细致地分析与对比,总结美方在贸易摩擦话语实践上的方法与技巧,反思中国在此次贸易摩擦话语应对上的经验与不足,并从中揭示话语与贸易摩擦之间的互动关系。

(二)研究问题

根据上述两个研究目的,本书将从宏观、微观两个层面着力探索并试图回答三个有机相连的具体问题:(1)从宏观和整体的角度上看,轮胎贸易摩擦双方是如何布局各自话语行为的?中方的话语布局有哪些经验与不足?(2)就微观话语个案而言,摩擦双方各自运用了哪些具体的话语策略和语言形式?中国方面在话语策略的操控上有何经验与不足?(3)上述发现对中国更加智慧地应对贸易摩擦有何启示?

对摩擦双方话语行为的宏观分析与对比可以让我们从看似"纷繁复杂"、"无章可循"的话语事件中发现双方话语互动的大致轮廓和存在的问题,而微观个案分析则可以让我们更为深入地看到摩擦双方在关键话语事件上对话语内容和形式的操控。因此,从逻辑关系上来看,对第一个问题的回答是分析第二个问题的前提与基础,而第二个问题则是对第一个问题的深化和细化。

四、研究意义

有鉴于当前中国话语研究和中外贸易摩擦研究的不足与缺憾,对中美贸易摩擦话语进行阐释性和反思性的研究具有重要的理论与实践意义。

在理论层面,本研究可以:(1)将话语研究的理论和方法灵活运用到中国真实存在的社会问题上,改善当前国内话语研究普遍缺乏重大问题意识、机械照搬西方话语研究范式的现状,推进中国话语研究的视角创新;(2)整合话语研究的理论与方法,并将其与传统国际贸易摩擦研究融合,构建中外/国际贸易摩擦话语的研究范式,弥补当前国内外相关研究的空白;(3)突破传统中外贸易摩擦研究的思维范畴和研究范式,从话语和话语研究的角度阐释贸易摩擦,为话语研究和贸易摩擦研究搭上对话的桥梁,拓展中外贸易摩擦的研究视角。

在实践层面,本研究可以增强我们认识、实践和反思贸易摩擦话语的能力,发现中国在贸易摩擦话语应对上的经验与不足,为中国更加理性、智慧地应对中美贸易摩擦和其他对外贸易摩擦提供切实可行的话语策略和应对方案。

五、全书结构

围绕上述三个研究问题,本书将分六个部分进行论述。

导言主要介绍本书的选题缘起、相关文献综述、研究目的、研究问题与研究意义。

第一章为本书的研究框架,主要包括贸易摩擦话语研究的理论基础和研究方法。在理论基础部分,本书综合中、西方话语理论对话语和话语的四个基本特征进行了论述,并以此为基础,结合中外贸易摩擦的实际,探讨了贸易摩擦话语的内涵与特征。研究方法部分介绍了本书重点运用的三种话语分析方法,即文化话语分析方法、论辩话语"策略操控"分析方法和批判话语分析方法。此外,本章还详细介绍了话语语料的收集与处理情况。

第二章是对话语语境的分析。我们首先简要介绍了中美两国自 1972 年正式建交以来经历的三个贸易摩擦阶段,然后以此为背景重点介绍了 2009 年 4 月至 9 月间中美轮胎特保案的发展过程及美国此举的真实目的。

第三章是对中美轮胎贸易摩擦话语的宏观剖析。借助文化话语分析法,结合收集到的话语语料,我们简要分析了中美轮胎贸易摩擦的话语互动过程,然后从话语主体、话语媒介、话语主题三个方面对中美各方在轮胎贸易摩擦中的话语行为进行宏观剖析和对比,最后根据中方话语宏观布局上出现的失误提出了五点具体建议。

第四章是对中美轮胎贸易摩擦话语的微观论辩策略分析。利用语用论辩理论中的策略操控分析方法,我们对美国钢铁工人联合会(The United Steelworkers,以下简称 USW)2009 年 8 月 31 日致美国的公开信和中国五矿化工产品进出口商会、中国橡胶工业协会 2009 年 7 月 27 日致奥巴马和 USTR 的公开信中的论辩结构和策略操控进行了分析、对比和阐释,并针对中方公开信在策略操控上表现出的偏差和失误提出了三点建议。本章最后简要剖析了轮胎特保措施"(不)正当性"的话语构建机制。

第五章是结论部分。本章系统总结了前面各章研究的主要结论与启示,分析了本书在视角、理论和方法上的创新以及存在的不足之处,并对研究的深化与拓展提出可行性的建议。

小　结

导言首先回顾了中西方话语研究和中外贸易摩擦研究的历史轨迹与现状,指出无论是出于对中国话语研究现状的反思,还是出于中外贸易摩擦研究的现实需要,贸易摩擦话语都是一项有意义的、亟待拓展的研究领域。从摩擦所涉国别上看,中美之间的贸易摩擦因其数额之大、影响之严重而尤为引人注目。因此,本书最终将 2009 年中美轮胎贸易摩擦这一典型的中美贸易摩擦作为研究个案。

在文献综述部分,导言剖析并反思了当前国际贸易语言/话语的研究和中美轮胎贸易摩擦的相关研究,发现当前国际贸易语言/话语研究普遍缺乏系统细致的话语分析,对语境的认识不够全面,还忽视了国际贸易话语的互动性,而中美轮胎贸易摩擦的相关研究则普遍存在理论基础不够清楚明了、研究方法不够系统、数据的列举较为随意、结论信服力不强的问题。更重要的是,虽有部分学者提出要关注轮胎贸易摩擦中的话语沟通问题,但对"怎么说"这个问题没有进行深入的阐释。有鉴于此,本书将借助话语研究的理论与方法,对中美贸易摩擦中的话语使用问题进行系统而细致地剖析,以图填补当前研究的缺憾。

最后介绍了研究的目的、问题、意义和总体结构,我们认为本研究在理论上可以构建起中外/国际贸易摩擦话语的研究框架,弥补当前国内外相关研究的空白,在实践上可以为中国更加理性、智慧地应对中美贸易摩擦和其他对外贸易摩擦提供切实可行的话语策略和应对方案。

第一章　研究框架

本章主要论述贸易摩擦话语研究的理论基础与研究方法。理论基础部分将重点论述话语的概念和基本属性,并结合中外贸易摩擦的实际,探讨贸易摩擦话语的内涵与特征。研究方法部分将根据贸易摩擦话语的基本研究思路和本书的具体研究问题重点讨论两种主要的话语分析方法,即文化话语分析方法和论辩话语“策略操控”分析方法。最后,本章将介绍文中所用话语语料的收集与处理情况。

第一节　理论基础

一、话语的界定及其基本属性

对“话语”概念及其基本属性的认识直接决定了话语研究的方法与思路。我们将综合当前中西方话语研究对“话语”的一般认识,明确界定话语的概念,并对话语的语境属性、社会属性和文化属性进行重点论述。

(一)话语的界定

就像本书“选题缘起”中介绍的那样,话语研究作为一种理论和研究方法几乎同时出现于多个学科领域。受不同学科立场和关注点的影响,学者们对于“什么是话语”这个最为基本的问题各持己见,即便是在语言学领域,研究者在话语概念的界定上也莫衷一是①。将纷繁多样的“话语”概念进行粗略划

① 我们认为,学界对话语概念的多种解释丝毫不会减弱话语研究的独立学科性,更不会影响话语研究的整体发展,因为不同角度的多种解释恰好可以揭示话语作为一种复杂现象/事件的不同侧面。在这个意义上,我们应该鼓励更多、更新的话语概念出现于学术视野之中。

分后可以发现，这些概念大致可以归入“语言取向”(linguistically oriented)、“社会取向”(socially oriented)和“语言—社会取向”(linguistically-socially oriented)三类。

语言取向通常将话语视作一种语言分析单位，关注的主要是其结构(如衔接、连贯手段、信息分布、主题等)和功能(如系统功能语言学提出的话语的三大纯理功能)。比如，Stubbs(1983:1)将话语理解为“句子或短语之上的语言组织形式……比如会话交流或者书面篇章”，Tannen(1989:6)将话语定义为“比句子更大的语言单位，即以各种形式出现的、在各种语境中被使用的语言”等。总体而言，语言取向对话语概念的界定可以归纳为三点：(1)话语就是比单个句子或短语更大的语言单位；(2)话语就是语言在语境中的实际使用；(3)话语就是人们之间的交流与沟通。

社会取向将话语看成一种重要社会实践(social practice)，这种观点主要来自于西方马克思主义批判理论的先驱 Foucault，他认为话语是“由几个可以被一组存在的条件定义的陈述(statements)组成……话语不是一个理想的、没有时间限制的形式……话语从头到尾都是历史的——一个历史的片段”(Foucault，1972:117)。也就是说，话语背后的历史和社会规则决定了话语的内容与形式。在此认识基础上，Foucault(1980:119)还进一步阐述了话语、权力和知识之间的复杂关系，他认为“权力并不是与我们格格不入的强迫性力量，恰恰相反，权力改变、创造事物，诱发快乐，形成知识，形成话语”，意即社会权力是通过话语和知识(通常也以话语的形式出现)来影响事物和人们的。受 Foucault 话语理论的启发，Kress(1985:6—7)认为，话语就是“一套系统地组织起来的陈述，它让一个制度的意义和价值得以表达……话语定义、描述和界说什么是可说以及什么是不可说的。话语对既定领域、话题、对象和将要被谈论的过程提供一套可能的表述。在这样的表述中，话语为社会和个人行为作出描述、制定规则、发布许可和禁令”。总之，在社会取向下，话语的概念可以被归纳为两点：(1)话语是反映/表征(represent)、构建(produce)、重构(reproduce)、转变(transform)社会现实、社会秩序的社会实践形式；(2)话语是承载历史、当下和未来权力关系和意识形态的重要物质载体。

语言—社会取向综合了语言取向和社会取向对话语的看法，将话语视作微观语言使用和宏观社会实践的结合体，主张既要看到话语最为基础的语言属性，又要看到话语的社会属性，西方批判话语研究学派就是这一取向的主要拥趸者。如 Fairclough（1992：63—64）就认为话语是“语言的实际使用”，它是“一种社会实践形式，而不是单纯的个人行动或对情境因素的反映”。Wodak（2001）将话语界定为“同时发生的、连续的、相互联系的一组复杂语言行为，它以主题相关的口语或书面语言符号形式存在于并跨越多个社会行动场域”。van Dijk（1997）则认为可以从三个层面理解话语，话语既是“语言的实际使用，又是信念的交流，还是社会情境中的互动”。语言—社会取向对话语的理解可以大致归纳为一点，即话语作为语言使用方式和社会实践行为，一方面是人们在特定语境下对语言符号形式与内容的选择；另一方面是人们再现和构建社会现实的重要手段，语言属性与社会属性对于话语而言具有同等重要的地位。

我们认为，相比语言取向对话语社会建构属性的忽视和社会取向对话语微观语言结构的漠视，语言—社会取向对话语内涵的理解更为可取，但是这三种取向都存在一个共同的问题，即没有充分考虑文化因素与话语表达之间的密切联系，也没考虑话语研究的文化适用性。而实际上，文化和话语之间的关联并不弱于社会和话语之间的关联：文化需要通过话语交流方能得以表征、传承和建构（McQuail，2000：93；Duranti &Goodwin，1992：2—3），而话语表达的内容和方式也在很大程度上根植于文化的土壤（Shi-xu，2005：1），因此，话语不仅是一种语言和社会现象，还是一种文化现象，话语研究必需具备文化的视野（施旭，2008，2010）。

综合上述各种取向对话语的理解以及我们对话语文化属性的认识，本书将话语定义为“人们在特定语境中借助语言符号进行的一种重要的社会和文化实践，它不仅是人们再现、构建和变革社会现实的一种重要方式，还是表征、传承和建构文化的一个主要途径”。这个定义主要包含三层意思：第一，话语是语言符号在语境中的具体使用方式，具有语境属性；第二，话语是一种重要的社会实践，具有社会属性；第三，话语是一种文化实践，具有文化属性。下面我们将逐一论述话语的这三个基本属性。

(二)话语作为一种语境中的语言使用

几乎所有关于话语的界定都离不开“语境”(context)这个词汇,语境性是“话/言语”(parole)区别于“语言”(langue)的一个重要属性。实际上从话语研究的历史进程中可以发现,正是由于对语境的认识、关注和重视,话语研究才最终登上了学术殿堂。语境与话语之间的辩证关系可以概括为:语境制约着话语的生成和理解,同时也被话语所构建。

较早提出语境概念的 Malinowsky(1923:307)是这样看待语境对话语的影响和制约作用的:“现实生活中的某句陈述永远无法与其被说出时的情景分开……没有情景的制约,陈述就根本不存在……在任何情况下,话语和情景都是不可分离的,语境于理解字词意义而言是必不可少的”;Widdowson(2007:19)则更为深刻地指出,没有语境人们甚至无法说话,因为“我们只有在有机会使用语言时才会产生语言,而这些语言使用的机会往往产生于我们日常生活中延续不断的、持续变化的语境之中”。因此,当对某一话语事件进行阐释时,我们必须充分考虑与该话语事件相生相伴的语境因素,因为“只有当文本的语言特征与语境因素相结合时,话语行为才成为可能”(Widdowson,2004:53)。

所有可能会对话语生成和理解产生影响的背景性因素都可看做话语的语境。Hymes(1977)在其言语民俗学研究框架内提出语境主要包括 16 个方面①,Halliday & Hasan(1976)将这些纷繁复杂的语境因素抽象为三个部分,即语场(field)、语式(mode)和语旨(tenor)。Martin(1992)在此基础上指出语域之上还有语体(genre)和意识形态(ideology)两种语境因素。相比上述语境分类方法,Shi-xu(2005:38—39)对语境的划分颇具新意,他将语境因素分为五类:主体间语境(话语参与者引入话语事件的知识)、人际语境(话语参与者本人的个性特征及其与他人的联系)、情境语境(话语事件发生时的即时环境,

① 即信息的形式、内容、场合、场景、说话者、发言者、听者、听讲者、目的和结果、目的和目标、格调、媒介、言语形式、互动的规约、理解的规约、语体等 16 个方面(Hymes,1977)。

如时间、空间、人物、社会、经济、政治背景等)、符号语境(伴随话语事件发生的其他符号活动,如被引用的其他的话语活动、相连图画、标记等)和研究者语境(研究者本人对其所研究的话语的影响)。这个分类的优势不仅在于其更强的概括性,还在于它对研究者语境这一话语研究常常忽视的语境因素的重视。作为一种阐释性的研究,话语研究要求研究者必须对自己的价值观和研究取向进行透明的、彻底的反省(van Dijk,1993),与话语研究而言,这就是一种研究伦理要求。对研究者自身语境的分析与阐述与这一伦理要求的实质与用意十分契合。

综合上述语境划分方式,本书将话语的语境因素简单概括为三类,(1)微观语境(micro context),主要包括话语的上下文结构、类型、风格、模态等语言性因素;(2)中观语境(medium context),包括话语事件发生的时间、地点、渠道、人物、相关的事件等情境性因素;(3)宏观语境(macro context),包括话语事件所处的社会、历史、文化、政治、经济等背景,还包括研究者本人的价值立场和研究取向。我们认为,在对某个话语进行语境分析时,微观、中观和宏观三类语境因素都应加以考虑。研究者应该就话语与语境的关系追问两个关键性问题:(1)该话语是在怎样的语境下被生成和理解的?(2)不同的语境赋予了该话语哪些不同的意义?对话语互动产生了怎样的影响?

在语境制约、影响话语的同时,话语也在构建和影响语境(Duranti &Goodwin,1992:31),比如当某个话语片段被另一话语片段所引用或因两个话语片段主题相关从而形成互文(intertextual)或互语(interdiscursive)关系时,前一话语片段的各种意义就成为了影响后一话语片段生成与理解的语境,后一话语片段也因此为前一话语片段赋予了新的语境意义。

在处理话语与语境的关系时需要特别注意一个问题,即任何话语都涉及十分复杂和繁多的语境因素,研究者不可能(事实上也不需要)穷尽性地考虑和罗列所有语境因素。一个可取的方案是认识到语境的主观阐释性,即哪些背景信息与话语相“相关”或是“不相关”可能只能依据研究者本人的视角、知识与经历而定,不同的研究者对同一个话语片段可能会有截然不同的语境判断,我们应该、也只能从实际的研究问题和研究目标出发,相对全面地考察可能影响话语生成与理解的相关语境因素(Shi-xu,2005:36)。

（三）话语作为一种社会实践

在 Austin(1962:94—108)提出的“言语行为理论”中,话语/语言不仅能够“陈述”事情(以言叙事),还有“行事”的功能(以言行事),可以取得一定的“效果”(以言取效)。简单地说,话语即为做事,话语即为实践。Harvey(1996)曾将社会实践活动划分成六个时刻(moment),话语就是其中最为重要的一个时刻(其他五个分别是社会关系、权力、物质活动、信仰/价值/欲望和惯例)。在此基础上,Chouliaraki 和 Fairclough(1999)将这六个时刻压缩成四个:话语、物质活动、社会关系与过程和智力,话语在这四个时刻中仍占据着十分重要的地位。也就是说,话语不仅是一种社会实践,还是一种重要的、“弥散性”的社会实践(田海龙,2009:31),它与人类的其他实践活动有着极为密切、不可分割的关联。仔细观察现实生活也可以发现,话语事件几乎每时、每刻、每地都在发生,各项社会实践活动——小到日常交际、汇报工作,大到国家间交往、机构间合作——无不充斥着话语的身影,话语就是社会实践的一个重要组成部分,研究话语从一定意义上说就是研究话语实践与其他社会实践活动之间的关系(吴鹏,2010;Wu-peng,2010)。

话语作为一种社会实践与社会结构之间存在着相互作用的辩证关系:一方面,话语被社会结构所限制和塑造。话语为社会主体之间的社会交往和思想冲突提供了一个实践舞台,社会、经济、政治、文化的过程、它们之间的相互关系及变革无不在话语实践中得以再现并留下痕迹(张迈曾,2002),另一方面,话语又在构建和改变社会结构或社会事实,这种构建作用主要体现在七个方面,即话语构建了意义(事物和事件的社会意义)、活动(主体从事的活动)、身份(主体的社会身份)、关系(社会主体间的社会关系)、政治(社会物质的分配方式)、联系(社会现实之间的联系)、符号系统和知识(Gee,2005:11—13)。

话语的社会实践属性要求我们在进行话语研究时应该考虑两个问题:(1)该话语参与了怎样的社会实践?与其他社会实践之间是怎样的关系?(2)该话语实践反映、改变或建构了怎样的社会事实?

（四）话语作为一种文化实践

就像我们很难给话语下一个界限分明的概念一样，界定“文化”也是一件十分困难的事情，不同角度的文化定义超过250多条（戚雨村，1997：1—10），其中，Bates和Plog（1990）对文化的定义影响较为深远，他们从人类学的角度将文化视作“社会成员用以与世界和他人打交道的、通过学习而代代相传的一套共享的信仰、价值、习俗、行为和人造物品”。从这个定义中可以看出，文化的一个主要功能就是“用于与世界和他人打交道”，但是文化作为一个抽象、整体的“信仰、价值、习俗、行为和人造物品”本身并不能作为打交道的工具和手段，它只能借助话语这一人类的主要交流工具得以“代代相传”，由此可见，文化与话语之间存在着难以割舍的密切联系。McCarthy和Carter（1994）对文化的分类更加凸显了文化与话语之间的有机关联，他们将文化分为三类：（1）大写的文化（Culture with a capital C），即一个社会取得的艺术成就，如艺术、音乐、文学等；（2）小写的文化（culture with a small c），即社会群体共享的习惯、习俗、社会行为、世界观等；（3）作为社会话语的文化（culture as social discourse），即日常话语交际所需的社会知识和互动技巧。在这三类文化中，无论是大写文化中的艺术、音乐、文学，还是小写文化中的习惯、习俗、世界观，它们大都以语言或话语的形式存在于我们的生活世界中，而第三类文化则完全就是话语实践的技巧和规则。也就是说，文化在很大程度上就体现在人们对语言的使用上，文化就是一种话语实践，理解文化实际上就是探讨符号意义是如何在语境中通过语言使用被实现的（Barker& Galasinski，2001：4）。

与此同时，话语也是一种文化实践，话语的内容与形式都受到文化因素的制约（Wu-peng，2010）。这种制约作用主要体现于文化为话语中的每一个词或概念提供了一种解释性的“理论”（虽然人们可能完全意识不到这种“理论”的存在），这种理论可以解释为什么同一个表达在不同的社会和文化群体中有着不同的语境意义（Gee，2005：60—61）。比如，现代汉语中的“求同存异”、“贵同尚和”等话语表达深深地根植于中国传统文化对“和谐”的追求之中，而中国文化对“和谐”的追求则主要源于深刻的集体主义价值观和“天人合一”的整体世界观，这与西方个人主义价值取向和“一分为二”世界观基础之上的

“和谐”与“合作”有着本质的区别。因此,在中国和西方国家,“求同存异”、“贵同尚中”等话语表达有着截然不同的意义,文化就是解释这种不同的一个重要动因。

当然,文化对话语的制约和影响以及话语对文化的再现和构建还必须考虑到语境因素(包括上文所述的微观语境、中观语境和宏观语境)在其中起到的作用,因为语境同样制约着话语意义的生成与理解。我们认为,文化与话语语境的关系可以描述为:一方面文化是(宏观)语境因素之一,它与其他语境因素共同发挥作用,制约着话语的生成与理解;另一方面文化又为其他语境因素对话语的影响提供如 Gee(2005:60)所说的“解释性理论”,在很大程度上决定了哪些语境因素对话语产生影响,以及产生了怎样的影响。

鉴于话语的文化属性,在进行话语研究时,研究者通常要考虑:该话语活动是在怎样的文化背景下发生的?哪些文化因素对该话语活动产生了怎样的具体影响?

以上三节分别论述了话语的三种重要属性,即语境属性、社会属性和文化属性,但是应该看到,话语的这三种属性相互之间并非界限分明,而是相互重叠、彼此交织的,比如话语作为一种社会实践与其他社会实践之间的关系也可视作话语语境的一个重要组成部分(语境属性与社会属性的重合),话语互动作为一种文化实践方式也必然涉及文化间的权力争斗(文化属性与社会属性的重合),文化因素也是话语语境的重要组成部分(文化属性与语境属性的重合),等等。这也就是说,研究者如果试图更为全面、深刻地对话语进行研究,就必须将话语的语境、社会和文化属性加以综合、全面、联系的考量与剖析。

二、贸易摩擦话语的内涵与特征

作为一种发生于国际贸易领域的机构话语(institutional discourse)或行业话语(professional discourse),“贸易摩擦话语”与普遍意义上的“话语”在内涵和特征上既有共同之处,又有明显区别。

(一)贸易摩擦话语的内涵

如上所述,“话语”就是人们在特定语境中借助语言符号进行的一种重要的社会和文化实践。根据这个定义，“贸易摩擦话语”简单地说就是“人们在贸易摩擦过程中的各种实际语言使用行为”，它不仅包括国际贸易摩擦发生、激化、缓和、转化和消解等过程中产生的各种相关话语文本，还包括这些文本蕴含的多方面语境意义，以及由此产生的社会语用效果。

与普遍意义上的话语一样，贸易摩擦话语也具有语境、社会和文化三重属性。首先，各种类型的贸易摩擦话语都在语境中被生成，也只能在语境中被理解，同时构建着语境。比如，如果我们试图理解并阐释中国商务部部长在中欧纺织品贸易摩擦过程中提出的“和为贵”、“和气生财”①等话语的意义，就必须考虑其身份、说话的时间、场合、上下文、之前以及之后发生的事件、中欧之间彼时的外交与经贸关系、中欧的文化背景与差异等微观、中观和宏观语境因素。其次，贸易摩擦话语与贸易救济调查、加征关税、采取贸易报复措施等其他实践行为一样也是一种重要的摩擦实践方式，贯穿、弥散、充斥于整个贸易摩擦环节，与其他摩擦实践活动共同构成了贸易摩擦实践网络。例如，标志中美轮胎特保案正式拉开序幕的就是 USW 向 ITC 提交的一份对中国输美轮胎采取特保措施的申请书（官方文件与信函），ITC 其后发布的调查报告（官方文件与信函）和中国商务部随后召开的新闻发布会（新闻发布会话语）则意味着中美轮胎特保案进入了白热化阶段。最后，贸易摩擦话语也是一种文化实践活动，彰显着摩擦双方不同的文化精义。例如中欧纺织品贸易摩擦发生后，中国纺织工业协会新闻中心主任孙淮滨直陈“纺织品贸易摩擦对纺织企业是件好事”②，这句话充分体现了中国传统文化中“祸为福所依”、“塞翁失马焉知非福”的辩证、达观思想③。

（二）贸易摩擦话语的特征

虽然与其他类型的话语共享上述三种属性，但作为一种发生于特定行业

---

① 参见 http://finance.sina.com.cn/g/20050530/17201637453.shtml（中国商务部部长介绍当前纺织品问题有关情况，2005 年 5 月 30 日）。

② 参见 http://www.efu.com.cn/data/2005/2005-09-14/119138.shtml（孙淮滨：《纺织品贸易摩擦对纺织企业是件好事》，2005 年 9 月 14 日）。其理由是这场贸易摩擦“可以警醒国内纺织行业调整产业结构，敦促他们努力打造自己的纺织品牌”。

③ 吴鹏、邹慧民（2010）认为，这种文化话语表达可能并不能为欧盟所了解并接受，且在某种程度上纵容了对方的行为。

(中外贸易领域)和特定事件(中外贸易摩擦)中的话语活动,贸易摩擦话语也有其不同于其他话语类型的独特特征。总体而言,贸易摩擦话语主要有三个显著特征。

第一,它是一种论辩互动(argumentative interaction)。贸易摩擦的实质是(经济、政治或文化)利益之争,摩擦双方的最终目的是用“合理”、“合法”的论点、“充足”、“客观”的论据,配以其他胁迫性行为(如采取多种贸易反制措施或其他经济、政治挟制措施),劝服对方妥协,从而使己方利益最大化。为了达成这个目的,摩擦双方通常围绕若干相互联系的关键问题(主要包含事实确定和法律适用两大类问题),运用各种论辩和话语策略进行多个轮次的论辩互动,在拆解对方话语“谬误”的同时塑造自己话语的“合理性”与“合法性”。比如,纵观中美轮胎特保案可以发现,中美各方的话语活动基本都是围绕“中国输美轮胎的数量与数额近五年是否存在快速增长”以及“美国轮胎产业和轮胎市场是否因此受到实质性损害”两个核心问题展开的针对性论辩。从这个意义上讲,贸易摩擦话语就是一种典型的论辩互动。

第二,它是一种跨文化交际(intercultural communication)。虽然贸易摩擦话语与其他话语一样都是一种文化实践方式,但与一国之内或同一文化圈内的文化话语实践活动不同,参与贸易摩擦话语活动的双方通常来自于不同的文化场域,身处不同的文化背景,在话语表达上不可避免地会呈现出异质的文化思维方式。比如,在历次由欧盟、美国发起的贸易调查中,中国无论是对内还是对外都保持着一种极为克制和忍让的话语表达,“表示遗憾”、“保持冷静”、“静观其变”等含蓄委婉的词汇频繁地从高层领导人口中说出,而相比之下,欧盟和美国的话语方式则更为直接和激烈,威胁性的词语也显得更加直白。虽然这种话语表达上的反差与中美、中欧的经济实力和政治地位悬殊密切相关,但是我们也不能否认中国中庸、含蓄的文化土壤对中方贸易摩擦话语的先天性滋养(吴鹏,邹慧民,2010)。从这点上看,贸易摩擦话语就是一种典型的跨文化交际实践,其中蕴含着不同的文化思维和文化冲突。

第三,它是一种权力争斗方式(international power struggle)。权力争斗与制衡是国际社会重要的运行和组织方式之一(当然也是国内社会的运行与组织方式），权力关系和意识形态调节并制约着国际往来，包括国际经济贸易往来，贸易摩擦话语就是两（多）国之间国际权力争斗与制衡的一种重要实践形式：在贸易摩擦中，一方面经济实力、国际政治地位、文化影响力等多方面的权力落差关系和意识形态制约着双方贸易摩擦话语表达的形式与内容；另一方面，摩擦双方通常借助话语来构建、再现某种（些）特定的意识形态，以维续或反抗这种权力关系，使自己在贸易摩擦和随后的贸易往来中得到最大益处。比如，中国的“非市场经济地位”一直是美国、欧盟等西方发达国家在对华贸易摩擦中屡屡得逞的制胜法宝，美、欧在每次对华贸易摩擦中都会使用许多“硬事实”、“硬道理”和贬义形容词来构建中国“共产党政府”对国内市场和进出口贸易的“强硬管制”，塑造中国政府“违背 WTO 条款”的负面形象，其目的就是再现和巩固他们在世界贸易体系和对华贸易活动中的“命名”权与主导权。

贸易摩擦话语的上述三个显著特征对本书研究思路和研究方法的确定有着十分重要的影响：第一，贸易摩擦话语的论辩互动特征要求我们不能孤立地剖析摩擦某一方的话语行为，而是应该将双方的话语行为放置在同一考察平面，较为完整地再现、还原双方的话语论辩互动过程和主要论辩话语主题，并在此基础上识别、对比、评析和阐释双方论辩过程中使用的各种话语策略与语言修辞手段。第二，贸易摩擦话语的跨文化交际特质要求我们在对摩擦话语论辩过程和各种论辩话语策略进行考察时必须要考虑到它们背后不同的文化背景和文化思维方式，以及文化冲突。第三，如果贸易摩擦话语也是国际权力斗争的方式之一，我们就要思考贸易摩擦话语的论辩互动过程和论辩话语策略体现和构建了怎样的权力关系？

第二节　研究方法

根据上文提出的两个研究目的和三个主要研究问题（参见导言第三节），结合贸易摩擦话语的内涵与特征，本书综合使用了文化话语分析法和论辩话语的“策略操控”分析法两种研究方法对中美轮胎贸易特保案中摩擦双方的话语行为进行系统剖析。其中,文化话语分析法(Cultural Approach to Discourse,CAD)可以帮助我们从宏观上对比摩擦双方在轮胎贸易摩擦中对各自话语行为的布局与安排;论辩话语的"策略操控"分析法(Strategic Maneuvering)可以帮助我们从微观上剖析摩擦双方在轮胎特保案中运用的论辩话语策略和具体的语言修辞手段。

一、文化话语分析法(Cultural Approach to Discourse,CAD)

(一)提出背景

文化话语分析法是中国话语研究专家施旭(2005;2008a;2008b;2009;2010)在中华文化资源和传统话语研究资源的基础上,结合当代中国实际社会与话语问题而首先提出的用于系统研究当代中国话语现象的一套方法框架。

文化话语分析法的提出有其深刻的学术背景。施旭(2008a;2009;2010:17—18)认为,目前世界范围内的话语研究主要是"西方独白式的学术活动",西方的研究视角、理论、方法、问题意识和价值体系占据着绝对的主导地位,西方话语研究者往往有意或无意地将他们的研究表述为"客观的、全面的和普世/普适的"。在这种研究格局下,中国的话语研究者只能"自觉或不自觉地、毫不怀疑地附和、效仿,甚至复制和传播西方的话语,将其扩大化和全球化,几乎无法用本土文化中的思想方式和表达手段去审视、分析、评判或破解自身文化和社会关注的问题与现象"。这种研究格局将使得中国的学者失去文化身份与话语权,使我们的学术"走向失语和衰败之地",同时也使文化间的对话、批评、交汇的机会大大减少,还会加深中西方间的误解与偏见。

为改变这种状况,施旭主张建立一个集中西方话语研究之美,能够反映中国文化精神、文化特点,同时又特别适合解析当代中国所面临的各种现实问题的(中国/东方)话语研究范式。这个研究范式应该融合中西方的研究方法、有自己独立的文化身份象征、能够反映出中国国家的历史、现在与未来,且能与西方话语研究平等对话(施旭,2008a;2009;2010:34—35)。为此,施旭系统归纳了中国当代话语的特点以及重建中国话语研究范式可用的学术资源。他认为，中国当代话语大致呈现出八个典型特点，即：(1)在历史的进程中不断变化与发展；(2)以“言不尽意”为基本的言语生成和理解规则；(3)以“平衡和谐”为最高道德标准；(4)富于辩证统一的思想方法；(5)崇尚权威；(6)崇尚爱国主义；(7)注重审美；(8)讲求全面、辩证、公正的理解(施旭，2010：53—67)。

针对中国当代话语的上述八个特点，施旭(2010：41—47；2008a；2008b)建议认真挖掘中国传统学术资源重建中国话语研究范式。首先，中国传统儒家对话语意义生成与理解的论述(如“言不尽意”)、话语范畴的理解(如“意境”、“风骨”、“神韵”、“文气”等)和对话语生成与理解道德标准的论述(如“言—人”、“言—行”、“言—信”的辩证统一关系)在中国人的语言实践中起到了很大的作用，理应成为中国话语研究新范式的重要学术资源之一。其次，先秦的语言哲学(诸子百家对“语”、“言”、“名”、“实”等言语现象的论述)、中国文论(如《文心雕龙》、《典论》、《人间词话》等文论著作对言、象、意、道、文气、神韵、意境等范畴和概念的论述)、中华传播学(包括中国文化传统对传、播、扬、流、布、宣、通、递、缘、面子和关系的阐释)、汉语修辞学等与话语学密切相关的中国传统优势研究也应成为中国话语研究新范式的学术资源。

(二)分析方法

综合当代中国话语的特点与可用的传统学术资源，施旭(2010：69—71；2009)系统提出了当代中国话语研究的六条原则性方法：

第一是“整体、全面地研究话语”。即话语研究不能只顾及目标话语事件本身，而不顾及其他相关的话语或非话语事件，也不能只从言语生成者的角度考虑，而不顾及言语接受者或对话者的感受，更不能将话语分解成支离破碎的片段，而要将话语事件与我们可以获知的、相关的世界看做一个统一体，并在此基础上整体挖掘其中的关系。第二是“辩证统一地研究话语”。即不能将事物一分为二地进行简单、片面的分析或评判，而要在注意话语事件中各种差异和区别的同时，看到这些差异与区别之间的相互联系、渗透和转化关系，也因此要看到它们所形成的复杂现象。第三是“理性与经验并用”。即一方面要运用具体的事实与数据严格、系统地推理得出明晰的结论，另一方面也可以视具体情况用经验、体会、想象提出较为宽松的认识和观点,"以较快的速度获得较为灵活的答案"。第四是"本土/全球、东方/西方价值观并用"。即对话语的评价标准不仅应该运用中华文化的价值观,同时也应该海纳百川,博采众长,采用人类普遍认同的标准。第五是"话语与人生循环对话"。即不仅把话语仅仅当做一种客体,当做话语分析、描述、定义、解释、评判的对象,同时还应将其作为对话的主体,"在话语与研究者的生命体验之间进行循环对话——不断地相互对比,相互阐释,相互批评"。第六是"表述清晰,论点有据"。即在跨文化的高层面上做到表达明晰,论点或观点具有令同行能够接受的依据,另外,评价也应具有明确的标准。

根据上述话语研究的原则性方法,施旭(2010:71)提出了七个具体的分析范畴及其相应的分析问题以指导具体的研究实践,即:(1)话语主体及其相互关系:谁(不)在说话?(不)说给谁听?其相互社会关系如何?(2)话语内容:(不)说什么?(3)话语形式:如何说的?为什么不那样说?(4)话语媒介与交际秩序:(不)用什么媒介?交际秩序如何?(5)话语时空:话语主体如何把握话语的时间与空间?(6)话语的历史、文化关系:与传统和不同文化有何种关系?(7)话语目的与后果:有什么目的?有什么后果?

我们认为,将这七个范畴和问题的回答有机结合起来实际上就从大体上勾勒出了整个话语事件的全过程。与其他刻画、描述、勾勒话语过程的方法相比(如会话分析法、叙事分析法、内容分析法等),这种研究方法能够切实将各种语境因素融入话语分析之中,较好地解决了传统话语分析存在的语境分析与话语文本分析"两层皮"的痼疾。此外,这种分析方法还可以帮助我们从宏观上看到话语与话语、社会、文化、历史之间的密切关系。

之所以选用文化话语分析法主要是基于以下两点考虑:首先也是最重要的,文化话语分析法提出的分析范畴和具体分析问题有助于本研究从宏观上更好地刻画、描述、对比和评析中美各方话语互动过程,并从中总结中方的话语布局上的经验和不足;其次,文化话语分析法的六点原则性方法(或者说是方法论)与贸易摩擦话语基本属性与特征的界定基本契合,特别是其"整体、全面地研究话语"和"辩证统一地研究话语"两个原则性方法与我们对贸易摩擦中双方话语行为的同时、同一平面的关注在研究理念上颇为一致。

借鉴文化话语分析法，结合中美轮胎特保案话语的实际情况和具体研究问题，我们将着重从话语主体、话语内容/主题、话语媒介三个方面对轮胎特保案中主要话语主体的话语行为进行描述与归类，以此再现摩擦双方对各自摩擦话语行为的安排与布局。比如，4 月 20 日 USW 向美国 ITC 提交了特保调查申请，七天之后（4 月 27 日），中国商务部副部长钟山便在与美国驻华使馆临时代办彭达的官方会晤中正式就特保案表达了中方坚决反对的态度。根据文化话语分析法的分析范畴，这两个话语行为就可以被大致列表描述为：

表 1.1　文化话语分析示例

话语时间	话语主体 1（说话人）	话语主体 2（听话人）	话语媒介	话语主题
4 月 20 日	USW	ITC	公告	从中国进口的消费轮胎在 2004—2008 年四年间数量增加了 215%，金额上涨 295%，造成美国轮胎制造业大量裁员；依据美国 1974 年贸易法第 421 条款，向 ITC 提出对中国输美消费轮胎的特殊保障措施案申请。
4 月 27 日	中国商务部副部长钟山	美国驻华使馆临时代办彭达	会晤	即使美国通过贸易救济措施将中国产品排除在美市场之外，美国内产业亦未必能摆脱困境；两国产业界应加强磋商，不能动辄使用贸易救济措施。

将轮胎贸易摩擦中的主要话语行为按照表 1.1 所示进行描述和分类后，我们就可以对比中美各方在话语主体、话语媒介和话语内容/主题、话语目的与效果上存在的主要差异，并在语境中对这些差异进行评析。例如，就表 1.1 中 USW 和钟山的话语主题而言，USW 的话语看上去既有“理”（从中国进口的消费轮胎从 2004 年到 2008 年进口数量增加了 215%，金额上涨 295%，造成美国轮胎制造业大量裁员），又有“据”（依据 WTO 的特保条款和美国 1974 年贸易法第 421 条款）。而与之相比，钟山的话语主题较为宏观与委婉，几乎没有回应美方的任何质疑。从话语目的和话语效果的角度来看，USW 特保申请的话语目的收到了理想的话语效果（美国 ITC 随后接受 USW 的申请，对中国输美消费轮胎进行特保调查），而钟山的话语目的没有得以实现。

特别需要指出的是,一方面,由于话语主体、话语媒介、话语主题等宏观话语要素彼此有机相连、相互影响,我们不能、也不可能将它们绝对地分开并加以孤立地考察,但另一方面为了更为明晰地呈现贸易摩擦双方在这些话语要素上的布局或安排,我们又必须对其一一探讨与分析。因此,本书将采取一种"折中"的办法,即在对每个宏观话语要素进行剖析与对比时,同时也不忽视其他话语要素对使用该话语要素的影响与制约。比如,在对摩擦双方话语媒介的使用情况进行分析时,我们也会探讨双方通过这些话语媒介表达了哪些话语内容或主题,以此考察双方是否充分、灵活利用了相关话语媒介。

二、论辩话语的策略操控(Strategic Maneuvering)分析方法

如前所述,贸易摩擦话语无论从形式还是内容上看都是一种典型的论辩互动,摩擦双方的最终目的是劝服对方妥协。为了达成这个目的,他们通常会运用各种论辩话语策略进行多个轮次的话语互动。为了更为细致和系统地剖析这些论辩话语策略,我们有必要从论辩话语的相关研究中汲取研究方法上的支撑。

在当前所有论辩话语的研究方法(参见 Eemeren et al.,1996; Renkema,2004: 205)中,荷兰语用论辩学派(或称阿姆斯特丹学派)近年来提出的"策略操控"分析方法(Eemeren & Houtlosser,2000,2003,2006,2007,2009; Eemeren,2010)融合了语用学、修辞学和传统论辩研究的相关理论与方法,为剖析论辩话语策略提供了较为系统的分析范畴。下文将首先简要讨论语用论辩理论的主要理论假设,然后介绍"策略操控"的具体分析方法。

(一)论辩话语的语用论辩研究

在语用论辩理论中,论辩被视作正反双方为论证己方立场或反驳对方立场而展开的话语交际互动现象,其目标是"消除双方的意见分歧"(Van Eemeren et al.,2011)。具体而言,论辩首先是特定语境下正反双方之间的言语交际和互动,其特征和功能可以在专事言语交际的学科——语用学——中得以描述和解释。其次,与其他言语互动不同,论辩的根本目标是消除意见分歧,何为消除、怎样消除等问题必须诉诸一种合乎理性的评判标准。基于上述

理解,语用论辩理论主张从语用角度将论辩中的每一步都看成正反双方为消除意见分歧而采取的言语行为,同时从论辩角度将论辩视作一种“批判性讨论”(critical discussion),借助一套讨论规则来评析正反双方论证或质疑的合理性。为区别于普通语用学重描述、轻规范的研究传统,范爱默伦将这种“描述性语用分析+规范性论辩分析”的论辩研究范式命名为“规范语用学”(Eemeren & Houtlosser,2007)。就其理论基础而言,论辩分析维度是受“批判理性主义”和形式论辩学的规范洞见所刺激,而语用分析维度是受言语行为理论、格赖斯语言哲学和话语分析的描述洞见所激发。

在理想状态下,作为批判性讨论的论辩由冲突、开始、论辩和结论四个阶段组成:(1)冲突阶段——论辩双方明确可能存在的意见分歧以及意见分歧的类型(单一混合型、单一非混合型、多重混合型或多重非混合型);(2)开始阶段——论辩双方定位正、反两方,并就程序性和实质性出发点达成一致意见;(3)论辩阶段——正方为自己的观点辩护,尽力消除反方的异议或疑惑。与此同时,反方可能会针对正方的观点和论证提出异议;(4)结束阶段——论辩双方确定意见分歧是否被消除,或在多大程度被消除。一般说来,大多数论辩互动都要经历上述四个阶段,但在顺序上可能会出现跨越或反复,某个阶段也可能表现的并不明显。以此理想模型为参照,我们就能识别现实生活的论辩究竟错在何处,还能识别出各方论辩话语中缺少了什么必要要素或不适当地表达哪些必要要素。语用论辩学认为论辩不仅包括典型的一对一辩论,还包括个人独白式的话语行为,比如某位专家在媒体对某种观点的批驳,在这种情况下,反方是潜在的且并非特定,人数可能不止一个,甚至是某一个或多个群体。(Eemeren & Grootendorst,1984,1988,1992,2003)

批判性讨论规则是评价论辩话语合理性的必要条件,也是辨别谬误的重要依据。语用论辩理论为四个阶段的批判性讨论设定了十五条“行为准则”(Eemeren & Grootendorst,2004:190—196)。虽然遵守这些准则并不意味着双方的意见分歧就一定能以解决,但违反这些准则就会使论辩偏离合理性轨道,甚至产生谬误。为使谬误的辨别更为简便,上述准则被浓缩为通俗易懂的“十条戒律”,包括自由规则、证明责任规则、立场规则、相关规则、未表达前提规则、出发点规则、有效性规则、论证图式规则、结束规则和用法规则等(Eemeren et al.,2002:109—136)。违反其中的每一条都会激发不同类型的谬误。

从1997年开始,Frans van Eemeren 和 Peter Houtlosser 在原有语用论辩理论中增加了修辞维度的分析。他们认为,在论辩互动中正反双方的主要目的是为了解决意见上的分歧,为了达成这个目的双方必须遵守批判性讨论的原则,使论辩具备“合理性”,但是为了使分歧的解决朝着有利于己方的方向发展(即证明自己观点或立场的合理性和对方观点或立场的不合理性),正反双方都会在遵守批判性讨论原则的情况下综合运用各种修辞手段,使论辩具备“有效性”。也就是说,论辩应该是“合理性”(reasonableness)和“有效性”(effectiveness)的统一(Eemeren & Houtlosser,2000)。在此认识的基础上,他们提出了论辩话语研究的“策略操控”(Strategic Maneuvering)分析方法。

(二)策略操控分析方法

所谓“策略操控”指的是论辩双方为使自己的话语兼具合理性和有效性而付出的“持续性努力”。就“策略操控”这个术语而言,“操控”(maneuvering)一词指的是“视论辩的具体情形作出最好的选择”,而“策略性”(strategic)强调的是“明智和有技巧的安排与规划”,意即论辩中的每一次“操控”不是临时起意的,而是在平衡了合理性和有效性之后作出的整体性策略安排。其中,合理性是“论辩”(批判性讨论)的目标,而有效性则是使用“修辞”的目标(Eemeren,2010: 40—41),两个目标在论辩中的体现如表1.2所示:

表1.2 论辩话语互动中的论辩目标与修辞目标(Eemeren,2010:45)

论辩阶段	论辩目标(合理性)	修辞目标(有效性)
冲突阶段	明确论辩的话题以及持不同意见双方的立场	根据己方利益确定意见分歧点及己方立场
开始阶段	明确讨论的出发点,包括程序性和实质性起点	根据己方利益确定程序性和实质性起点
论辩阶段	明确正方对自己立场的论证以及反方对此的质疑	根据己方利益确定论证立场(正方)和质疑立场(反方)的论辩方式
结论阶段	明确论辩的结果,即正方是否仍旧保持他的立场以及反方是否保持他的质疑	根据己方利益确定论辩的结果是保持立场(正方)还是保持质疑(反方)

受西方古典修辞学研究范畴①的启发，Eemeren 和 Houtlosser(2000,2003,2006,2007,2009)将论辩互动双方策略操控的实现/表现方式具体分为选择“潜在话题”(topical potential)、迎合“受众需求”(audience demands)和选择“表达手段”(presentational devices)三种(如图 1.1 所示)：

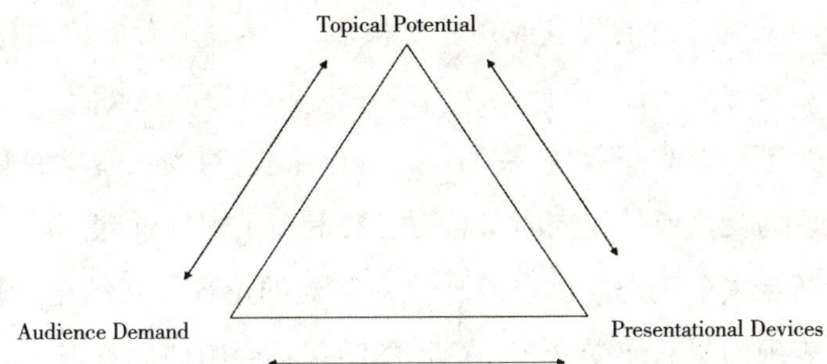

图 1.1　策略操控三角框架(Eemeren,2010:95)

(1)选择“潜在话题”，即正反双方在不同论辩阶段对潜在可用话题的选取。在论辩互动中，正反双方在论辩话语的每一步上都有许多上可供选择的话题，这些话题就类似于西方经典修辞学中修辞发明部分常用的“话题”(topoi)②，即看待问题的观点、角度或视角。论辩双方对这些话题的选择一方面要考虑到论辩合理性(论辩的目标)的要求，另一方面又要考虑到有效性(修辞的目标)的要求。具体而言，在冲突阶段，论辩双方会首先界定“争议空间”(disagreement space)，并通过对其中可用话题的选择使论辩的焦点有利于己方论证；在开始阶段，论辩双方会致力于创造“一致区域”(zone of agreement)以使论辩的程序性和实质性起点符合己方利益。通常论辩一方会努力引导，将对方的“妥协”之处作为论辩的一致区域；在论辩阶段，双方会根据批判性讨论的具体情况选择最适合自己的论证与质疑话题；在结论阶段，论辩双方会

① Eemeren(2010:95)直陈他所提出的策略操控的三种表现方式来源于西方古典修辞学对话题(topoi)、受众(audience)和表达(presentation)三个方面的关注。

② 在西方经典修辞学中，修辞有五大任务，即修辞发明、谋篇、文采风格、记忆和发表。修辞发明指的是修辞者根据所承担的说服任务搜寻并选定可讲、该讲、值得讲的话点的过程。对话题(topos，单数为 topoi)的选择与利用是修辞发明的核心组成部分。所谓话题就是有助于修辞者就所面临的修辞情境作出富有说服力证明的一切资源，范围从论证方法、论据类型、策略原则、话语形式一直到常见议题、常规说法、流行观点等(刘亚猛，2008：61—62)。

通过对“结论范围”(scope of conclusiveness)的圈定,尽力使论辩的结果与其理想相符,比如从自己(肯定或否定)的视角提出论辩结果的意义。

(2)迎合“受众需求”,即论辩双方在解决意见分歧的过程中将质疑与论证与他们受众(包括利益相关的直接受众,如论辩对方,也包括利益无涉的旁观者、第三方)通常持有的观点或喜好相联系,这样论辩者提出的立场就更加容易被接受。在冲突阶段,迎合受众需求主要表现为避免将己方和对方的意见分歧界定为不可调和、不可解决的。在开始阶段,对受众需求的迎合主要表现为只涉及既为受众所接受同时又符合己方利益的实质性起点。在论辩阶段受众需求的迎合主要表现为挑选符合受众利益的论证。在结论阶段,迎合受众需求主要表现为尽力使受众相信论辩的结果不会给他们带来任何不利。

(3)选择“表达手段”,即利用语言表达的语用空间(意即同一种语言表达可能具有的语境含义的集合)使论辩话语能够取得特定的交际与互动目的。比如在论辩的冲突阶段,一方也许会在陈述立场时刻意隐藏自己的态度以使意见分歧不至于过早复杂化;在开始阶段,一方可能会借用某一能够引起受众共鸣的隐喻表达作为出发点;在论辩阶段,一方可能会一口气直接提出全部论证并为论证加上序号,以显得自己的立场具有严谨、充分;在结论阶段,一方会以控制、谦虚的方式用“事实”说话,以形成“理在我方,无需雄辩”的印象。

总之,在论辩活动中,正反双方一般会在遵守批判性论证原则的前提下,从“潜在主题”、“受众需求”和“表达手段”三个角度出发,综合运用多种语言修辞手段,对论辩话语的内容与形式进行策略性安排,努力使自己的论证具备“合理性”和“有效性”,这就是“策略操控”的根本含义,其表现如表 1.3 所示:

表 1.3 策略操控在论辩四个阶段的实现方式(Eemeren,2010:97)

论辩阶段	潜在主题	受众需求	表达手段
冲突阶段	合理且有效地选择论辩话题与批判性回应	合理且有效地调适能够迎合受众的论辩话题与批判性回应	合理且有效地选择论辩话题与批判性回应的表达手段
开始阶段	合理且有效地选择程序性和实质性的开始	合理且有效地调适能够迎合受众的程序性和实质性起点	合理且有效地选择程序性和实质性起点的表达手段

续表

论辩阶段	潜在主题	受众需求	表达手段
论辩阶段	合理且有效地选择论证和质疑	合理且有效地调适能够迎合受众的论证和质疑	合理且有效地选择论证和质疑的表达手段
结束阶段	根据论辩结果合理且有效地选择结论	根据论辩结果合理且有效地调适能够迎合受众的结论	根据论辩结果合理且有效地选择结论的表达手段

语用论辩理论对策略操控三个组成部分的划分既考虑到了论辩本身必须具备的“合理性”要求，又考虑到了论辩双方利己的“有效性”要求，增强了该论辩理论的完整性和说服性，同时也为论辩话语策略研究提供了理想的分析方法——所有论辩话语策略根本上追求的正是“合理性”和“有效性”的统一，也即表现为上述三个方面的策略操控。从这个意义上说，论辩话语策略实质上就是一种策略操控。

在本研究中，我们将对轮胎特保案原诉方 USW2009 年 8 月 31 日致美国参议院和众议院的公开信①和中国五矿化工产品进出口商会与中国橡胶工业协会 2009 年 7 月 27 日致奥巴马和 USTR 的公开信②进行论辩策略的分析，以此考察摩擦双方在微观话语策略运用上的差异与启示。之所以选择这两封公开信作为分析对象是因为它们较为全面地罗列了各自的最终立场与论证，是中美双方直接对外公开、最为重要的官方文件之一。

具体而言，我们将重构每封公开信的论辩结构，明确其冲突、开始、论辩和结束四个主要论辩阶段，然后考察每个论辩阶段对“潜在话题”、“受众需求”和“表达手段”三类策略的选择（可能是三种策略并用，也可能突出使用其中一种策略）及其具体实现方式（比如对潜在话题的选择可能主要体现在对权威证言的引用上、对受众需求的迎合可能主要体现在采用对方的观点上、对表达手段的选择可能主要体现在观点的重复上等）。在此基础上，我们将对两封公开信在策略操控上的表现进行对比并从中揭示中方在论辩话语策略使用上的经验与不

① 参见 http://www.usw.org/our_union/our_issues/unfair_trade? id=0006。

② 参见 http://www.tyrefh.org/news_detail.asp? ID=120。

足。最后,我们还将反思这些话语策略对特保措施“(不)正当性”的构建作用。

第三节　语料收集与处理

本研究通过国际互联网穷尽性地搜集了中美轮胎特保案件持续期间(2009年4月至2009年9月)所有可以获得的汉、英话语语料183篇,共计6万余汉字和10万余英文单词(主要语料来源网站参见附录一)。按照话语参与者和话语语类的不同,我们对这些语料进行了简单分类。

从话语参与者的角度看,收集到的语料主要有六类话语主体:(1)政府部门,主要包括摩擦两国的行政机构(如中国商务部、国务院、美国ITC、USTR、美国白宫等);(2)国家官员,即以个人身份,而非代表其所属机构,对案件发表看法的官员(如美国国会议员);(3)行会和工会,主要是涉案的相关行会与工会,如中美轮胎特保案中的中国橡胶工业协会、USW、美国轮胎产业协会等;(4)轮胎企业,即涉案的相关进出口企业,如中美轮胎贸易摩擦中的中国佳通轮胎公司、双星轮胎公司、美国固特异轮胎公司等;(5)媒体,即对贸易摩擦的过程进行报道与评论的电视、广播、网站/页、报刊等媒体,如China Daily(中国日报),New York Times(纽约时报),LA Times(洛杉矶时报),新华网等;(6)专家、学者,即对贸易摩擦原因、利弊、影响、对策等关键性问题在媒体或听证会上发表观点的专家或学者。

从语类构成上看,收集的语料主要包含六种话语类型:(1)正式公告,主要是摩擦双方政府部门、行会、工会或企业公开发布的相关贸易文件,如贸易调查启动通报、贸易调查结论报告、政府最终贸易措施裁决书、贸易反制或惩罚措施发布书等;(2)法律话语,即制约、调节国际贸易和贸易摩擦关系的各种国内、国际法律、法规,如中国对外贸易法、美国对外贸易法、WTO争端解决条例等;(3)新闻发布会话语,即摩擦双方政府部门、行业协会或企业通过新闻发布会向国内外发布的话语信息,包括对摩擦案件进程的通报、对重要疑问的解释、己方的态度与立场等;(4)听证会话语,即摩擦各方在贸易摩擦听证会(通常由政府部门组织)上对各自主张和证据的陈述、解释与辩论;(5)正式信函,即摩擦各方公开发布的、致有关部门的正式信函;(6)媒体报道与评论,即电视、广播、网站/页、报刊等媒体对贸易摩擦的集中或零散的追踪报道和针对性评论。

为了更为清楚地说明本书的研究框架,我们大致勾勒了主要研究目的、研究问题、理论基础、研究方法和研究语料之间的有机联系,如图 1.2 所示。

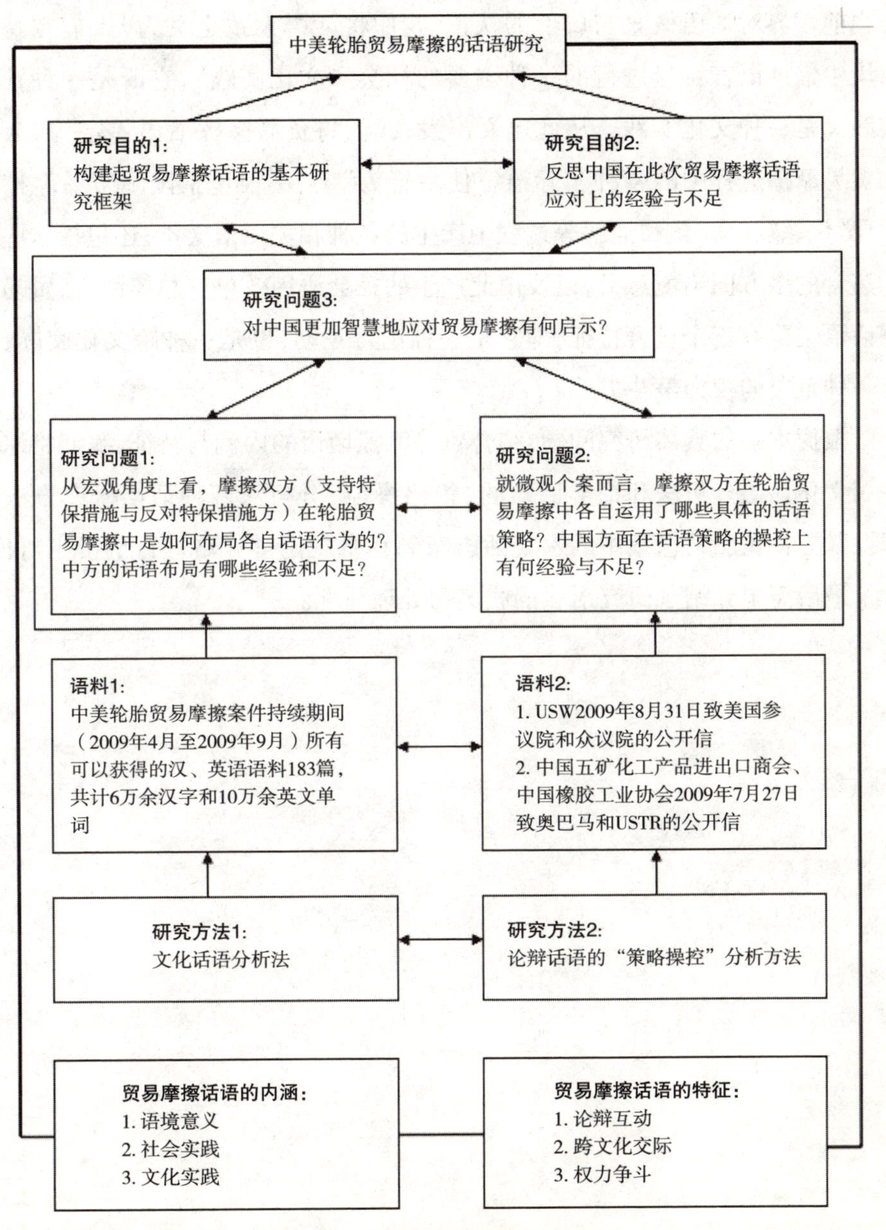

图 1.2 本书研究框架示意图

小 结

本章主要论述了中美轮胎贸易摩擦话语研究的理论基础与研究方法。综合当前学界对话语概念与属性的认识,我们将话语大致定义为“人们在特定语境中借助语言符号进行的一种重要的社会和文化实践”,它既是一种社会实践又是一种文化实践。从此定义出发,我们将贸易摩擦话语界定为“人们在贸易摩擦过程中的各种实际语言使用行为”,它不仅包括国际贸易摩擦发生、激化、缓和、转化和消解等过程中产生的各种相关话语文本,还包括这些文本蕴含的多方面语境意义,以及由此产生的社会语用效果。总体而言,贸易摩擦话语主要有三个显著特征,即它是一种论辩互动,也是一种跨文化交际,还是一种重要的权力争斗方式。

根据本书的具体研究问题,结合贸易摩擦话语的内涵与特征,我们将综合使用文化话语分析法和论辩话语的“策略操控”分析法两种话语研究方法对摩擦双方在轮胎特保案中的宏观话语布局和微观论辩策略进行剖析与对比。本章最后简单介绍了研究语料的收集与处理情况。

第二章 中美贸易摩擦与轮胎特保案

了解中美轮胎特保案的语境是对其进行话语研究的前提和重要组成部分。为此,本章将首先简要回顾中美两国建交以来的三个贸易摩擦阶段及主要影响因素,从中反思轮胎特保案发生的历史必然性,然后重点分析中美轮胎特保案的发生背景、大致进程以及美国此举的目的。

第一节 中美贸易摩擦

一、中美贸易摩擦的三个阶段

中美两国自 1979 年正式建交以来,贸易发展历程始终是一波三折、摩擦不断,总体概括就是“在斗争中发展,在发展中斗争”。按照摩擦性质与特点的不同,中美贸易摩擦大致经历了三个不同的历史阶段(参见肖虹,1997;宫力,2000;那宏,2006;张春妹,2007)。

(一)经济性摩擦阶段(1980—1989 年)

在这一时期,由于中国开始逐步扩大改革开放的力度,而美国各界对中国这一政策转变又基本持欢迎态度,加之出于共同遏制苏联扩张的政治考虑,中美贸易交流日渐频繁。特别是在 1980 年 2 月 1 日中美双方正式签订《中华人民共和国和美利坚合众国贸易关系协定》之后,美国同意给予中国最惠国待遇,中美经贸关系从双边关系中的配角地位逐渐上升为中美关系中具有决定性影响的组成部分。这一时期中美贸易摩擦的特征是大多数摩擦都属于经济范畴内的正常技术性问题(但也交织着一些复杂的政治因素),摩擦所涉产品大都集中于低附加值的纺织品、化工材料以及轻工产品等劳动密集型的初级大宗商品，与中国不熟悉国际贸易制度、单纯性依赖某几样商品出口有很大关系。由于中美政治、经济等综合国力上的巨大差距，中方在贸易摩擦中总是处于被动地位，摩擦的解决基本沿着“美方立案——中方解释——美方裁决——中方让步——达成协定”的路径。

（二）政治化为主的摩擦阶段（1990—2001 年）

其特征是经济问题政治化，美国发起贸易摩擦的范围、手段和方式都与上一阶段有着本质区别。1989 年至 1993 年间，随着苏联和东欧社会主义政权的垮台，社会主义阵营彻底瓦解，美国开始酝酿恢复“唯我独尊”的国际地位。恰逢此时，1989 年中国发生了天安门政治事件，美国抓住时机猛烈攻击中国的“人权状况”，并第一时间对中国展开了各种形式的贸易惩罚性制裁，将人权问题与给予中国最惠国待遇挂钩。整个 90 年代，美国不断以人权、敏感性武器扩散、劳改产品、中国计划生育政策等问题为由拒绝给予中国最惠国待遇，并不断在中国加入 WTO 问题上设置重重障碍。2000 年 9 月美国宣布给予中国永久性正常贸易关系地位，长期困扰中美贸易关系的最惠国待遇这才得到了最终解决。与上一阶段不同的是，随着中国经济实力的增强，特别是中美两国经济相互依赖程度的增强，中国在这一阶段开始在摩擦中采取主动反击和多种自我保护措施，在一定程度上遏制了美国的“政经捆绑”行为。

（三）制度性与非制度性摩擦并存阶段（2001 年至今）

2001 年中国加入 WTO 后，中美关系保持了大体稳定，特别是在小布什政府采取了“政经分离”的对华政策后，附加在对华贸易政策上的政治条件进一步缩小（但仍旧为主要影响因素），美国的对华贸易政策更加趋向稳定和成熟，双方贸易额突飞猛涨，美国成为了中国第二大贸易伙伴。与贸易额同样突飞猛进是摩擦的数量。这一时期，中美贸易摩擦从纺织品、彩电、家具等单件商品的微观经济层面扩展到了以人民币汇率、市场经济体制为核心的宏观经济层面，美国一方面利用反倾销、特保措施、反补贴等保护性贸易措施向中国发难（非制度性摩擦），另一方面围绕知识产权、汇率制度、劳工标准、市场准入等两国的制度差异挑起摩擦（制度性摩擦）。

二、影响中美贸易摩擦的主要因素

中美贸易摩擦的发生有其复杂的经济和政治原因:就经济因素而言,中美之间长期的贸易失衡是滋生贸易摩擦的最主要原因。这种贸易失衡主要表现在中国对美贸易依存度大(美国是中国第二大出口国),贸易顺差显著,而美国对华贸易依存度相对较小,贸易逆差明显。国际贸易规律显示,当一国某类产品出口主要依赖于另一国市场时,后者就会频繁挑起争端,以争取其他多方面的利益(刘芹,2001)。同时,中国巨大的顺差数额和增长速度也让美国人感到恐惧和担忧。虽然他们知道中美之间的贸易有利于他们的总体福利增加,但这种极度的贸易不平衡导致的失衡心理也会刺激他们作出非理性的行为。为了改变这种状况,他们就会千方百计地挑起争端,制造贸易摩擦;他们宁愿进口印度价格稍高的纺织品,也不愿看到对中国贸易逆差的继续扩大(李春顶,2007)。但是,美国之所以在双边贸易中长期处于"逆差"状态并不意味着中国在中美贸易中占了"大便宜",而是多方面因素造成的①。此外,美国对本土劳动密集型的"夕阳产业"的保护也是造成中美贸易摩擦的一个重要原因(刘芹,2001;胡音音,2006)。

在政治方面,20 世纪以来,美国全球战略的核心就是确立和巩固其世界领导地位,争夺、维持霸权地位,而改革开放后中国综合国力和国际地位的不断提高让冷战后一直充当"国际警察"的美国感到十分不安,为了遏制中国迅猛发展的态势,防止中国在国际事务中与之抗衡,美国系统打造了"中国威胁论",将全球战略中削弱和抑制中国的因素更多地转向经贸领域,这就阻碍了中美贸易的正常发展(梁军,2005;王亚飞,2008)。其次是在美国国内的政治体制下,最终决定贸易政策的总统和国会议员在其选举过程中通常都接受了不同利益集团的资助或帮助,在其如愿入选后为了回报这些利益集团,通常不会从全社会的角

---

① 彭兴华(1999)认为,美国之所以在中美贸易中处于逆差与四个方面原因密切相关:第一是美国对香港的转口贸易计算方法不合理;第二是亚洲四小龙加工贸易向中国大陆产业转移;第三是美国将自己对华直接投资然后"出口"至本土的产品也算作"中国制造";第四是美国对华技术出口限制严格,双方本应互补的优势产业不能真正互补。

度出发来权衡利害关系，而只是从本集团和地区的利益出发作出抉择，在这种背景下，一旦中国对美国的出口影响到相关产业的利益，他们就会置社会最高福利于不顾，而选择制造障碍，贸易摩擦由此而生。最后，“集体行动”（也称“院外行动”）等政治行为也在很大程度上影响了当局的政策制定。一些人数较少但组织得当的利益团体经常通过团结一致的集体行动游说国会议员和政要，向美国政府申请惩罚、限制中国进口产品以保护自己利益（李春顶，2007）。

第二节　中美轮胎特保案

一、何为“特保”

“特保”是《中华人民共和国加入 WTO 协定书》第 16 条规定的“特定产品过渡性保障机制”（Transitional Product-specific Safeguard Mechanism）的简称，是中国为了获得美国永久最惠国待遇并尽快以非完全市场经济的体制加入 WTO 不得已而作出的妥协性退让（李娟，2010）。根据该项规定，自中国入世之日起 12 年内，原产于中国的产品在进口至任何 WTO 成员领土时，如果其增长的数量或所依条件对生产同类产品或直接竞争产品的国内生产者造成或威胁造成市场扰乱，或者造成重大贸易转移，则受此影响的 WTO 成员有权在防止或补救此种市场扰乱所必需的限度内对此类产品撤销减让或限制进口。对此，美国在《美国 1974 年贸易法》又特别增加了第 421 节，即“421 条款”。依据该条款，在中国加入 WTO 后的 12 年内，若中国出口至美国的产品数量增加或者所依条件，对同类产品或直接竞争产品的美国国内产业造成或威胁造成市场扰乱，美国总统可以在防止或补救市场扰乱必需的限度和时间内，针对中国产品加征关税或实施其他进口限制手段（参见舒兵，2005；那宏，2006）。

与 WTO 规定的“保障措施”相比，专门针对中国的“特保”措施具有明显的歧视性，违反了 WTO 自由贸易和非歧视的基本原则，其主要表现为：（1）保障措施针对国内市场上所有进口相关产品，而特别保障措施仅针对国内市场上进口的中国产品；（2）保障措施的实施要求是对进口国相关产业造成“严重损害”或构成“严重损害威胁”，而特保措施的门槛低得多，只要存在“市场扰乱”或者“市场扰乱威胁”即可实施；(3)保障措施一般实施期限不得超过4年，全部实施期限不应超过8年，而特别保障措施的期限则完全由实施国视“防止或补救市场扰乱所必需的时限”而定（舒兵，2005；刘宁元，2009）。仔细审视第16条特保条款和美国421条款还可以发现，它们对于特保措施实施要件的规定极为宽松和含糊，比如什么是“快速增长”、在多长时间内“快速增长”、怎样认定“市场扰乱”和“实质性损害”都没有十分严格的界定。中美轮胎特保案显示，这些模糊性表达给美国肆意使用特保措施提供了广阔的空间。

总之，美国强烈要求中国背负的WTO特保承诺在本质上就是一种“合法框架”内的歧视性政策，它充分体现了美国等西方发达国家对世界贸易秩序的强权控制。这也从一个侧面说明，WTO所遵循的“自由贸易”原则（free trade）只不过是用各种法律话语伪装起来的强国意志（Levy，2002）。

二、中美轮胎特保案的背景与主要进程

2007年2月美国爆发了次级贷款违约剧烈增加、信用紧缩所引发的金融危机。当月超过25个次级贷款商宣布大面积损失，次级贷款业崩溃，美国股市发生剧烈下跌。美国很多重量级的金融企业纷纷陷入困境、倒闭或者被接管，美元贬值严重。面对大规模爆发的金融危机，美国这位危机“始作俑者”打破了其口头上一再宣扬的“政府不干预”的自由市场经济信条，政府强势介入市场进行救助，并努力通过货币增发、美元贬值、大宗商品涨价、全球通货膨胀以及其他各国通货再膨胀的方式向世界转移金融危机（严海波，2008）。与此同时，为了摆脱工商业极度低迷、失业率暴涨的困境，美国变本加厉地推行贸易保护主义（确切地说是“新贸易保护主义”，即通过间接的贸易限制措施排挤进口商品），针对中国产品的贸易救济调查较之以往更加层出不穷，2009年中美贸易摩擦案件较2008年激增10倍①，创中美贸易史新高。

---

① 参见中国商务部部长陈德铭接受凤凰卫视采访实录 http://finance.ifeng.com/video/20100127/1761048.shtml。

在这样的背景下,2009 年 4 月 20 日,USW 向美国 ITC 提出对中国输美商用轮胎实施特殊保障措施的申请,要求美政府对中国出口的用于客车、轻型卡车、迷你面包车和运动型汽车的 2100 万个轮胎(即消费轮胎,consumer tire)实施进口配额限制,中美轮胎特保案自此拉开序幕。6 月 18 日,ITC 宣布经过听证与调查,中国乘用车及轻卡车轮胎产品进口的大量增加,造成或威胁造成了美国国内产业的市场混乱,并于 6 月 29 日发布救济措施建议,建议美国政府对中国输美消费轮胎连续三年加征惩罚性关税,三年附加税率分别为 55%、45%、35%。8 月 7 日,USTR 联合美国国务院、商务部、劳工部、财政部四个部门在华盛顿举行听证会,就轮胎特保案听取各方意见。9 月 11 日,美国总统奥巴马宣布,在未来三年内分别对中国输美轮胎征收 35%、30%和 25%的从价特别关税,轮胎特保案暂时画上句号。它是美国奥巴马时代首起对华特保案,也是迄今为止中国遭遇的最大特保案和唯一实施的特保案。整场事件的进程如表 2.1 所示。

表 2.1　中美轮胎特保案的主要进程(胡珊,2009)

时间	事项
4 月 20 日	USW 宣布,依据美国 1974 年贸易法第 421 条款,向 ITC 提出对中国输美商用轮胎的特殊保障措施案申请,要求美政府对中国出口的用于客车、轻型卡车、迷你面包车和运动型汽车的 2100 万个轮胎实施进口配额限制
4 月 29 日	ITC 在联邦纪事上公告启动对中国轮胎产品的特保调查;中国商务部随后表示,这是对种产品的歧视性做法,是对特保措施的滥用
6 月 17 日	美国轮胎产业协会发表声明,反对 USW 向 ITC 提出限制中国轮胎进入美国市场的做法
6 月 18 日	ITC 对中国乘用车及轻卡车轮胎特保案作出肯定性损害裁决,认定中国轮胎产品进口的大量增加,造成或威胁造成美国内产业的市场扰乱
6 月 19 日	中国商务部对 ITC 的裁决深表遗憾
6 月 29 日	ITC 就对中国轮胎采取特保措施,提出了对乘用车、轻型货车用中国制轮胎征收 3 年特别关税的方案,第 1 年至第 3 年额外征收的关税分别为 55%、45%、35%
7 月 3 日	中国商务部公平贸易局负责人指出中国政府高度关注并坚决反对美国采取限制中国轮胎产品的措施
7 月 10 日	美国轮胎产业协会公开致函奥巴马,并抄送美贸易代表柯克,强烈要求奥巴马否决任何对中国轮胎采取限制措施的建议

续表

时间	事项
7月17日	中国商务部公平贸易局负责人就ITC发布的裁决报告表示,“事实认定错误、缺乏逻辑,不足以作为对中国轮胎采取限制措施的依据”
7月27日	美国汽车贸易政策理事会以及代表美国零售业领导者协会致函美国贸易代表柯克,反对采取特保
7月27日	中国橡胶协会和中国五矿商会向奥巴马提供证据说明中国轮胎出口没有影响美国本土轮胎销售
8月4日	中国橡胶工业协会、五矿化工产品进出口商会和7家国内轮胎企业组成的游说团赴美进行抗辩和申诉,并于当地时间5日在华盛顿举行记者会
8月7日	USTR在华盛顿举行听证会,就“中国输美轮胎特保案”听取各方意见
8月17日	中国商务部副部长钟山率团赴美,就轮胎特保案与美国有关部门进行交涉,表达中国政府坚决反对特保措施的立场与关切
9月11日	美国总统奥巴马宣布,在未来三年内分别对中国输美轮胎征收35%、30%和25%的从价特别关税

三、美国发起特保案的真实目的

特别值得注意的是,虽然USW、ITC和美国政府都认为中国轮胎产品进口的大量增加造成或威胁造成了美国国内产业的市场混乱,但是如表2.1所示,美国轮胎产业协会在多个场合明确表示美国轮胎制造业和市场并未受到实质性损害,美国轮胎产业协会还多次强烈抗议政府对中国输美轮胎采取特保措施。并且,在限制中国低价轮胎进口之后,美国消费者必须选择更高价格的替代品,轮胎经销商和消费者的利益也因此大受损失。最重要的是,限制中国轮胎极有可能导致其他国家轮胎的涌入以填补中国轮胎留下的市场空白,美国轮胎产业未必能够从中得到好处。美国拥有世界一流的经济学家和政治家,对于这一后果他们不可能预料不到。由此可见,美国政府对中国输美轮胎采取特保措施并非是出于其所谓的“保护国内轮胎产业和轮胎市场”的目的,至少不是完全出于这个目的。

从中美贸易摩擦的上述三个发展阶段及其主要影响因素来看,美国此举仍旧是在延续其在中美贸易摩擦中一贯持有的政治思维,即一方面是遏制中国,另一方面是迎合国内政治需求。具体而言,警惕、遏制中国过快地发展壮大是美国全球战略的重要组成部分，在世界金融危机中，中国力挽狂澜，以实际行动彰显了一个负责任的大国形象并受到了许多国家的赞誉，这与美国竭力转嫁危机的不负责任的做法形成了鲜明对比。在这种情况下，美国试图通过轮胎特保案及其可能的扩散性效应（巴西、墨西哥、印度等国也相继提出对中国轮胎进行特保调查）来打击、遏制中国，同时转移国际视线。此外，奥巴马能够在2008年大选中脱颖而出很大一部分原因是得到了劳工阶层（包括USW）的支持，对中国轮胎进行限制一来可以“报答”钢铁工人对他的大力支持，二来可以以此换取劳工阶层对奥巴马政府医疗改革计划的支持（韦桂华，2009）。总之，中美轮胎贸易摩擦无论从哪个角度看都绝非一场常规的经济摩擦，其中交织了多方面的政治因素。

小　　结

本章首先介绍了中美贸易摩擦走过的三个重要阶段及其主要影响因素，指出中美贸易摩擦从来就不是单纯经济层面的，而是始终受到政治因素的影响，其中，通过贸易摩擦遏制中国快速发展与壮大、维续其独霸世界的地位从来都是美国挑起摩擦的主要目的之一。在中美轮胎特保案中，从美国轮胎产业强烈反对实施特保措施这一事实来看，保护其国内轮胎产业并不是美国政府的主要目的，结合全球金融危机中美国的种种表现可以推断，美国此举的一个重要原因是继续遏制中国和转嫁国内危机。此外，在美国彼时的国内政治语境下，以“轮胎特保”换“医改”也是奥巴马政府最终选择限制中国轮胎进口的一个主要原因。

第三章　轮胎特保案中摩擦双方话语互动的宏观分析与对比

本章将借助文化话语分析法，结合收集到的话语语料简要分析中美轮胎特保案的话语互动过程，然后从话语主体、话语媒介、话语主题三个方面对中美各方在轮胎特保案中的话语行为进行宏观剖析和对比，希冀以此回答本书的第一个研究问题，即："从宏观角度上看，摩擦双方在轮胎贸易摩擦中是如何布局各自话语行为的？有何具体差别？中方的话语布局有哪些经验和不足？"需要指出的是，我们对中美各方摩擦话语的宏观剖析存在这样一个研究预设，即鉴于轮胎特保案的重大影响，主张对中国轮胎实施特保措施的话语群体（以 USW、ITC 为代表）和反对实施特保措施的话语群体（以中国政府、中国橡胶工业协会为代表）在摩擦过程中对其话语主体、话语媒介、话语主题应该都有仔细的整体规划与安排，而不可能是随意或即兴的。因此，我们的研究不但要关注个体的话语行为，更需要从整体上考察双方话语群体的宏观话语布局。

第一节　中美轮胎特保案的话语互动过程

"话语互动过程"在本书里指的是摩擦各方通过各种话语实践进行互动并推进事态发展的过程。文化话语分析方法为我们描述、刻画这个话语过程提供了较为理想的模式，即可以首先识别摩擦中每个话语实践的核心组成部分,包括话语主体、话语媒介、话语主题等,然后依照话语时间先后对其进行排列,从中观察各方的话语表现、互动关系及其对于事态发展的影响。按照这一思路,本书以列表的形式大致呈现了中美轮胎贸易摩擦的话语互动(参见附录二)①。

纵观轮胎贸易摩擦的整体话语过程可以发现,在纷繁复杂的众多话语行为中,美国ITC的特保调查公告(6月18日)、USTR的措施建议(9月2日)②以及奥巴马的裁决公告(9月11日)牵制着其他话语行为,是推进各方(话语)互动和事态发展的关键性话语实践。根据美国421条款的规定,特保措施从开始立案到最后实施必须经过四个主要环节,即行会/工会组织/企业等利益受损者向ITC提起特保调查申请——ITC进行特保调查并向USTR提出特保措施建议——USTR调查后向总统提出建议——总统作出最终裁决,也就是说,ITC、USTR和美国总统的话语立场直接决定了摩擦的最终结果。因此,在中美轮胎特保案中,两大话语群体(一方反对美国政府实施特保措施,中国商务部、中国橡胶工业协会、轮胎企业、美国轮胎产业协会等主体的话语行为;另一方主张、敦促美国政府对中国输美轮胎实施特保措施,包括USW、ITC、国会议员、美国国会钢铁联线、美国汽车工人联盟、USTR等主体的话语行为)进行话语和其他实践互动的根本目的就竭力影响ITC、USTR和总统三者的决定,进而影响摩擦的最终结果。

从附录二中可以看出,自4月20日USW提交特保申请书开始,为了说服ITC作出肯定性/否定性损害裁决,美国方面的USW、数十位国会议员和专家、中国方面的商务部、橡胶工业协会和轮胎出口企业不断通过各种话语媒介说明特保措施的利害关系;而在ITC6月18日作出肯定性损害裁决后,中美各方

---

① 严格地说,贸易摩擦中的每个话语实践,大到政府的官方公告,小到媒体的一篇普通评论,都在不同程度上推动着摩擦的发展,都是摩擦话语过程不可割舍的一部分。囿于篇幅的限制和实际分析的需要,本书根据话语主体的身份,综合各种语境知识,仅在附录二中列出了对摩擦进程起到重要影响的话语实践。媒体话语由于数量巨大,观点各异,没有列入。

② 依照美国政府的惯例,USTR的措施建议应于2009年9月2日夜之前送至白宫供奥巴马参考,且内容保密,其具体内容我们无从得知。但从奥巴马最后作出的肯定性裁决和USTR9月17日发布的特保措施说明看来,USTR上报奥巴马的建议应该与ITC的调查报告与建议基本一致。

一方面通过官方公告、新闻发布会等话语媒介批判/支持 ITC 发布的调查报告；另一方面在 USTR 组织的听证会和致奥巴马与 USTR 的公开信上继续陈述和补充己方观点，试图以此影响 USTR 和奥巴马的最终裁决；直到奥巴马 9 月 11 日宣布对中国轮胎实施特保措施后，特保摩擦才最终以涉案各方的抗议或赞赏之辞“落下帷幕”。图 3.1 简要展示了特保摩擦四个关键环节中的话语互动过程。

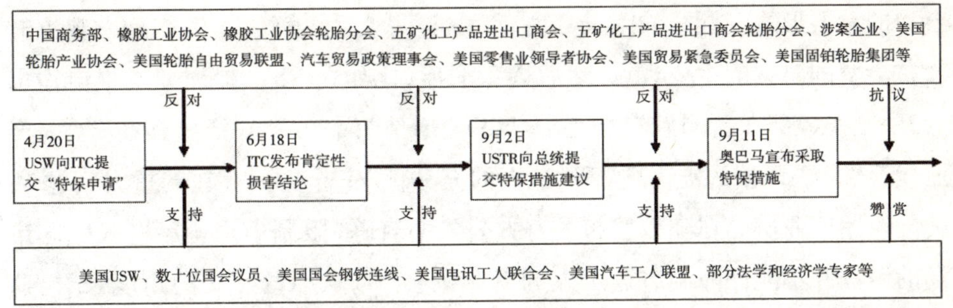

图 3.1　中美轮胎特保案四个重要环节的话语互动

摩擦各方的话语互动过程还深刻地体现于他们话语之间的互文性上（intertextuality）。所谓“互文”指的是“一个词（或一篇文本）是另一些词（或者文本）的再现，我们从中至少可以读到另一个词（或一篇文本）”（萨莫瓦约，2003：4），Bakhtin 最早提出这种话语间的“互文”现象，他认为人们的每个话语表述“都与其他表述相互联系，并充满对他人话语的回音和余音……它或反驳此前的表述，或以某种方式考虑它”（北冈诚司，2002：180—181）。

在轮胎特保案中，话语的互文性互动不仅存在于同一话语群体之中，还广泛存在于两个话语群体之间。如附录二所示，在 4 月 20 日 USW 向 ITC 提交特保申请书后，美国国会议员 John Tanner、Tim Ryan、Bart Gordon、Larry Kissell、Arthur Davis、Bill Shuster、Richard Burr 等人纷纷致信 ITC，认为中国轮胎进口数量的激增极有可能冲击到其所代表的田纳西州、加利福尼亚州、阿拉巴马州、宾夕法尼亚州等地区的轮胎制造业，产业工人的失业率会因此上扬，其根据在于“从中国进口的消费轮胎从 2004 年到 2008 年四年间数量增加了

215%,金额上涨295%”①,这与USW特保申请书中的主要观点和表述方式完全一致,因此在很大程度上佐证了USW的观点;而在ITC随后作出肯定性损害裁决之后,特保措施的拥趸者无论是在USTR听证会上还是在致USTR和奥巴马的公开信中都大段引用ITC 6月18日所发布的“权威结论”以及其后发布的最终调查报告,即“各种调查数据显示,中国轮胎产品进口的大量增加,造成或威胁造成美国内产业的市场扰乱”②,以此显示自己的立场并非出于任何己方利益的考虑。由此可见,互文是双方阵营内部话语互动、形成话语合力的重要形式。同样如附录二所示,中美两大话语群体在阐述己方观点时通常会罗列对方的主要观点,然后逐条驳斥,比如在USW提交了申报申请书后,中国商务部在新闻发布会上分析了该申请书的内容并指出其在“国内产业代表性”、“证据的准确性”和“证据的充分性”三个方面存在的重大问题③;美国轮胎产业协会在随后发布的官方公告中直陈“限制中国轮胎进入美国市场的做法并不能保障制造业工人的就业机会”④,从话语互文的角度来看,这句话语表达实际上就是对USW申请书中对中国轮胎实施特保措施可以增加产业工人就业这一提法的间接抨击。由此可见,互文也是摩擦双方阵营之间进行话语互动的重要形式之一。事实上,在轮胎贸易摩擦的话语互动过程中,每个话语活动都与其他话语有着直接或间接的互文关系。

第二节　话语主体分析

“话语主体”(Speaker)指的是在特定语境下运用语言符号生成意义的具

① 参见其致ITC的公开信:http://assets.usw.org/testamonies/507696-403716-tanner.pdf;http://assets.usw.org/testamonies/504137-402087-tim-ryan.pdf;http://assets.usw.org/testamonies/gordon421letter.pdf;http://assets.usw.org/testamonies/kissel421letter.pdf;http://assets.usw.org/testamonies/508998-404414-artur-davis.pdf;http://assets.usw.org/testamonies/5shuster421letter.pdf;http://assets.usw.org/testamonies/508997-404413-burr.pdf。

② 参见ITC调查裁决与报告:www.usitc.gov/publications/safeguards/pub4085.pdf。

③ 参见中国商务部发言人姚坚的公开表态:http://www.mofcom.gov.cn/aarticle/ae/ag/200904/20090406211595.html。

④ 参见美国轮胎产业协会6月17日公告:http://www.tireindustry.org/default.aspx? id=1242。

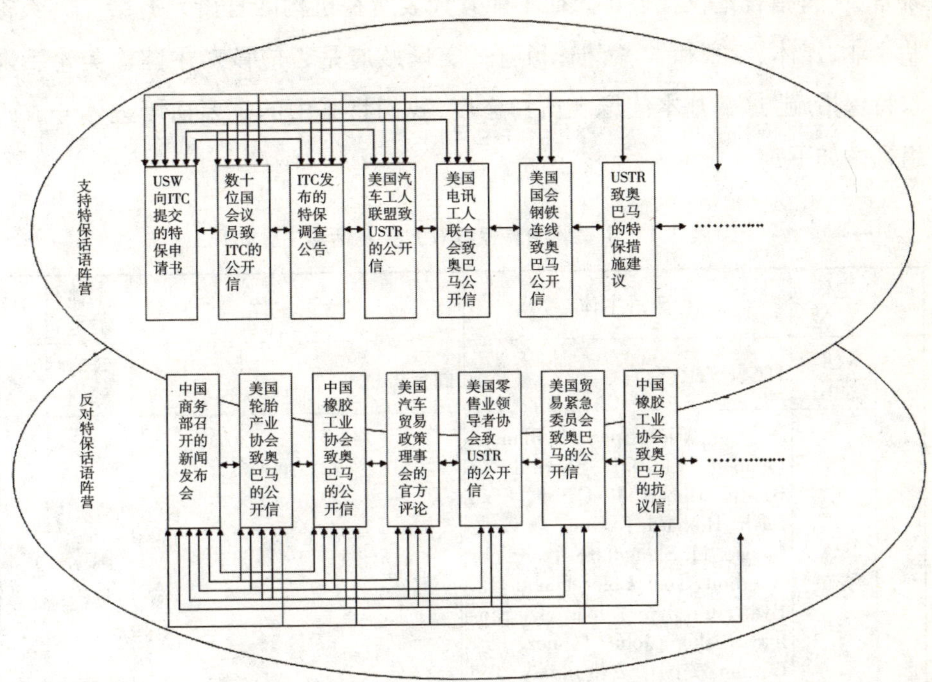

图 3.2　中美轮胎特保案话语的互文关系示意图

体的人或社会组织形式(施旭、冯冰,2008),它既包括话语行为的生产者——说话人,也包括话语行为的消费者——听话人。对话语主体的分析不但要考察"谁在说话",还要考察"谁没说话"(施旭,2010:71)。其中,"谁在说话"这一问题主要关注实际参与社会活动的各种话语主体、他们的社会身份及其身份可能对该社会活动产生的影响。而"谁没说话"这一问题关心的主要是哪些话语主体"应该说话而没说话"或者"如果说话效果可能更好",以及据此能够说明的问题或带来的影响。下面我们将首先简要分析轮胎贸易摩擦中的主要话语主体布局,然后从"谁在说话"和"谁不在说话"这两个基本问题出发,对中美各方在轮胎贸易摩擦中出现的话语主体进行分析与对比,并作出结论。

一、摩擦双方话语主体总体布局

综合所有语料可以发现,参与中美轮胎贸易摩擦的话语主体有近百位之多,按照其社会身份的不同,这些话语主体大致可以分为六类:即政府部门、国家官员(特指言论仅代表个人而不能其代表所在机构的官员)、行会/工会、轮胎企业、媒体、专家和学者,根据其在“美国政府是否应该对中国输美轮胎采取特保措施”这一基本问题上所持态度,我们将其中的主要话语主体分成两组列举如下:

表 3.1 中美轮胎特保案双方主要话语主体布局

	主体类型	话语主体	话语主体	主体类型	
支持实施特保措施	政府部门	ITC、USTR、白宫	商务部	政府部门	反对实施特保措施
	国家官员	参议员 Arlen Spencer、Blanche Lambert Lincoln、Sherrod C. Brown、Robert P. Casey、Evan Bayh、Richard Durbin;众议员 Louise M. Slaughter、Robert B. Aderholt、Tom Cole、Timothy J. Ryan、Carolyn Kilpatrick、Sanford Bishop、John Tanner、Bart Gordon;美国俄亥俄州州长 Ted Strickland 等		国家官员	
	行会、工会	美国国会钢铁联线(Congressional Steel Caucus)、USW、机械师和航空业工人国际联合会(International Association of Machinists and Aerospace Workers)、美国电讯工人联合会(Communications Workers of America)、美国汽车工人联盟(United Auto Workers)等	中国橡胶工业协会、中国橡胶工业协会轮胎分会、中国五矿化工产品进出口商会、中国五矿化工产品进出口商会轮胎分会、中国国际商会、中国国际贸易促进委员会、美国轮胎产业协会(US Tire Industry Association)、美国轮胎自由贸易联盟(American Coalition for Free Trade in Tires)、美国零售业领导者协会(American Wholesale Marketers Association)、美国贸易紧急委员会(Emergency Committee for American Trade)、美国汽车贸易政策理事会(American Atomotive Trade Policy Council)、美中贸易全国委员会(The US-China Business Council)等	行会、工会	

续表

	主体类型	话语主体	话语主体	主体类型	
	轮胎企业		三角集团、上海轮胎、山东玲珑、杭州中策、风神轮胎、青岛双星、贵州轮胎、佳通轮胎、山东永泰化工集团、华南轮胎等国内主要轮胎企业、Les Schwab Warehouse、American Pacific Industries、Fullurm Tire、Giti（美国佳通）、美国固铂轮胎集团（Cooper Tire and Rubber）等	轮胎企业	
支持实施特保措施	媒体①	……	中央人民政府网、人民日报、中国日报、新华日报、环球时报、新华网、新民网、搜狐网、新浪网、网易网、中国广播网、中央人民广播电台、中央电视台等国内主要媒体	媒体	反对实施特保措施
	专家、学者	Eric Land、James Fetzer、Kathryn Kobe、Carl R. Moyer、John G. Reilly、kenneth R. Button、Terence P. Stewart、Eric P. Salonen等经济、法律、贸易界专家	王锦珍、余永定、马小宁、梅新育、周世检、王庆、张国庆、郎咸平、沈伟家、陶涛等国内经济学、法学和国际问题专家；美国罗格斯大学经济学教授 Thomas Pochar	专家、学者	

二、问题与讨论

（一）谁在说话？

如表 3.1 所示，中美双方的政府部门、国家官员、行业协会、轮胎相关企业、媒体和专家、学者都参与了轮胎特保案的话语互动。下面我们将结合语境逐一分析这些话语主体的社会身份、在摩擦中所处地位及其话语活动对摩擦的影响。

---

① 美国媒体对于是否应该对中国输美轮胎实施特保措施意见不一，即使同一份媒体也经常出现不同的声音，因此我们无法列出哪些媒体支持采取特保措施、哪些媒体反对采取特保措施。资料显示，美国各大主流报刊，包括 *USA Today*（今日美国报）、*LA Times*（洛杉矶时报）、*Wall street Daily*（华尔街日报）、*New York Times*（纽约时报）、*Washington Times*（华盛顿时报）、*Washington Post*（华盛顿邮报）、*New York Post*（纽约邮报）和 5 家主流广播公司，包括 CNN（美国有线电视新闻网）、CBS（哥伦比亚广播公司）、ABC（美国广播公司）、NPR（全国公共广播电台）、PBS（美国公共广播电台）都对此次特保案进行了报道与评论。

1.政府部门

政府部门是一国社会公权力和公信力的集合体，其话语在管辖范围内具有绝对权威性。如表 3.1 中所述，在轮胎特保案中，美国 ITC（负责对中国输美轮胎是否存在市场侵害进行调查）、USTR（综合各方意见确定是否需要对中国轮胎采取特保措施，并向总统呈交建议）和白宫（最终决定是否采取特保措施）三个政府机构对案件的进展起着绝对主导作用，它们的话语立场直接决定了摩擦的最终结果。三者之中，美国 ITC 的话语具有十分重要的意义。作为一个由两党组成的、独立的政府机构，ITC 每一项贸易救济建议的形成大都会经过听证会辩论、周密调查、委员投票决定等重要环节，形式上似乎“没有任何不公和偏倚”。因此，它所作出的调查结论在美国各界看来比其他相关政府部门（如带有明显党派和政治利益倾向的 USTR、白宫）、行业协会和企业更具公信力和中立性。在本案中，ITC 认定的中国输美轮胎在 2004 年至 2008 年间的增长幅度就比原诉方 USW 提供的数值更具“权威性”和“公正性”，虽然两个数值是基本一致的；同样地，ITC 关于中国输美轮胎危及美国轮胎产业市场的这一“定论”，其效力也远超过任何协会、企业、官员或媒体的结论。因此，得到 ITC 的话语支持是 USW 最终实现其特保主张的关键一步。

中国商务部虽然不能最终决定轮胎特保案的结果，但是它们的话语实践对于结果有着很大的影响：一方面，作为国家立场与国家利益的代言者，它与 ITC、USTR 和白宫的斡旋与谈判带有显著的外交意义，其影响力要远大于中国行业协会或轮胎企业的话语行为，例如，当 USW 公布已向 ITC 提出特保申请之后，中国商务部副部长钟山立即会晤美国驻华使馆临时代办彭达，明确中国政府坚决反对采取特保措施的态度，并指出“两国产业界应加强磋商，不能动辄使用贸易救济措施”，并“希望美方从中美经贸关系大局出发，妥善处理贸易摩擦，抵制贸易保护主义”①。钟山代表中国政府所说的这番话实际上就是向美国当局传达这样一个信息，即“中国政府十分关注此次特保案件，处理

① 参见商务部新闻发布：http://www.mofcom.gov.cn/aarticle/ae/ai/200904/20090406204186.html。

不当可能会影响中美关系”。这就给轮胎特保案这场经济摩擦附加上了浓重的政治蕴含,使美国不得不仔细权衡其中的利弊;另一方面,商务部的话语可以为中国行业协会和轮胎企业更为积极地应诉提供强有力的支持。比如,中国商务部多次在其官方公告中宣布“商务部将一如既往地帮助国内产业积极交涉和抗辩,努力为企业创造公平稳定的经营环境”①,这种话语表达既可以向美国当局表达抗争的决心,同时又可以安抚和激励国内涉案企业。

2.国家官员

在轮胎特保案中,以个人身份而非其所在机构的身份参与话语互动的主要是数十位美国国会议员。根据美国国会议员的选举制度,每个国会议员都代表着特定的地区或利益集团,其话语立场虽然不能代表国会,但却能够在一定程度上反映该地区或利益集团对摩擦的态度,因此对政府的最终决策有着很大的影响。

USW 成功说服了 23 位国会议员发出公开信支持其特保主张,其中 7 位还出席了 ITC 6 月 2 日的听证会,为 USW 佐证。虽然与国会近 540 名议员的总数量相比,这 23 位议员在数量和比例上并不足为重,但是如果考虑到仅有寥寥几个议员出面反对特保、没有一位议员出席 ITC 和 USTR 听证会反对特保的话,这 23 位议员的话语影响力就可想而知了。特别值得注意的是,这 23 位议员中有近十位均来自美国轮胎制造产业的重镇,包括田纳西州、加利福尼亚州、阿拉巴马州、宾夕法尼亚州等地区,他们在公开信和听证会上无一例外地用大量笔墨描述了其所在州轮胎企业近几年亏损、倒闭、破产、工人失业的“惨痛状况”,以及中国对外贸易和对美贸易的“斑斑劣迹”,极力佐证 USW 关于中国轮胎给美国轮胎产业带来严重损害的说法。

3.行会和工会

行业协会是整个行业生产经营者自愿组织起来的非政府组织,代表该行业的整体利益,而工会则是由整个行业的工人组织起来的非政府组织,代表的是全行业工人的普遍利益。在国际贸易摩擦中,行业协会与工会的话语实践

---

① 参见姚坚的公开谈话:http://www.mofcom.gov.cn/aarticle/ae/ag/200906/20090606348025.html。

可以发挥政府和单个企业无法企及的作用。首先,行会和工会作为企业与企业工人的共同体能够从宏观上掌握整个行业的第一手信息资料,如产量、出口量、成本构成、利润组成、市场份额等关键信息,它们对这些信息的表述比单个企业更为权威和可信。其次,作为一种非政府机构,行会和工会具有政府所不具备的灵活性,在与对方进行周旋时经常无须像政府那样讲究外交辞令,可以自由辩驳、据理力争(余世喜,2005)。

在轮胎特保案中,原诉方 USW 是整个北美人数最多、规模最大的工会组织(在美国和加拿大拥有 80 万工人会员),且为奥巴马入主白宫贡献了大量选票。与其他美国行业协会和工会相比,它的话语实践可能更具政治影响力。但是,从产业代表性上看,美国轮胎产业协会更能代表美国轮胎制造业的集体利益,它在“中国输美轮胎是否对美国轮胎产业造成了实质性损害”这个问题上最有发言权。因此,争取到美国轮胎产业协会的支持并让其为中国轮胎立言是中国方面的重要话语策略之一。实际上,从表 3. 1 中可以看出,中国方面几乎争取到了美国本土所有与轮胎生产和销售的行业协会的支持,有力地支撑了中国轮胎业反对特保措施的各种话语观点。与之相比,为美国 USW 立言的机械师和航空业工人国际联合会、美国电讯工人联合会和美国汽车工人联盟等美国工会组织虽然可以在一定程度上壮大 USW 的话语力量,但由于它们与美国轮胎产业之间的关系并非十分密切,其话语影响力和说服性十分有限。

4.轮胎企业

中美双方的轮胎企业是摩擦的直接利益相关者,其话语能够最为真实和具体地反映实施特保措施的后果。在轮胎摩擦过程中,三角集团、上海轮胎、山东玲珑、杭州中策、风神轮胎、青岛双星、贵州轮胎、佳通轮胎、山东永泰化工集团、华南轮胎等中国十大轮胎出口企业始终正面应对 USW、ITC 和美国政府的指控,在 8 月份摩擦进入白热化状态时,七家企业还联合组团亲赴 USTR 召开的听证会,协助中国橡胶协会举证,话语表现较为积极。此外,从表 3. 1 中可以看到,Les Schwab Warehouse、American Pacific Industries、Fullurm Tire、Giti(美国佳通)、美国固铂轮胎集团(Cooper Tire and Rubber)等多家美国轮胎企业也参与了话语互动。作为中国轮胎业的美国同行、竞争者、USW 特保申请书和 ITC 调查公告中"中国轮胎受害者"，它们反对特保的话语立场无疑是对 USW 和 ITC 特保建议的有力反击。

5.媒体

媒体对贸易摩擦的报道是社会各界了解案件详情及其进展的一个主要来源，可以让本国民众和外界充分了解案件的来龙去脉，传播己方的观点与立场，引导国内外舆论。在此次特保案中，中国包括中央人民政府网、人民日报、中国日报、新华日报、环球时报、新华网、新民网、搜狐网、新浪网、网易网、中国广播网、中央人民广播电台、中央电视台等主流媒体均对案件进行了跟踪报道与评论，为政府、行业协会和轮胎企业的据理力争创造了良好的国内舆论氛围，同时也在一定程度上向国际社会传达了中国各界对摩擦的看法。

6.专家和学者

专家和学者由于具备了常人无可比拟的专业知识，他们对贸易摩擦的分析与评论在大多数人看来具有相当的专业性和中立性。为此，USW 力邀 Eric Land、James Fetzer、Kathryn Kobe、Carl R. Moyer、John G. Reilly、kenneth R. Button、Terence P.Stewart、Eric P.Salonen 等多位美国经济、法律和贸易界专家和学者出席 ITC 和 USTR 的听证会，从其专业研究的角度证明了中国轮胎给美国轮胎制造业和产业工人造成了"实质性损害"，完全适用美国贸易 421 条款和 WTO 的特保条款，同时预测对中国轮胎实施限制可能给美国轮胎产业和工人带来巨大收益。从修辞人格（ethos）的角度来看，他们对 421 条款和特保措施收益的"专业化"阐释无疑比 USW、国会议员等相关利益团体的说辞更具"说服力"。中国法学和国际贸易界的王锦珍、余永定、马小宁、梅新育、周世检、王庆、张国庆、郎咸平、沈伟家、陶涛等专家和学者也在国内媒体上发表了对此次案件的专业化看法。与媒体话语的作用类似，他们的话语实践可以帮助国内公众和业界（包括轮胎行业）了解摩擦的实质与策略，同时还能为中国各方齐心协力应对摩擦创造良好的话语环境。

（二）谁没说话？

如前所述，"谁没说话"这个问题关注的主要是那些在中美轮胎特保案中"应该说话而没说话"或者"如果说话效果可能更好"的话语主体。在本节中，我们将以表 3.1 所列的话语主体布局为依据，在语境中对两大话语群体中“沉默”的话语主体及其能够说明的问题或带来的影响进行剖析。

1.支持特保措施的话语群体

在 USW 的特保申请书、数十位美国国会议员致 ITC 的公开信、ITC 的调查报告以及美国白宫的最终裁决书中，中国轮胎之所以必须被限制进口的主要原因就是“中国轮胎产品进口的大量增加或所依条件，造成或威胁造成美国同类产品或直接竞争产品的市场扰乱”(ITC，2009：2)。USW 还特别指出，由于中国轮胎进口量的激增，“2004 年至 2008 年，美国消费轮胎产业损失了 4400 个就业岗位，2009 年又有两家消费轮胎企业永久性关闭，2400 百个工人因此失业……2004 年至 2008 年，国内消费轮胎的产量下降了 25%。国内轮胎产业在美国轮胎市场上的占有份额从 2004 年的 63%下降到了 2008 年的 50%以下”①。依照这个原因，美国轮胎企业、轮胎产业协会和轮胎产业工人应该是中国轮胎“扰乱市场”的直接受害者，也应该是实施特保措施的直接受益者。以此推断，即使他们没有主动提出申请要求对中国轮胎实施特保，也至少应该在 USW 向 ITC 提出申请后予以积极、正面的话语回应。但是从表 3.1 中可以看到，在支持特保措施的话语群体中并没有出现美国轮胎企业、轮胎产业协会和轮胎产业工人的声音，多家美国轮胎企业和轮胎产业协会甚至加入了反对实施特保措施的话语群体。换句话说，轮胎特保案中的真正“原告”站到了“被告”的一边。这就表明，美国当局坚持对中国轮胎实施特保措施绝不像其所宣称的那样完全是为了保护本国轮胎产业。

2.反对特保措施的话语群体

总的看来，有四类话语主体没有出现在反对实施特保措施的话语群体之中，他们的缺席对于话语群体的整体话语影响力有着显著的影响。

第一，从表 3.1 中可以看到，中国方面没有像 USW 那样成功得到部分美国国会议员或个别州长的声援。特别是在 ITC 和 USTR 召开的听证会上，多位国会议员都出面为 USW 立言，却没有任何一位议员为中国轮胎辩护。虽然以奥巴

① 参见 USW 的官方公告：http://assets.usw.org/China_Trade_Tires/s421_usw-backgrounder-consumer-tire-case_042009.pdf。

马为首的美国政府对特保案的最终裁决无需经过国会的批准,但是如前所述,每位国会议员都代表着特定的地区或利益集团,其话语立场在“理论上”反映了该地区或利益集团对案件的态度,因此能够在很大程度上影响政府的最终决策。

第二,美国消费者联合会(Consumer Federation of America,CFA)没有加入反对特保措施的话语群体。反对采取特保措施的话语群体在谈及特保措施对美国社会的危害时大都提到“限制进口中国轮胎不仅无助于保住美国制造业的就业岗位,还会损害美国经销商和消费者的利益”①。美国零售业领导者协会还更为直接地指出,“如果在经济困难时期限制轮胎进口,大量消费者为节省支出将放弃或推迟更换汽车轮胎,这将严重威胁消费者的人身安全。”②也就是说,美国普通消费者将是特保措施的直接利益受损者。从这点上看,消费者群体理应是中国方面努力争取的话语主体,但遗憾的是,代表消费者利益的美国消费者联合会在摩擦中始终没有出面反对实施特保措施。

第三,没有任何美国工会组织为中国轮胎立言。如表3.1所示,除了本案原诉方USW这个北美最大的工会组织外,共有三个重要的美国工会组织(即机械师和航空业工人国际联合会、美国电讯工人联合会、美国汽车工人联盟)参与了摩擦话语互动并积极支持美国当局对中国轮胎实施特保措施。这些工会组织的“出师之名”就是美国轮胎制造业工人在2004年至2008年间大量失业,而这基本上都是进口自中国的轮胎数量暴涨造成的。针对这一指责,中国方面多次表示“美国因轮胎产业调整五年前就关闭部分工厂造成部分工人失业,后来进入美国市场的中国轮胎根本不造成美国轮胎工人失业”③。美国轮胎产业协会也认为,“(特保措施)既不能拯救制造业的就业状况,也不会创造任何就业机会”④。以上说法如果能够得到美国若干工会组织的话语佐证,就能在很大程度上瓦

---

① 参见中国橡胶协会2009年7月31日致美国总统奥巴马的公开信:http://www.cria.org.cn/criawebsite/news/newsinfo.aspx? newsid=1249。

② 参见美国零售业领导者协会致美国贸易代表Ron Kirk的公开信:http://www.awmanet.org/。

③ 参见中国橡胶工业协会2009年9月12日致美国总统奥巴马的抗议信:http://www.cria.org.cn/criawebsite/news/newsinfo.aspx? newsid=1333。

④ 参见美国轮胎产业协会发布的官方评论:www.tireindustry.org/.../6-17-09%20-%20USW-Chinese%20Tire%20Petition.pdf。

解 USW 及其拥趸者努力构建的“所有美国产业工人都支持限制中国轮胎进口”这一印象。事实上，变革谋胜利（US Change to Win Federation）总工会①——美国两大总工会之一②——一直与中国政商界保持着良好的合作关系，应该是中国轮胎可以争取的话语主体。

第四，与对方话语主体的组成相比，反对特保措施的话语群体中缺乏大量美国专家与学者。如前所述，很多中国专家与学者都对轮胎特保摩擦进行了分析、解读与阐释，但是他们话语活动的范围和影响力大都局限于中国国内，基本无法为美国社会各界所知，且由于他们十分明显的利益倾向，其话语观点即便能为美国当局知晓也无法发挥很大的说服作用。因此，在说服美国当局不采取特保措施方面，美国本土专家与学者的话语行为可能更加具有影响力。但是纵观轮胎特保案的整个话语过程，我们几乎看不到美国专家或学者为中国轮胎立言，只是在 USTR 8 月召开的听证会上，才有美国罗格斯大学的经济学教授 Thomas Pochar 简短阐述了特保措施对美国的危害，这与支持特保措施话语群体中庞大的“专家阵营”形成了鲜明的对比。

（三）结论

综上所述，在此次轮胎特保案中，支持和反对特保措施的两大利益群体对各自的话语主体布局都有较为周密的考虑，每个话语主体的“出场”都有其特定的目的和丰富的社会意义。总的看来，主张对中国轮胎实施特保措施的利益群体（以原诉方 USW 为主要代表）在争取美国 ITC、美国国会议员与美国专家学者三大关键话语主体方面比反对实施特保措施的利益群体（以中国政府、中国橡胶工业协会为主要代表）更胜一筹。这主要是因为 USW 等利益集团比中方更了解美国国内的政治经济博弈关系，也更为熟悉美国政坛的游说方式，

---

① 变革谋胜利总工会成立于 2005 年 7 月，由从美国最大总工会劳联—产联独立出来的服务雇员工会（Service Employees International Union，SEIU）、卡车司机工会（International brotherhood of Teamsters，IBT）、联合食品和商业工人工会（United Food and Commercial Workers International Union，UFCW）和联合农场工人工会（United Farm Workers of America，UFW）四家工会组成，代表了全美 550 万工人。具体情况参见：http://www.changetowin.org/about-us.html。

② 另一总工会为最早成立的美国“劳联—产联”总工会（AFL-CIO——American Federation of Labour-Congress of Industrial Organizations）。

具有明显的本土优势。但是,从其没能成功争取到美国轮胎企业、轮胎产业协会和轮胎产业工人的话语支持这一点来看,他们的特保主张实际上并不具有产业代表性,换句话说,他们要求对中国轮胎采取特保措施的理由并不够充分。

中国方面的话语主体布局较之以前有很大改善。就国内话语主体而言,中国的政府部门、行会组织、轮胎企业、专家学者和新闻媒体五大话语主体在此次摩擦中都走到台前通过各种话语媒介与美国当局据理力争。USTR 就此案举行听证会时,商务部、行会和与主要轮胎企业均派遣了高级代表赴美进行交涉和游说。更为重要的是,中方成功争取到了包括美国轮胎产业协会、轮胎企业、轮胎自由贸易联盟、美中贸易全国委员会在内的多个美国行会组织的话语支持,极大地增强了话语影响力。这与中欧鞋类贸易摩擦中中国方面势单力薄的话语主体布局形成了鲜明的对比(参见施旭,2010:106—107),说明在经历了众多贸易摩擦案件之后,中国方面逐渐意识到了积极应对的重要性。

虽然对中国轮胎实施特保措施的最终决定权在美国总统奥巴马手中,但是其决定主要取决于国内各种政治经济力量的博弈结果。如果能够争取到更多力量强大的美国本土话语主体,中国的胜算可能会更大。在此次特保案中,中国成功地游说了美国近三十个行会组织、企业和智库,却忽略了影响力巨大、与轮胎特保案息息相关、本应站出来为中国轮胎说话的美国话语主体——美国消费者联合会,同时也没能成功游说美国国会议员、政府官员、工会组织和美国专家、学者出面为中国轮胎立言,这可以说是中国在话语主体布局上的一个重要失误。

第三节　话语媒介分析

在人文社会科学领域,“媒介”一般被认为是“传递信息的工具”(李岩,2005:125)。我们认为,“媒介”不仅是“工具”,还是一种渠道或方式,话语媒介(Media/Channel)简单地说就是话语得以表达和传播的工具、渠道或方式,如新闻发布会、新闻媒体、面对面交流等。对话语媒介的充分占有和灵活使用是增强话语影响力的重要手段(吴鹏、黄澄澄,2011;吴鹏,2009;Wu-peng,2009)。本节将首先描述中美各方在轮胎贸易摩擦中使用的话语媒介,然后在此基础上结合语境讨论两个重要问题:(1)这些话语媒介的特征与作用是什么?(2)摩擦双方在媒介的使用上有何重要差异?中国方面在话语媒介使用上存在哪些主要问题?

一、摩擦双方使用的话语媒介

从附录二中可以看到,摩擦双方使用的话语媒介大致可以分为公告、公开信、听证会、会晤、新闻发布会和大众媒体六类,表3.2简要归纳了支持与反对特保措施的两大话语群体在轮胎特保案中对这些话语媒介的使用情况①:

表3.2 中美轮胎特保案双方使用的主要话语媒介

<table>
<tr><td rowspan="8">支持特保措施话语群体</td><td>话语主体类型</td><td>话语主体（说话人）</td><td>话语媒介</td><td>话语媒介</td><td>话语主体（说话人）</td><td>话语主体类型</td><td rowspan="8">反对特保措施话语群体</td></tr>
<tr><td rowspan="3">政府部门</td><td>ITC</td><td>公告、听证会</td><td rowspan="3">公告、新闻发布会、会晤、听证会、大众媒体</td><td rowspan="3">中国商务部</td><td rowspan="3">政府部门</td></tr>
<tr><td>USTR</td><td>公告、听证会</td></tr>
<tr><td>白宫</td><td>公告</td></tr>
<tr><td rowspan="2">国家官员</td><td>二十余位美国国会议员</td><td>公开信听证会</td><td rowspan="2"></td><td rowspan="2"></td><td rowspan="2">国家官员</td></tr>
<tr><td>美国俄亥俄州州长 Ted Strickland</td><td>公开信、大众媒体</td></tr>
<tr><td rowspan="2">行会/工会</td><td>USW</td><td>公告、公开信、听证会、大众媒体</td><td>公告、新闻发布会、公开信、听证会、大众媒体、会晤</td><td>中国五矿化工产品进出口商会、中国橡胶工业协会</td><td rowspan="2">行会/工会</td></tr>
<tr><td>美国国会钢铁联线、机械师和航空业工人国际联合会、美国电讯工人联合会、美国汽车工人联盟</td><td>公开信</td><td>公开信、公告</td><td>中国国际商会、中国国际贸易促进委员会、美国轮胎产业协会、美国轮胎自由贸易联盟、美国零售业领导者协会、美国贸易紧急委员会、美国汽车贸易政策理事会等</td></tr>
</table>

① 由于"媒体"的话语媒介就是其本身"大众媒体",为避免重复,表3.2中没有列入"媒体"这一话语主体及其对应的话语媒介。

续表

<table>
<tr><td rowspan="5">支持特保措施话语群体</td><th>话语主体类型</th><th>话语主体（说话人）</th><th>话语媒介</th><th>话语媒介</th><th>话语主体（说话人）</th><th>话语主体类型</th><td rowspan="5">反对特保措施话语群体</td></tr>
<tr><td rowspan="2">轮胎企业</td><td rowspan="2"></td><td rowspan="2"></td><td>听证会、公开信、大众媒体</td><td>中国七家轮胎巨头</td><td rowspan="2">轮胎企业</td></tr>
<tr><td>公告</td><td>美国固铂轮胎集团</td></tr>
<tr><td rowspan="2">专家学者</td><td rowspan="2">十余位美国经济、法律与贸易界专家</td><td rowspan="2">听证会</td><td>大众媒体</td><td>数十位中国专家、学者</td><td rowspan="2">专家学者</td></tr>
<tr><td>听证会</td><td>美国罗格斯大学经济学教授 Thomas Pochar</td></tr>
</table>

二、问题与讨论

（一）六类话语媒介的特征与作用

1.公告

如表 3.2 所示，公告是政府部门、行会/工会和轮胎企业三类话语主体经常使用的一种话语媒介，它是话语主体较为正式地表达观点的一种重要途径。与听证会、会晤等多向度、即时交互式的话语媒介不同，公告是单向度、独白式的①，它为说话人操控话语形式与话语内容提供了更大的空间，说话人可以更为自由地设置话语的话题、主题、结构与具体内容，灵活引用对方的话语并进行评价或反驳，而完全不必顾忌对方（中国轮胎生产商和进口商）会立即反驳。

2.公开信

与私人间传递的各种信函不同，公开信虽然也有明确的“收信人”，但是其目的并不是仅让该“收信人”知晓信函的内容，而是同时向社会各界公开表达自己的立场与态度，形成社会影响，从而给“收信人”带来一定的社会压力。从轮胎贸易摩擦中相关话语主体对公开信这一话语媒介的使用情况来看，后一目的

① 这里所说的“单向度”和“独白式”仅是形式上的，从话语互文性和对话性的视角来看，公告实质上也是与其他话语进行互动交流的一种方式。

比前一目的可能更为重要。也就是说,公开信这一话语媒介不但可以向特定方表明立场,还能在更大范围内造成社会影响。此外,与公告类似,公开信作为一种"独白式"的话语媒介也为说话人操控话语形式与话语内容提供了广阔的空间。

3.听证会

在中美贸易摩擦(包括中美轮胎特保案)中,ITC 和 USTR 组织召开的听证会具有十分重要的意义。前者是 ITC 进行贸易救济调查的重要组成部分,也是其作出贸易调查报告的重要依据,后者则可以在很大程度上影响 USTR 制定相关救济措施建议。因此,充分利用听证会这一话语媒介对于摩擦各方来说都非常关键。但是,与公告、公开信等"独白式"的话语媒介不同,听证会是一种面对面的即时互动媒介,互动双方随时都有可能"遭遇"来自对方的质疑与反驳,此外,它还具有不可重复性——听证会一旦结束各方都不可能重新"发言"(相比而言,公告、新闻发布会、公开信、大众媒体等话语媒介都有可重复性,即可以根据事态发展不断更新观点与立场)。从这个角度看,听证会可能是六类话语媒介中最难把握、同时意义又最为重大的一个。

4.会晤

如果说听证会为摩擦双方的话语主体提供了相互质证的话语媒介,那么会晤就是相关话语主体之间进行沟通、游说和谈判的一个重要话语媒介。就轮胎贸易摩擦这一个案而言,摩擦双方的会晤大致可以分成两种:一种是公开的会晤,如 4 月 27 日中国商务部副部长钟山会见美国驻华临时代办彭达,其作用与公告类似,主要是向对方和有关方面进一步阐述己方的立场与观点;另一种是非公开的会晤,如 8 月 17—18 日期间钟山副部长率领橡胶工业协会和涉案企业赴美游说 USTR 和白宫高级官员,其主要作用是就摩擦中的某些关键问题(包括一些可能由于种种原因无法公之于众的事项)"讨价还价",商讨双方都能接受的解决方案。

5.新闻发布会

从形式上看,新闻发布会同听证会和会晤一样都是即时互动的话语媒介,但与后两者不同的是,新闻发布会通常是新闻发布者与大众媒体之间的话语互动媒介,其主要作用是通过媒体向国内外社会各界就某一重大问题发表看法、摆明态度。在新闻发布会上,新闻发布者掌握着绝对的话语主导权,他决定了什么时候举行发布会、哪些人可以参加发布会、谈论哪些话题、突出哪些主题以及哪些话题与主题不应涉及等重要问题,从这点上看,新闻发布会与公告和公开信一样为话语主体灵活运用话语策略留下了充足的空间。

6.大众媒体

大众媒体(主要包括报刊、电视、广播、互联网等)集话语主体和话语媒介两个身份于一体,它既是中美轮胎贸易摩擦的六大话语主体之一(参见表3.2第5点"媒体"),又是摩擦话语主体频繁使用的一个重要话语媒介。与上述五种话语媒介相比,大众媒体的传播速度最快,传播范围更为广泛,能让普通民众和社会各界人士实时了解摩擦的相关背景和最新进展。更为重要的是,通过大众媒体这一话语媒介,相关话语主体可以运用各种话语策略影响大众对摩擦的态度与认知,为自己赢得广泛的社会认同。

(二)摩擦双方话语媒介使用的主要差别

从表3.2中可以看到,支持与反对特保措施的两大话语群体在摩擦过程中都普遍使用了公告、公开信、听证会、会晤、新闻发布会和大众媒体六种话语媒介。比较而言,摩擦双方主要在公告、听证会和大众媒体三类话语媒介的使用上存在较大差异。下面我们将着重对这些差异进行描述、分析与阐释。

1.公告

如前所述,公告作为一种单向度、"独白式"的话语媒介为说话人操控话语提供了更大的空间。说话人可以利用公告的这一特点灵活运用各种话语策略对话语的话题、主题与形式进行取舍。在支持特保措施的话语群体中,原诉方USW对公告的运用尤为巧妙。从4月20日摩擦开始至9月11日摩擦结束,USW共计发布了23个重要公告①,从形式特征和作用上看,其中最值得关注的是"谬误—事实"式、"图表—数字"式和问答式三类公告。

"谬误—事实"式公告指的是将对方(即反对特保措施的话语群体)的主

① 参见USW官方网站:http://www.usw.org/our_union/our_issues/trade/page? type=trade_cases&id=0005。

要观点一一罗列,然后逐个进行反驳。例如,在美国ITC6月29日宣布特保措施建议的当天,USW 立即在其网站上发布了名为"responses to some of the common myths presented by Chinese tire producers and importers"(对中国轮胎生产商和进口商的一些常见谎言的回应)的公告,图3.3是该公告的截图:

CERTAIN PASSENGER VEHICLE AND LIGHT TRUCK TIRES FROM CHINA, SECTION 421 INVESTIGATION NO. TA-421-7

SEPARATING FACT FROM FICTION

Chinese producers and importers of Chinese tires have raised a number of arguments against imposing restraints on imports of Chinese tires. As reviewed below, none of these arguments is grounded in fact.

Argument #1: Imports are not the cause of the injury suffered by the industry.

The Facts: This issue has already been decided by the Commission. Facts in the ITC staff report simply do not support this claim. Indeed, Chinese producers' gains in U.S. market share for replacement tires came entirely at the expense of the domestic industry.

图3.3 USW 2009年6月29日"谬误—事实"式公告截图①

该公告首先在大标题中将中国轮胎生产商和进口商的话语表述归为"myths"(谬误),继而以"Separating Fact from Fiction"(区别事实与虚构)为小标题,并加上横线提请读者注意。通过这种"事实"与"谬误"、"虚构"之间的鲜明对比,USW将自己构建成了"事实陈述者",而中国轮胎生产商和进口商则成了"虚构谬误者"。在正文部分,USW列举了对方的五个主要论点(Arguments),并对这五个论点进行逐条批驳,批驳之词全部被贴上"The Facts"(事实)这一标签,再次强化自己"事实陈述者"的正面形象。从框架理论(Goffman,1974)的角度看来,这种对比式的公告实际上就是将读者的认知限制了在"谬误"和"事实"之间,使其认为公告中只存在"事实"和"谬误"两类观点,USW是事实的叙述者,而反对特保措施的话语群体只能是谬误观点的持有者。

"图表—数字"式公告指的是以少量文字配以大量相关图表和数字来证明某些观点的一种公告呈现形式。在轮胎贸易摩擦中,USW连续发布了七个"图表—数字"式公告,图3.4、图3.5、图3.6、图3.7、图3.8是其中较为重要的五个:

① 参见 http://assets.usw.org/China_Trade_Tires/s421_backgrounder-china-tire-myths_usw062909.pdf。

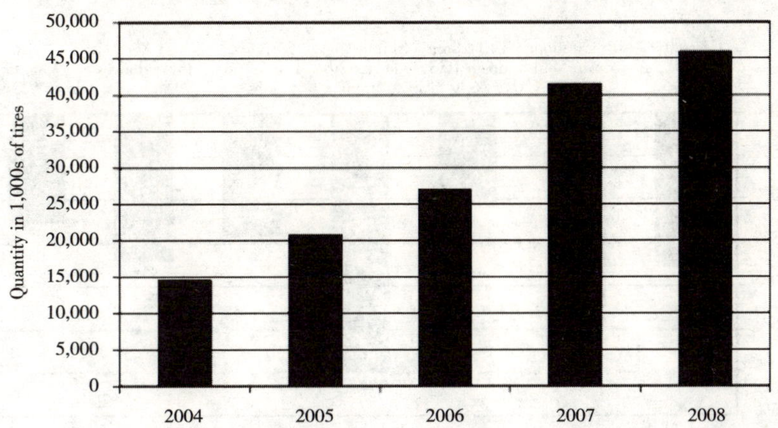

图 3.4　USW"图表—数字"式公告:"进口自中国的轮胎数量快速增长"①

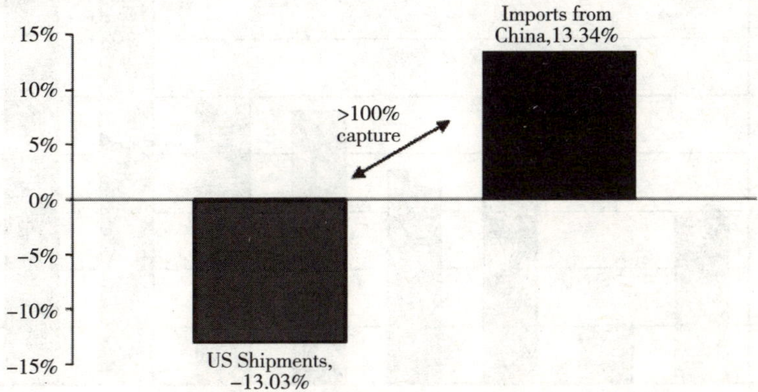

图 3.5　USW"图表—数字"式公告:"中国轮胎给美国轮胎产业带来了直接的重大影响"②

① 参见 http://assets.usw.org/China_Trade_Tires/china-tires-421-facts-imports.pdf。

② 参见 http://assets.usw.org/China_Trade_Tires/china-tires-421-facts-causation.pdf。

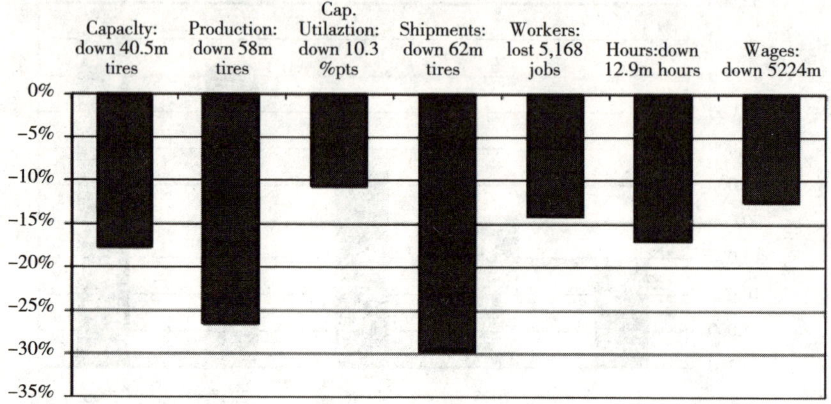

图 3.6　USW"图表一数字"式公告:"美国轮胎产业受到了实质性损害"①

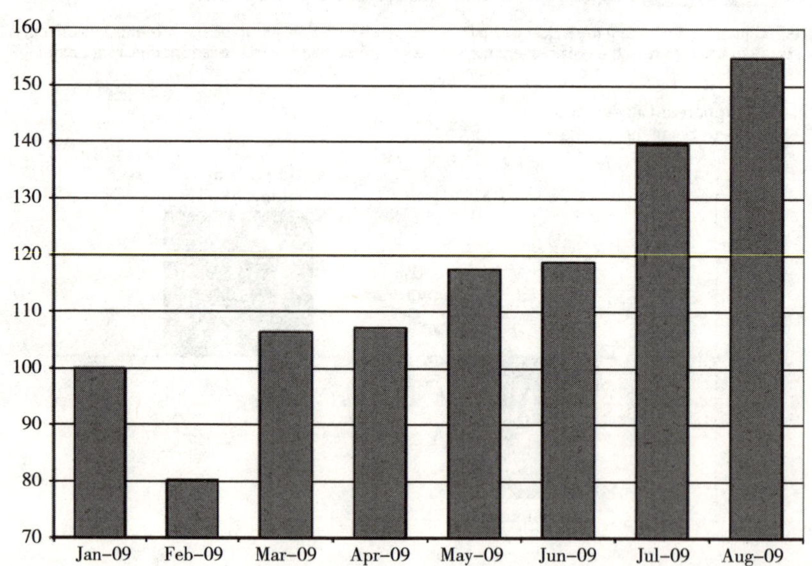

图 3.7　USW"图表一数字"式公告:"2009 年 1—8 月进口自中国的轮胎数量"②

① 参见 http://assets.usw.org/China_Trade_Tires/china-tires-421-facts-injury.pdf。

② 参见 http://assets.usw.org/China_Trade_Tires/s.421_ams_2009_monthly_tire_chart_aug09.pdf。

China Tires 421 Facts: The Benefits of a Remedy Far Outweigh the Costs

Once benefits to tire industry suppliers and tire plant communities are taken into account, the total economic benefit of implementing the ITC's recommended tariff remedy in the first year greatly exceeds the estimated costs to consumers. According to the ITC's own analysis of direct impacts and the analysis of USW's economic consultant on indirect impacts, the total benefits exceed the costs by up to $844 million. These benefits are two-and-a-half times greater than the costs.

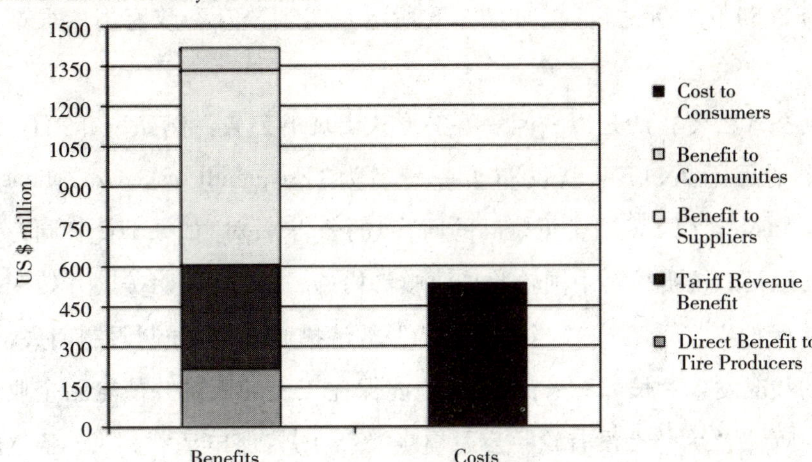

图 3.8　USW“图表—数字”式公告:“特保措施利远大于弊”①

数字和图表在说服性/论辩性话语中能够发挥重要作用:详尽的数字或数据在中西方文化中都通常被与“无可辩驳的客观事实”相提并论,能使人对它深信不疑,产生威信效应(而常常忽视其真实与否)。在很多人看来,一个精确的数字可能比上百句“干巴巴”的说理更加具有说服力;与文字表达形式相比,图表不但更为简洁,而且能使复杂和抽象的问题变的直观与清晰,同时也便于话语主体隐藏问题的其他侧面。在上述五个公告中,USW 策略性将图表和数字相结合,充分利用了两种表达手段在“视觉冲击”上的优势。例如,在图 3.5 中,2004—2008 年间中国输美轮胎的增加比例与同一时期美国轮胎产业出货量的跌落比例大致相同。看到这样直观的数据对比,加上图中并未列举其他影响变量,读者很容易受其“诱导”,将中国输美轮胎数量的上涨与美国轮胎产量下滑看成是一种因果关系,而在看到图 3.6 中美国轮胎生产能力、

① 参见 http://assets.usw.org/China_Trade_Tires/china-tires-421-facts-remedy.pdf。

产量、利用率、出货量、下岗人数、生产时间、工资七个重要的数字指标均有"触目惊心"的下跌时,"中国轮胎给美国轮胎产业造成了实质性损害"这一观点就极有可能赢得读者的心理认同。更重要的是,在美国深受金融危机之苦、经济状况极度不景气的社会语境下,当目睹中国轮胎实施特保措施的利弊之差竟有 8.84 亿美元之巨时(如图 3.8 所示),美国公众和政府当局很难不为所动。

问答式公告指的是以一问一答的形式出现的公告。例如,在向 ITC 提交特保申请后不久,USW 就发布了一份名为"Frequently asked questions and USW's Answer"(USW 对常见疑问的回答)的公告①,对"如果 ITC 赞同特保申请且奥巴马总统批准对中国轮胎采取救济措施,这不会表明美国开始变得更加贸易保护主义了吗?"、"当三年后特保救济措施结束、强制限制消失,会有怎样的状况发生? 长远看来,特保措施能保住工人的饭碗并使轮胎企业保持竞争力吗?"、"为什么没有轮胎公司响应 USW 的特保申请?"、"421 条款的执行通常需要平衡各种竞争性利益,我们如何能够确定那些依赖中国低价轮胎的汽车行业和轮胎销售商的利益不会因此受损?"、"前总统布什曾否决了 ITC 呈交的所有 421 案件。此次特保申请是否意在考验奥巴马总统能不能在贸易问题上有所作为?"等十个问题进行了详尽的回答,图 3.9 是该问答式公告的部分截图:

该公告首先通过标题("USW 对常见疑问的回答")为正文部分即将讨论的十个问题界定了性质——轮胎贸易摩擦中最为常见的、人们最关心的问题。也就是说,如果这些问题/质疑都能得到妥善解释的话,USW 的特保申请就应该是合情合理的。事实上,公告中所列的十个问题的确是摩擦双方激烈辩驳的焦点问题,涵盖了特保措施的合法性、对美国相关产业的利弊影响等多个方面的核心争议。但是,由反对特保措施话语群体提出的、USW 自始至终无法

① 参见 http://assets.usw.org/China_Trade_Tires/s421_usw-q+a-consumer-tire-case_042009-(2).pdf。

1. Should the ITC agree with the petition and should President Obama grant temporary relief, won't that be a sign that the United States is becoming more protectionist?

- *No. Section 421 is a trade remedy law that China itself agreed to be subject to as a condition for its joining the WTO. It is included in China's Protocol of Accession and is therefore entirely in compliance with international trading rules.*
- *If anything, it is precisely during uncertain economic times that trading nations should be especially diligent in honoring rights and obligations of the rules-based trading system. Popular support for international trade rests on the principle that it is conducted in a fair manner and that there are mechanisms to prevent catastrophic economic dislocation and soften the impact of market forces. The last thing the global trading system needs right now is declining support for trade from workers and citizens in trading nations.*
- *Trade remedy laws are only used to address extraordinary import surges. In fact, trade remedies generally impact only about ½ of 1 percent of total U.S. trade. Trade remedies are designed to address large imbalances and simply level the playing field.*
- *As a general matter, trading nations accept a certain amount of control in the flow of goods as part of well-functioning, rules-based global trading system.*
- *The United States and other nations have not – and should not- abandon their rights to prevent injury to their domestic industries and workers because of the current economic downturn. The exercise of these rights under the global trading system is simply one aspect of that system's functioning, and not a rejection of that system.*
- *In short, the recession has not negated our right to help American workers adversely affected by trade.*

图 3.9　USW 问答式公告:“USW 对常见疑问的回答”①

周全解答的另外一些关键问题,如 USW 的产业代表性、限制中国轮胎将导致第三国轮胎进口数量的激增、广大美国消费者的利益将受损等,都没有出现在这份问答式公告中。由此可见,问答式公告的最大作用就是诱导读者将注意力集中在公告所列的有限几个问题上,忽略说话人不愿回答的其他问题,从而造成外界所有疑问都能得以合理解释这一假象。

综上所述,“谬误—事实”式、“图表—数字”式和问答式三种类型的公

① 参见 http://assets.usw.org/China_Trade_Tires/s421_usw-q+a-consumer-tire-case_042009-(2).pdf。

告以其独特的形式和功能为USW通过话语构建特保措施的"合理性"和"合法性"提供了更大的可能性。8月19日,在USTR召开听证会之后,USW发布了名为"USW Response to China Tire Imports"(USW对中国轮胎进口的回应)的公告①。这份公告把"谬误—事实"式、"图表—数字"式和问答式公告的主要特征融为一体,将三种公告的优势发挥得淋漓尽致,图3.10是其截图:

Whether Implementation of a Remedy Would Have An Adverse Impact on the U.S. Economy "Clearly Greater" Than The Benefits of Such Action

Opponents' Claim:

Imposition of a remedy would result in imposition of costs of more than $600 million and a reduction in the U.S. GNP of over $280 million. By contrast, benefits to the domestic industry would be very small (between 400 and 1800 jobs created).

The Facts:

"There wouldn't be any harm to the consumer."

-- Phillip Berra, President, Community Wholesale Tire, Inc., USITC June 2 Hearing.

The Commission's analysis, which compared the effects on the domestic industry to the effects on consumers and the national welfare, found that the net welfare effect of their proposed remedy ranged from negative $71 million to a positive net benefit of more than $73 million. The average of the two estimates ends up with a small net benefit.

The Commission found that the proposed remedy would result in an increase in domestic production, shipments and sales of tires and restore the industry to at least a modest level of profitability from its current operating loss position.

Information supplied on the effects on upstream industries demonstrates that upstream industries that supply tire producers with inputs and services would significantly benefit, as would the communities in which the tire plants are located. These benefits would outweigh costs to consumers by a ratio of more than 2.5 to 1.

---

① 参见 http://assets.usw.org/China_Trade_Tires/August_8_2009_ITC_Hearing_Testimony/s421_ustr-posthearing_usw-summary-china-tire-imports_081909--rev4.pdf。

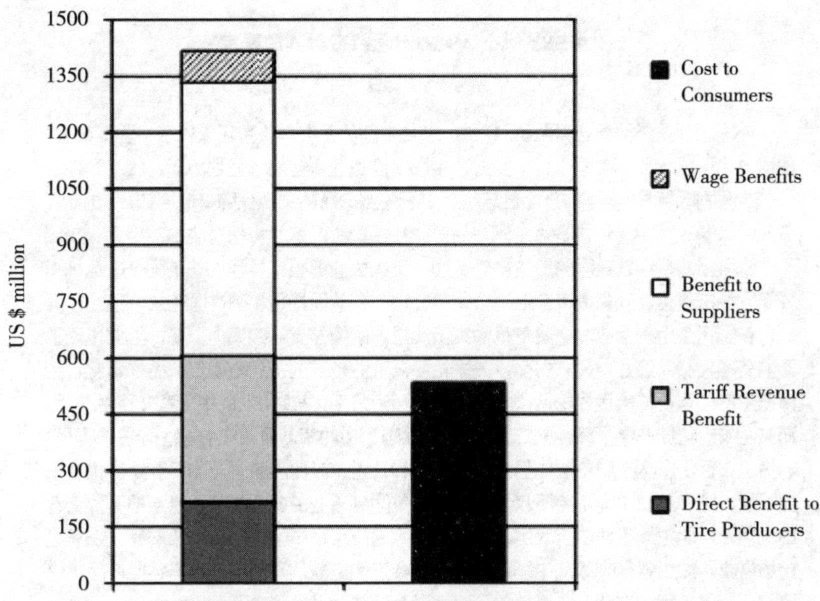

图 3.10　USW 8 月 19 日公告:"USW 对中国轮胎进口的回应"①

与 USW 对公告这一话语媒介的充分和灵活使用方式相比,中国方面发布的公告大部分在形式上都较为单一,基本采用"反对对方结论+说明己方观点"式的论证话语结构。例如,在美国 ITC 6 月 18 号宣布进口自中国的乘用车和轻卡轮胎数量的激增造成美国产业市场扰乱后,中国橡胶协会第二天立即在其网站上发布了一份公告(中文)(参见图 3.11),中国商务部也于同一天在其官网上发布了公告(中文)(参见图 3.12)。就呈现方式而言,这两份公告在中国发布的所有相关公告中具有一定典型性和代表性,从中可以大致管窥中国对公告这一媒介的使用情况。下面我们将简要剖析这两份公告,并将其与 USW 发布的公告进行对比。

① 参见 http://assets.usw.org/China_Trade_Tires/August_8_2009_ITC_Hearing_Testimony/s421_ustr-posthearing_usw-summary-china-tire-imports_081909--rev4.pdf。

中橡协强烈不满美方对轮胎特保案的裁定

2009年06月19日

美国国际贸易委员会6月18日宣布，来自中国的乘用车胎和轻卡轮胎，因其数量的增加，已经扰乱了美国市场。对此，中国橡胶工业协会表示强烈不满。

美国国际贸易委员会4月29日启动对中国轮胎产品的特别保障措施调查，我国政府部门和业界立即表示这是对中国产品的歧视性做法，是对特保措施的滥用。

众所周知，导致美国轮胎生产厂倒闭、工人失业的根本原因，是美国金融危机引发美国经济衰退，几家大汽车制造公司频临破产，从而严重影响美国轮胎制造业。同时，美国许多用户为应对金融危机和经济衰退，紧缩开支，购买力下降，因此也严重影响美国轮胎制造业。另一方面，美国轮胎制造业也在进行战略调整和结构调整，为降低生产成本，扩大世界轮胎市场的占有率，近几年，陆续向发展中国家转移生产，因而美国本土轮胎产量下降，部分工人失业是情理之中的事。而现在美国国际贸易委员会把这归咎于中国出口轮胎，显然有失公平和公正。对此，美国轮胎工业协会也发表声明说，限制进口中国轮胎不仅无助于保住美国制造业的就业岗位，也会损害消费者的利益。美国轮胎工业协会表示，协会成员大量使用从中国进口的轮胎产品，以满足市场需求。如果强行削减从中国的进口，只会迫使企业从其他国家选择类似产品，这不仅无利于美国制造业，还会给美国消费者和汽车业发展带来不利影响。

此案到此尚未最后定论，美国国际贸易委员会还将于7月9日向美国总统和美国贸易代表提交补救措施报告。总统将做出最后裁定。中国橡胶工业协会表示，将进一步密切配合有关方面继续开展应对工作，力争此案得到妥善解决。

图 3.11　中国橡胶工业协会公告："中橡协强烈不满美方对轮胎特保案的裁定"①

在上述两份公告中，中国橡胶工业协会和商务部驳斥了美国 ITC 对特保案作出的肯定性裁决，并简单罗列了反对特保措施的理由，归纳起来大致有四点：(1)导致美国轮胎生产企业倒闭和工人失业的"众所周知"的根本原因是"美国金融危机引发的经济衰退"，同时也是美国轮胎产业"向发展中国家转移生产的后果"；(2)美国轮胎产业协会认为，"特保措施不仅无利于美国制造业，还会给美国消费者和汽车业发展带来不利影响"；(3)"大量证据材料充分论证"，中国轮胎与美国国内同类产品"不存在直接竞争关系"；(4)原诉方 USW 仅获得了不足半数轮胎工人的支持，美国轮胎生产企业、美国轮胎产业协会、凯托研究所都反对实施特保措施，因此，"该案没有满足采取特保措施

① 参见 http://www.cria.org.cn/criawebsite/news/newsinfo.aspx? newsid=1207。

2009年6月18日，美国国际贸易委员会对中国乘用车及轻卡车轮胎特保案做出肯定性损害裁决。6位委员以4：2的投票结果认定，中国轮胎产品进口的大量增加，造成或威胁造成美国内产业的市场扰乱。中国商务部新闻发言人姚坚就此发表谈话指出，中国政府对此深表遗憾。

姚坚表示，中方已多次表达对外国政府援引特保条款对中国产品进行调查的反对立场。中国轮胎产业通过大量证据材料充分论证，中国生产的轮胎与美国内同类产品不存在直接竞争关系，中国产品的进口并未给美国内产业造成损害，限制中国产品的进口无法解决美国内产业面临的问题。中国政府也多次在与美相关部门的磋商中表达上述观点。美国国际贸易委员会的裁决，既不符合客观事实，也违背世贸组织和美国内法的相关规定。

姚坚指出，中方注意到，提出该案申请的美国钢铁工人联合会仅获得了不足半数轮胎工人的支持；美国轮胎生产企业没有声称因中国产品进口遭受损害；代表美国轮胎产业生产、销售、维修、回收等各个部门利益的美国轮胎产业协会明确表示反对特保措施；美国智库凯托研究所等研究机构也认为限制中国轮胎产品进口弊大于利。这些情况从另一角度说明该案没有满足采取特保措施的法定条件。

姚坚强调，希望美行政当局充分考虑该案的实际情况，从中美两国相关产业的整体利益出发，在后续调查中做出不采取特保措施的决定。中国政府将一如既往地帮助业界积极交涉和磋商，努力为企业创造公平稳定的经营环境。

图 3.12　商务部公告："商务部新闻发言人姚坚就美国 ITC 对轮胎特保案作出肯定性损害裁决发表谈话"①

的法定条件"。

细读之下可以发现，以上四点理由的表述存在三个主要问题。

首先，缺乏细致、充分、具有说服性的论证。如中国橡胶工业协会开篇就说"众所周知，导致美国轮胎生产厂倒闭、工人失业的根本原因，是美国金融危机引发美国经济衰退……"，但是却没有具体说明为什么这个结论是"众所周知的"。商务部的公告中提到"中国轮胎产业通过大量证据材料充分论证，中国生产的轮胎与美国（国）内同类产品不存在直接竞争关系……"问题是，如果读者在该公告中看不到这些"大量证据材料"，又怎能信服相关的论证的确是"充分"的？与此相比，USW 在其公告中对大量数据和图表的运用无疑更具说服力。

① 参见 http://www.mofcom.gov.cn/aarticle/ae/ag/200906/20090606348025.html。

其次,因果关系论证的逻辑性较差。如在商务部发布的公告从原诉方USW仅获得了不足半数轮胎工人的支持,美国轮胎生产企业、美国轮胎产业协会、凯托研究所都反对实施特保措施这一情况直接推定“该案没有满足采取特保措施的法定条件”。但是,WTO的特保条款和美国421特保条款有着明确的适用条件①,其中并没有规定原诉方应该是谁,只需要从事实上认定相关产业市场受到实质性损害且与中国进口商品的大量涌入有关便可实施特保措施。因此,唯一能够证明USW和ITC特保主张没有满足“法定条件”的论据应该是美国轮胎业和轮胎市场并未受到中国轮胎的冲击,而非其他。此外,橡胶工业协会在公告中直指“导致轮胎生产厂倒闭、工人失业的根本原因,是美国金融危机引发的美国经济衰退……”但实际上美国ITC在其特保调查书中考察的是金融危机大规模爆发之前2004—2008年间的数据。

最后,从语体上看更像是新闻报道,而不是更为正式的公告。如中国橡胶协会的公告在最后提到“中国橡胶工业协会表示,将进一步密切配合有关方面继续开展应对工作……”商务部公告中自始至终都以“姚坚表示”、“姚坚指出”、“姚坚强调”作为每个论点的开头语,这些表达都是典型的新闻报道语体。如前所述,公告是话语主体正式表达自己话语立场的一个重要媒介,也是摩擦各方重点关注的一种话语媒介,因此在语体形式上理应与大众媒体的普通新闻报道有所区别,观点表述应该更为系统和周密。从图3.3至图3.10中可以看出,USW发布的公告大都有着严密的论证,语体也更为正式。

综合上述分析,对比USW大量采用的“谬误—事实”式、“图表—数字”式和问答式三类公告在话语说服性上的优势,我们认为,中国方面发布的公告无论是在语体形式还是在论证方法上都有很大提升空间。

2.听证会

在中美轮胎贸易特保案中,ITC和USTR依照美国贸易法的规定,分别组

---

① 即中国出口至美国的产品数量增加或者所依条件,对同类产品或直接竞争产品的美国国内产业造成或威胁造成市场扰乱。参见本书第二章第二节。

织了听证会并召集摩擦双方的主要话语主体就各自的立场与观点进行了阐述,其目的是通过听证会上双方的陈述和辩论发现“事实”与“真相”,然后依此作出“公正”的裁决,因此对于摩擦双方而言,听证会是一个极其重要的话语媒介。根据听证会的话语互动特点,相关话语主体如想充分利用这一话语媒介,不但需要提前准备好己方的话语陈述,还应根据之前对方的话语立场和观点准备抗辩之辞。中国方面在两场听证会中表现积极,商务部、橡胶工业协会、轮胎企业以及美国轮胎产业协会、美国轮胎自由贸易联盟均参与了听证会上的抗辩。但是,从 ITC 和 USTR 两场听证会上摩擦双方的话语表现看来,支持特保措施的话语群体在这两个方面更胜一筹。

首先,在己方观点陈述阶段,支持特保措施的话语群体(主要包括 USW 官员、美国国会会员和部分经济和贸易界专家学者)集中了听证会上的大部分时间对“中国轮胎完全适用美国贸易法 421 条款”(合法性)和“实施特保限制措施利远大于弊”(合理性)两个实质性问题进行分层、分点的论述,抓住了此次贸易摩擦的要害①。虽然该话语群体对部分关键问题的解释模棱两可,甚至回避不答(比如,计算中国轮胎进口数量增幅为何选取 2004—2008 年之间的数据,而不是近两年的？限制中国轮胎进口究竟能挽救美国轮胎产业多少就业岗位？美国究竟还有多少轮胎厂在生产低端替代型轮胎？等等),但是不可否认的是,该话语群体在听证会上的话语表述极少出现前后矛盾的情况②。

与之相比,反对特保措施的话语群体在听证会上陈述己方观点时对关键问题的把握尚不到位,话语主题主要集中在不应实施特保措施的经济原因上,如“中国轮胎生产企业仍以满足中国国内市场需求为主,美国并不是主要销售地”、“中国输美轮胎的细分市场集中在低端、低价的非品牌更替轮胎,这与美国本土轮胎制造商瞄准的高端品牌轮胎有明显区别”、“限制中国轮胎进口

---

① 一般说来,ITC、USTR 和白宫判断是否需要对华采取贸易救济措施的依据有两个:一是采取贸易救济措施是否符合相关法律规定(在此案中即为美国 421 特保条款),二是采取贸易救济措施是否能使美国利益最大化,即利益是否远大于弊害。

② 参见 ITC 发布的听证会录音转写:http://www.usitc.gov/publications/701_731/pub4031.pdf。

将造成美国消费者无力承担更高价格的替代轮胎”等,对于该案的合法性问题——USW 提起特保申请的事实与法律基础——没有展开更为细致和充分地论证。此外,中方对某些重要表述也缺乏缜密的思考,如徐文英副秘书长(中国赴美谈判代表团的副团长,出席 USTR 听证会的中方代表)在 USTR 组织的听证会上反复陈述“不是我们中国轮胎出口影响了美国轮胎工人的就业问题,而是全球经济下滑导致美国的一些轮胎企业关闭”①,却忽视了 USW 在特保申请中列举的是 2004—2008 年间的数据,而全球经济下滑(即全球金融危机)主要出现于 2008 年之后。因此,徐副秘书长的这番陈词几乎无法撼动对方的任何观点。

反对特保的话语群体对重要概念的澄清也有一定缺憾。比如,在 ITC 组织的听证会上,五矿化工协会和橡胶工业协会将轮胎产品分成 3 类,分别对应“Flag brand”(一类品牌)、“Secondary brand”(二类品牌)和“Associate brand”(三类品牌);他们认为中国输美轮胎主要是三类品牌,而美国轮胎产业主要生产一类和二类,因此中国输美轮胎与美国轮胎业不构成直接竞争关系②。但是,他们对于三类品牌的划分与论证不甚充分,没有准确划清三者之间的界限,甚至还出现了前后说法不一致的情况,这就给 ITC 和 USW 提供了驳斥的机会③。

其次,在两次听证会的抗辩阶段,支持特保措施的话语群体针对中国方面在多个场合提出的“美国轮胎业早已放弃了低端替代类轮胎(即中国所说的三类品牌的轮胎)市场”、“实施特保将使美国损失 25000 个左右的就业岗位”、“美国消费者的利益将会因为特保措施而受损”三个重要论点逐条驳斥;特别是在 USTR 组织的听证会上,USW 频频引用 ITC(2009)调查报告中的“客观”结论和自己准备的大量数据和图表对中方当场提出的四条抗辩意见进行了猛烈抨击。

---

① 参见 http://www.eeo.com.cn/2009czzk/shuzi/2009/08/14/147875.shtml。

② 参见 ITC 听证会现场录音转写:http://www.usitc.gov/publications/701_731/pub4031.pdf。

③ USW 在随后发布的公告中将此作为反驳中方立场的一个重要依据:http://assets.usw.org/China_Trade_Tires/s421_backgrounder-china-tire-myths_usw062909.pdf。ITC 在其调查报告中也对这一点进行了批驳(ITC,2009:7)。

相比之下，反对特保措施的话语群体（特别是中国橡胶工业协会）在听证会上应对质疑时出现了较多理应避免的失误，话语的配合程度较差。例如，在USTR召开的听证会上，代表中国五矿化工协会和橡胶工业协会发言的David Spooner指出，“The Rubber Industry Association conveyed to me, as well as a couple of tire companies, that there are no longer any export requirements. They supposedly have been canceled years ago…”［中国橡胶工业协会和一些（中国）轮胎企业都向我表示，（中国）已经不存在任何的出口要求了。这些要求在几年前就被取消了］，而徐文英副秘书长在随后的应答中却说道：“Yes, there is the regulation in China when you invest in China, you build a joint venture or build a whole enterprise. Chinese government hope(s) you export your products 80 percent back”（是的，如果你在中国投资、成立合资或独资公司就需要遵守一些规定。中国政府希望你能将产品中的百分之八十再出口至所属国家）①。这一回答直接否定了David Spooner的说法，不但造成该群体内部话语表述上自相矛盾，还为对方攻击中国“出口管制”提供了证据②。

应该说，从中国商务部、橡胶工业协会、中国轮胎企业等话语主体积极参与ITC和USTR听证会这一情况看来，中国方面对听证会这一话语媒介在摩擦中的重要作用有着较为清醒的认识。但通过上述分析同时可以发现，中国方面并没有充分利用好这个关键性的话语媒介，在己方观点陈述和应对质疑两个方面的话语表现都有所欠缺，这也是中国轮胎最终失利的一个重要原因。

3.大众媒体

如前所述，在贸易摩擦话语主体常用的各种话语媒介中，大众媒体的传播速度最快，覆盖面也最广，可以在很大程度上影响公众对摩擦的认知与态度。在中美轮胎贸易摩擦过程中，支持和反对特保措施的两大话语群体都曾利用报刊、电视、广播、互联网等多种大众媒体对摩擦的缘由、性质、事态发展和双

---

① 参见http://assets.usw.org/China_Trade_Tires/August_8_2009_ITC_Hearing_Testimony/s421_ustr-posthearing_usw-summary-china-tire-imports_081909--rev4.pdf。

② USW随后发布的公告对此问题进行了抨击，参见http://assets.usw.org/China_Trade_Tires/August_8_2009_ITC_Hearing_Testimony/s421_ustr-posthearing_usw-summary-china-tire-imports_081909--rev4.pdf。

方立场进行评述。总体看来,双方在网络媒体的使用上存在一定差别。

与传统纸质报刊相比,网络媒体具有时效性强、容量大、呈现形式多样(图、像、文并茂)、覆盖面更广(跨越国界)等显著优势(王淑军,2001)。更为重要的是,网络媒体为话语主体完全按照自己的利益需求设置"议题"、"议程"和集中连续报道提供了更为便利的条件。在主张采取特保措施的话语群体中,USW 对网络媒体的操控最为突出。在 4 月 20 日向 ITC 提出特保申请后,USW 立即在其官网上设立了专题网页①,对特保案进行全程报道,内容包括"Testimony/Statesments"(证词)、"Testimony from Aug. 7. 2009, U. S. Trade Representative Hearing"(USTR8 月 7 日听证会证词)、"Reaction"(各方表态)、"Charts"(相关图表)、"Backgrounds"(相关背景)、"Q&A"(你问我答)、"Press Release"(新闻发布)、"Letters to President Obama in Support of the ITC Recommendation under Section 421"(社会各界为支持采取特保措施而致奥巴马总统的公开信)等十四个主要栏目。在这些栏目下面,USW 不断更新并详细罗列了摩擦期间所有支持特保措施的话语表述及其对于摩擦的观点和最新证据(如图 3. 13 所示),以此显示其特保主张不但有着大量的事实基础,还得到了社会各界的"广泛支持"。这般巨大的话语信息量、"一边倒"式的话语内容和图、像、文并茂的话语表现形式只有在网络媒体上才能得以呈现。重要的是,USW 的这一专题网页中出现的话语表述成为了美国各大主流媒体报道、评价此次轮胎贸易摩擦的一个重要信息来源,从而直接影响了这些媒体对摩擦的态度。由此可见,对网络媒体这一话语媒介的充分利用是 USW 影响国内公众认知的一个重要途径。

反对实施特保措施的话语群体,特别是中国商务部、橡胶工业协会、轮胎企业、中国新闻媒体等中国话语主体,也通过网络对摩擦进行了报道与解读。但与 USW 的专题式报道不同,中国方面在网上发布的多为相关新闻报道、进程跟踪和基本观点的简单陈述,重复表述居多,缺乏充分、细致的论述,且几乎没有相应的英文表达,如图 3. 14、图 3. 15 所示:

---

① 参见 www.usw.org/tires。

Letters to President Obama in Support of the ITC Recommendation under Section 421

Letter from the Executive Committee of the Congressional Steel Caucus

- Rep. Peter Visclosky (D-IN)
- Rep. Tim Murphy (R-PA)
- Rep. Joe Wilson (R-SC)
- Rep. Robert Aderholt (R-AL)
- Rep. Mark Souder (R-IN)
- Rep. John Murtha (D-PA)
- Rep. Alan Mollohan (D-WV)
- Rep. Shelly Moore Capito (R-WV)
- Rep. Steven LaTourette (R-OH)
- Rep. Dennis Kucinich (D-OH)
- Rep. Bart Stupak (D-MI)

Letter of Support from Rep. Jason Altmire (D-PA)

Letter of Support from International Association of Machinists and Aerospace Workers – R. Thomas Buffenbarger

USW President Gerard Urges Congress Add Voice on China Tire Imports Trade Case

Click here for a USW letter transmitted Aug. 31, 2009, to Congress saying now is the time to draw a line in the sand for enforcement of the nation's trade laws and to urge President Obama to support an affirmative decision on relief in the trade case on surging imports of consumer tires from China.

Summary—USW Response to China Tire Imports; Aug. 19, 2009

Click here for a Aug. 19 summary of the USW's responses to opponents' arguments against relief from China tire imports as presented before the U.S. Trade Representative public hearing held Aug. 7, 2009.

Testimony from Aug. 7. 2009, U.S. Trade Representative Hearing

USW International President Leo W. Gerard calls for a remedy to help the U.S. tire industry and its workers combat the surge of tires imported from China. Click here for the testimony.

USW International Vice President Tom Conway refutes the opposition's claims in the case against the flood of imported Chinese tires. Click here for the testimony.

Former USW International Executive Ron Hoover makes the case in his U.S. Trade Representative

图 3.13　USW 轮胎特保案专题网页截图①

① http://www.usw.org/our_union/our_issues/trade/page? type=trade_cases&id=0005.

111年 5月8日 星期日

中国驰名商

指名正新 天

网站首页 | 关于协会 | 信息中心 | 企业名录 | 会展信息

轮胎特保 | 橡胶资讯

共搜索到 26 条记录。

- 专家:谨防美贸易保护政策产生“涟漪效应”
- 美国两议员要求奥巴马政府对中国轮胎特保关税措施的影响进行监控和评估
- 世贸组织设专家组调查轮胎特保案
- 我要求世贸组织调查美轮胎特保案
- 国家发改委提出应对轮胎特保五措施
- 全国橡胶工业信息发布会暨轮胎特保案继续应对研讨会在桂林成功召开
- 印度终止对中国乘用车轮胎特保调查
- 胡锦涛主席：轮胎特保案有违两国利益
- 中橡协发布应对输美轮胎特保高额关税的建议
- 我方坚决反对输印轮胎特保案
- 美企固铂反对对华轮胎特保案
- 商务部就轮胎特保案与美交涉 美表示仍在调查中
- 中国赴美“轮胎特保案”应诉代表团工作情况
- 奥巴马可能驳回轮胎特保案请求 中国游说团归国

图 3.14　中国橡胶工业协会官网对轮胎特保案的报道截图①

① 参见 http://www.cria.org.cn/criawebsite/search.aspx? type=0&key=%e8%bd%ae%e8%83%8e%e7%89%b9%e4%bf%9d。

商务部副部长钟山率团就轮胎特保案与美国国务院、财政部进行交涉

8月17日，商务部副部长钟山率团分别与美国国务院、财政部就"轮胎特保案"进行交涉与磋商，表达中国政府对此案的高度关注和反对美方采取特保措施的立场。强调在当前全球金融危机的困难时期，中美双方应着眼长远，从双边经贸关系大局出发，切实落实两国领导人在20国集团峰会、首轮中美战略与经济对话上达成的共识。　美方表示，了解中方对此案的关注，目前该案仍在调查程序之中，愿意与中方就本案交换意见，通过磋商解决彼此关切。　18日，中方代表团将继续与美国贸易代表办公室、商务部、白宫国家安全委员会分别进行磋商。

原文章地址:http://www.mofcom.gov.cn/aarticle/ae/ai/200908/20090806466944.html

文章类别:　新闻　发布时间:　2009-08-19 11:46:00

商务部副部长钟山率团与美国白宫安全委员会、贸易谈判代表办公室和商务部就轮胎特保案进行交涉和磋商

8月18日，商务部副部长钟山率中国政府代表团继续与美国白宫安全委员会、贸易谈判代表办公室和商务部就轮胎特保案进行交涉与磋商，表达中方坚决反对特保措施的立场。中国政府、业界和民众高度关注此案，因为特保措施具有歧视性，对中方不公平；特保条款中关于贸易转移的规定，会产生传导效应，如美方采取措施，会引发其他国家也采取措施，对中方利益造成危害；在当前国际社会共同应对金融危机的形势下，美方采取特保措施会向世界发出贸易保护主义的错误信号，也会严重影响中美经贸关系的稳定发展。　钟山表示，希望美方从长远和战略高度以及中美双边关系大局出发，切实落实两国领导人在20国集团峰会、首轮......

原文章地址:http://www.mofcom.gov.cn/aarticle/ae/ai/200908/20090806467257.html

文章类别:　新闻　发布时间:　2009-08-19 03:15:16

商务部副部长钟山率团赴美就轮胎特保案与美有关部门进行交涉

2009年4月20日，应美国钢铁工人联合会申请，美国国际贸易委员会对我乘用车和轻型卡车轮胎发起特保调查，并于6月29日提出救济措施的初步建议，拟对我轮胎产品连续3年分别加征55%、45%和35%的关税。　针对该案，中国商务部会同有关行业协会积极开展应对工作。中国商务部于7月17日与美国贸易代表办公室就救济措施进行磋商。商务部钟山副部长将于8月17至18日在美国与美国白宫安全委员会、财政部、贸易代表办公室、商务部和国务院等部门举行会谈，就轮胎特保案与美方进行交涉和磋商，表达中国政府坚决反对特保措施的立场和关切。

根据美调查程序，美国贸易代表办公室将于9月2日前向美总统提出建议，美总统将于9月17日前做出是否采取措施的最终决定。　本案是美新政府对我发起的首例特保调查，也是案值最大的一起。根据中方统计，2008年我对美轮胎出口金额约22亿美元。此前美布什政府曾对我发起6起特保调查，最终均未采取特保措施。

原文章地址:http://www.mofcom.gov.cn/aarticle/ae/ai/200908/20090806461820.html

文章类别:　新闻　发布时间:　2009-08-17 12:46:53

图 3.15　中国商务部官网对轮胎特保案的报道截图①

此外，担负着对外宣传任务的中国日报网（www.chinadaily.com.cn）、人民网（www.peopledaily.com.cn）、新华网（www.xinhuanet.com）、中国广播电台网（www.cri.com.cn）、中国网（www.china.org.cn）和中央电视台国际频道网（www.cctv-9.com）六大国家级媒体（郭可、毕笑楠，2003）对轮胎摩擦也仅有零散的报道和简单评论，同样缺乏详细、系统、极具说服力的论述，如图 3.16 和图 3.17 所示：

① 参见 http://sousuo.mofcom.gov.cn/query/querySearch.jsp。

Rational decision needed in settling China tire case
[2009-09-03]
...se tyres failed to win support from some American tire firms and unions. Some giant US tire manufacturers, including Cooper, have warned that mishandling the tire case may lead to further troubles. As the first "special safeguard investigation" on Chinese products under the Obam...

Domestic boost not enough to spur exports, says Mofcom
[2009-08-13]
...sluggish global economy, rising trade protectionism is another factor that has stymied overseas demand, said Fu. He cited the US tire special safeguard case involving $2.2 billion against China and said it was "neither supported by facts nor does it have valid legal grounds", and...

Domestic boost not enough to spur exports, says Mofcom
[2009-08-13]
...sluggish global economy, rising trade protectionism is another factor that has stymied overseas demand, said Fu. He cited the US tire special safeguard case involving $2.2 billion against China and said it was "neither supported by facts nor does it have valid legal grounds", and...

China regrets US rule on tire imports
[2009-06-20]
...ion with the US products. Restriction of the Chinese imports can not fix the structural problem in the US, he said. We have noted the US tire makers did not claim such disruptions. The US Tire Industry Association, which representing all segments of the tire industry, also oppos...

China regret about US decision on vehicle tires
[2009-06-20]
... Dealers are negotiating beside a tire model at an auto part exhibition in Shanghai, May 21, 2008. [Asianewsphoto] China is "deeply regret" about the affirmative determination made by the US International Trade Commission (ITC) on safeguard investigation involving certain p...

图 3.16　中国日报网对轮胎特保案的报道截图①

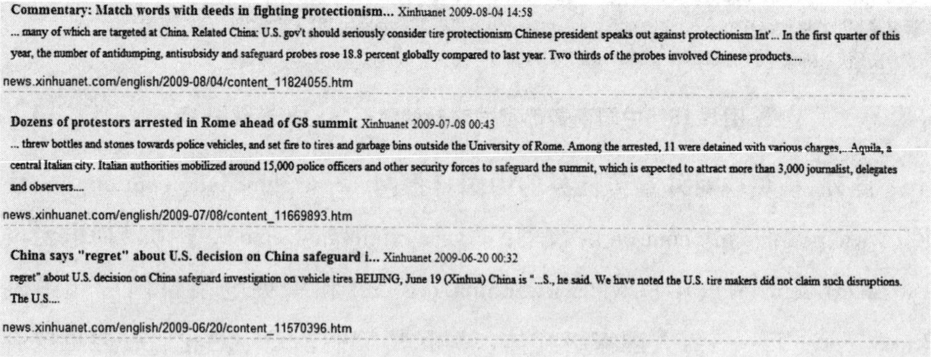

Commentary: Match words with deeds in fighting protectionism... Xinhuanet 2009-08-04 14:58
... many of which are targeted at China. Related China: U.S. gov't should seriously consider tire protectionism Chinese president speaks out against protectionism Int'... In the first quarter of this year, the number of antidumping, antisubsidy and safeguard probes rose 18.8 percent globally compared to last year. Two thirds of the probes involved Chinese products....
news.xinhuanet.com/english/2009-08/04/content_11824055.htm

Dozens of protestors arrested in Rome ahead of G8 summit Xinhuanet 2009-07-08 00:43
... threw bottles and stones towards police vehicles, and set fire to tires and garbage bins outside the University of Rome. Among the arrested, 11 were detained with various charges,...Aquila, a central Italian city. Italian authorities mobilized around 15,000 police officers and other security forces to safeguard the summit, which is expected to attract more than 3,000 journalist, delegates and observers....
news.xinhuanet.com/english/2009-07/08/content_11669893.htm

China says "regret" about U.S. decision on China safeguard i... Xinhuanet 2009-06-20 00:32
regret" about U.S. decision on China safeguard investigation on vehicle tires BEIJING, June 19 (Xinhua) China is "...S., he said. We have noted the U.S. tire makers did not claim such disruptions. The U.S....
news.xinhuanet.com/english/2009-06/20/content_11570396.htm

图 3.17　新华网对轮胎特保案的报道截图②

① 参见 http://search.chinadaily.com.cn/all_en.jsp? searchText=tire+safeguard。

② 参见 http://search.news.cn/language/search.jspa? page = 2&id = en&t2s = &t2e = &rp = 20&n1=%74%69%72%65%20%73%61%66%65%67%75%61%72%64&n2 = &n3 = &ct = &np = content&ss=-PubTime&t1=0&t=1。

也就是说,美国公众、有关组织与部门以及国际社会——中国方面最需要通过网络媒体说服的对象——几乎无法直接从中国的上述权威网站上得到极具信服力的话语表述。因此我们认为,与USW对网络媒体的充分利用和操控相比,中国商务部、橡胶工业协会等相关部门和组织对网络媒体明显缺乏足够的重视。

三、结论

话语媒介是话语实践的重要组成部分之一,媒介的恰当选择与充分使用对话语可能产生的效果有着直接的影响。在中美轮胎贸易摩擦中,摩擦双方主要使用了公告、公开信、听证会、会晤、新闻发布会和大众媒体六类话语媒介,这些话语媒介在摩擦双方的话语互动中各自发挥着不同的作用:作为近似单向度、独白式的话语媒介,公告、公开信、新闻发布会为说话人操控话语形式和话语内容提供了更大的空间;在所有话语媒介中,听证会因其直接关系到ITC和USTR的特保调查结果而显得至关重要,但与此同时,由于具有即时互动、不可重复等特征,听证会又是最难把握的一种话语媒介;与听证会上“唇枪舌剑”式的相互质证不同,会晤是摩擦双方进行沟通和谈判的话语媒介,双方可以在会晤中就一些无法公之于众的核心事项进行“讨价还价”,以求摩擦得以迅速解决。

整体看来,中国方面在话语媒介的使用上较之以往有了很大改善:在摩擦过程中的每个关键阶段,如USW向ITC提交特保申请、IT召开听证会、宣布调查结果、USTR召开听证会等事件前后,中国商务部、行会组织、轮胎企业和中国媒体等话语主体纷纷通过各种话语媒介予以回应。特别是在ITC和USTR召开听证会期间,中国方面上至政府下至轮胎企业都积极参与,在听证会上与主张特保的话语群体据理力争,同时积极联络美国相关部门和摩擦对方,通过公开与私下的会晤争取对方的支持。此外,与之前历次中外贸易摩擦相比,中国方面在轮胎特保案中还突破性地使用了公开信这一话语媒介(两次致信美国总统奥巴马,两次致信中国国务院总理温家宝)。

对比USW及其拥趸者对话语媒介的使用情况,结合中美轮胎特保案的具体语境,我们认为中国方面在话语媒介使用上主要存在四点不足。

第一,是对公告使用不善。主要表现为在公告的话语内容上缺乏细致、充分且具有说服性的论证,部分话语内容的因果逻辑不甚严密;在语体上更像是普通、随意的新闻报道与评论,缺少必要的正式性和周密性。而与此相比,美国 USW 在摩擦过程中大量采用的"谬误—事实"式、"图表—数字"式和问答式三类公告无论是在内容还是在语体、形式上都更具说服性,值得中国借鉴。

第二,是对听证会这一话语媒介的把握尚有很大提升空间。代表中国轮胎产业在 USTR 听证会上进行陈述和抗辩的中国橡胶工业协会对一些关键问题,包括对方提出特保主张的主要事实基础和法律依据,没有展开更为细致、充分和严密的反驳,对一些重要概念(特别是对美国轮胎市场三类品牌的划分)缺乏明晰的界定。更为严重的是,中国方面在听证会上的话语表述还时常出现前后/互相矛盾的情况,削弱了该话语群体的整体话语说服力。

第三,对网络媒体重视不够。中国商务部、橡胶工业协会、轮胎企业和中国的主要外宣媒体(如中国日报网、新华日报、中央电视台等)没有充分利用网络时效性强、媒体容量大、覆盖面广以及便于议题管理等特点对摩擦事态进行细致报道和评论,仅有简单的事件追踪和观点陈述,且表现形式单一(仅有文字),难以对受众的认知产生深刻的影响。

第四,没有有效利用美国主流媒体。中美轮胎特保案的主战场在美国,争取通过美国本土话语媒介表达自己的主张、让更多美国民众和相关部门听到中国的声音对中国轮胎产业尤为重要。但令人遗憾的是,与之前历次贸易摩擦中(如中欧鞋类贸易摩擦)的表现相似,中国有关方面虽然在赴美质证时邀请了美国各大媒体举行圆桌会议,却没有通过各种有效途径让这些主流媒体为中国发话。

第四节 话语主题分析

"话语主题"(theme/topic)一般指的是话语中最为重要的、说话人最想让听话人从其话语中得到的信息(van Dijk,1988:31;吴鹏,2010)。本节将首先简要阐述本研究中话语主题的提取方法,然后对中美轮胎特保案中摩擦双方主要话语行为的话语主题进行剖析与对比,重点探讨两个问题:(1)总体而言,摩擦双方的话语主题主要集中在那几个问题上?(2)摩擦双方是如何在话语主题上进行互动的,针对性如何?

一、话语主题的提取

确定话语主题的方法有多种(参见彭宣维,2003),其中 van Dijk(1981:203;1988:32)提出的话语主题提取规则(也称宏观规则,Macro-rules)由于操作起来更为方便,具有较大的影响力。van Dijk 认为可以从话语材料中的句子序列(sequence)入手,通过删除规则(Deletion Rule,删除下文无所涉及的话语信息或者可以正常推理出来的信息)、概括规则(Generalization Rule,即用更为概括的一个命题概括一组命题)和组构规则(Construction Rule,将一组包含常见条件、要素或结果的动作或者事件的命题替换成一个更为宏观的、能从整体上描述该动作或事件的命题)等三条规则①找出各个句子所共同蕴含的主题或命题(propositions)。但是,这三条主题提取规则在本研究的实际操作中存在一个重要问题,即对语境不够关切。从 van Dijk 本人及其追随者的分析实例中可以看出,三项宏观规则主要立足语义层面的分析,其目的在于从话语所包含的众多句子命题中找出话语的整体主题,以此考察话语的连贯性和衔接性。因此,三项规则几乎没有考虑到现实语境对于话语主题的影响和制约。比如,某些下文无所涉及的信息虽然按照"删除规则"应该删去,但是结合语境可以发现这些信息实际上正是说话人力图表述的,删除显然不够妥当;而某些看似可以合并概括的句子,实际上在语境中看正是为了让对方了解的信息。因此本书的做法是借鉴上述三条规则,充分考虑中美轮胎特保案的具体语境和对比分析的实际需要,按照宜"多"不宜"少"的原则对摩擦双方的主要话语

---

① van Dijk(1977:144)开始将话语主题(或称话语宏观结构,Superstructure)的提取规则归纳为四条,即偶然信息删除规则(the Deletion Rule of accidental information)、可恢复信息删除规则(the Deletion Rule of inductively recoverable information)、概括规则(the Generalization Rule)和组构规则(the Construction Rule)。后来,为方便表述和实际操作,van Dijk(1981:203)又将前两条压缩为一条,即删除规则(Deletion Rule)。

材料进行主题提取。下面我们将以一份商务部公告①为例简要阐述摩擦话语主题的提取方式。

商务部新闻发言人姚坚就美国国际贸易委员会对轮胎特保案作出肯定性损害裁决发表谈话

(1)2009年6月18日,美国国际贸易委员会对中国乘用车及轻卡车轮胎特保案作出肯定性损害裁决。(2)6位委员以4∶2的投票结果认定,中国轮胎产品进口的大量增加,造成或威胁造成美国内产业的市场扰乱。(3)中国商务部新闻发言人姚坚就此发表谈话指出,中国政府对此深表遗憾。

(4)姚坚表示,中方已多次表达对外国政府援引特保条款对中国产品进行调查的反对立场。(5)中国轮胎产业通过大量证据材料充分论证,中国生产的轮胎与美国内同类产品不存在直接竞争关系,中国产品的进口并未给美国内产业造成损害,限制中国产品的进口无法解决美国内产业面临的问题。(6)中国政府也多次在与美相关部门的磋商中表达上述观点。(7)美国国际贸易委员会的裁决,既不符合客观事实,也违背世贸组织和美国内法的相关规定。

(8)姚坚指出,中方注意到,提出该案申请的美国钢铁工人联合会仅获得了不足半数轮胎工人的支持;美国轮胎生产企业没有声称因中国产品进口遭受损害;代表美国轮胎产业生产、销售、维修、回收等各个部门利益的美国轮胎产业协会明确表示反对特保措施;美国智库凯托研究所等研究机构也认为限制中国轮胎产品进口弊大于利。(9)这些情况从另一角度说明该案没有满足采取特保措施的法定条件。

(10)姚坚强调,希望美行政当局充分考虑该案的实际情况,从中美两国相关产业的整体利益出发,在后续调查中作出不采取特保措施的决定。(11)中国政府将一如既往地帮助业界积极交涉和磋商,努力为企业创造公平稳定的经营环境。

---

① 参见 http://www.mofcom.gov.cn/aarticle/ae/ag/200906/20090606348025.html。

该公告共计四段,十一个句子。从其标题"商务部新闻发言人姚坚就美国国际贸易委员会对轮胎特保案作出肯定性损害裁决发表谈话"可以看出,该公告主要是对美国 ITC 的肯定性裁决进行官方表态(反对、抗议)。

在第一段中,第二句话是对第一句话的具体说明,按照概括原则可以归入第一句话,而第一句话中的时间"2009 年 6 月 18 日"在语境中是可以推理出来的,因此按照删除原则可以删去。同样按照删除原则,第三句话可以表述为"中国政府对此深表遗憾"。这样第一段的三句话就可以被综合为"美国国际贸易委员会对中国乘用车及轻卡车轮胎特保案作出肯定性损害裁决,中国政府对此深表遗憾"。

在第二段中,第四句话和第五、六、七三句话共同表述了两层意思,前者可以使用概括原则归纳为"中方已多次表达对外国政府援引特保条款对中国产品进行调查的反对立场",由于第七句概括了第五和第六句的表达,后三句话本可以按照组构原则被重新组合成"美国国际贸易委员会的裁决既没有事实依据,也没有法律依据"。但是,纵观特保案中摩擦双方的话语互动过程可以看出,事实依据和法律依据是双方争论的焦点问题,该公告对"客观事实"的论述,即"中国生产的轮胎与美国同类产品不存在直接竞争关系",实际上也是其力图凸显的主题之一。因此,我们将第四、五、六、七四句重新组构成"中方已多次表达对外国政府援引特保条款对中国产品进行调查的反对立场;中国生产的轮胎与美国同类产品不存在直接竞争关系,美国国际贸易委员会的裁决既没有事实依据,也没有法律依据"。

在第三段中,第八句话是一个复合句,阐述的是美国各方对轮胎特保案的态度,其目的在于说明美国 USW 的特保申请和美国 ITC 的特保主张不具备"满足采取特保措施的法定条件",因此也是公告力图表达的重要主题,通过组构规则可以与第九句组合为"美国钢铁工人联合会仅获得了不足半数轮胎工人的支持,美国轮胎生产企业不支持特保,轮胎产业协会和智库凯托研究所均反对特保,这说明该案没有满足采取特保措施的法定条件"。

第四段是中国商务部的两个表态,其主题是"希望美行政当局在后续调查中作出不采取特保措施的决定。中国政府将帮助业界积极交涉和磋商"。

综合公告标题和每段的主题可以看出，整个公告的主题实际上就是第一段的主题，“美国国际贸易委员会对中国乘用车及轻卡车轮胎特保案作出肯定性损害裁决，中国政府对此深表遗憾”。但是为了方便更为细致的主题对比，我们可以将该公告的主题进一步详细化，把每段的主题都连在一起，从而组合成“美国国际贸易委员会对中国乘用车及轻卡车轮胎特保案作出肯定性损害裁决，中国政府对此深表遗憾；中方已多次表达对外国政府援引特保条款对中国产品进行调查的反对立场；中国生产的轮胎与美国同类产品不存在直接竞争关系，美国国际贸易委员会的裁决既没有事实依据，也没有法律依据；美国钢铁工人联合会仅获得了不足半数轮胎工人的支持，美国轮胎生产企业不支持特保，轮胎产业协会和智库凯托研究所均反对特保，这说明该案没有满足采取特保措施的法定条件；希望美行政当局在后续调查中作出不采取特保措施的决定。中国政府将帮助业界积极交涉和磋商”。

按照上述的主题句提取方法，我们对轮胎特保案中摩擦双方主要话语行为的话语主题一一进行了剖析与归纳，如附录二所示。

二、摩擦双方的话语主题设置

从附录二中可以看出，摩擦双方的话语主题（或者说是“争论”的焦点问题）主要集中于六点上，即：(1)中国输美轮胎是否存在快速增长的情况？(2)中国输美轮胎是否对美国轮胎业造成了实质性损害？(3)中国输美轮胎是否与美国轮胎形成竞争？(4)对中国输美轮胎实施特保措施是否能给美国轮胎产业及其产业工人带来好处？(5)实施特保措施是否会给轮胎销售商和消费者造成损害？(6)实施特保是否会导致第三国输美轮胎大量增加？等六个关键问题。结合美国421条款可以发现，前三点主要是为了论证实施特保措施的“合法性”，而后三点主要是为了说明实施特保措施的后果，即“合理性”问题。也就是说，摩擦双方能否在话语互动乃至整个轮胎特保摩擦中占据“上风”在很大程度上取决于其话语主题对这六点的回应力度。

以上述六个问题为参照，我们将附录二中摩擦双方的话语主题进行了归纳与对比，以此呈现摩擦双方在这六个问题上的话语主题互动，具体如表3.3所示。

表 3.3　中美轮胎特保案双方话语主题设置一览

关键问题 / 话语主体	问题 1:中国输美轮胎是否存在快速增长的情况?	问题 2:中国输美轮胎是否对美国轮胎业造成了实质性损害?	问题 3:中国输美轮胎是否与美国轮胎形成竞争?	问题 4:对中国输美轮胎实施特保措施是否能给美国轮胎产业及其产业工人带来好处?	问题 5:实施特保措施是否会给轮胎销售商和消费者造成损害?	问题6:实施特保是否会导致第三国输美轮胎大量增加?
4 月 20 日—6 月 18 日(影响 ITC 的决定)						
支持特保措施话语群体	2004—2008 年,进口自中国的消费轮胎数量上上涨 215%,总额上涨接近 300%;这种快速上涨是持续性的、近期的,自 2004 年以来每年都以两位数的百分比上涨,2006 年以来进口量上涨超过 70%。	2004—2008 年美国国内轮胎产能利用率下降 13%,轮胎产量下降 25%,市场份额下降 13.7%,生产时间和薪金水平都在下降,4 家工厂被关闭,4000 多人因此失业,2009 年还将有 3000 人失业。	美国轮胎业并没有放弃低端轮胎市场,19%的产量仍然面向低端市场,总量高达两千五百万条,且有大量生产设备被闲置;2008 年 82%的美国轮胎公司将进军消费轮胎市场;中国输美轮胎并非都是针对低端市场,而是与美国轮胎争夺所有细分市场份额。	特保措施将给美国国内的轮胎制造商增加至少 1.26 亿至 2.16 亿美元的收入和 3000 个就业岗位;轮胎企业还可以借此机会再次使用闲置设备,生产各种类型的轮胎。		其他国家输美轮胎的价格比中国同类轮胎高很多,因此尽管其他国家输美轮胎数量会有所上升,但是并不会造成很大威胁;泰国、越南和印尼的输美低价轮胎产量有限,不足为虑。
反对特保措施话语群体	中国输美轮胎的数量上涨是逐渐的,仅在 2006 年至 2007 年之间发生了大规模增长,而这是美国轮胎生产企业退出低端轮胎市场导致的,2007—2008 年中国输美轮胎的增长量仅有 11%,2009 年第一季度比 2008 年同一时期进口量还下降 14.7%。	美国轮胎产业并没有遭受实质性损害,而是在经历一场积极的产业结构调整,即将产能集中于利润更高的中高端轮胎市场,中国轮胎进口数量的增加只是在填补低端轮胎市场空白。	中国进口至美国的轮胎主要是低端替换用轮胎,与美国轮胎产业的市场定位不同,不形成直接竞争关系。	美国制造业工人就业率的下降并非一朝一夕的事情,且有多贸易政策方面的原因,限制和排斥中国产品无法解决美国轮胎产业面临的问题。	会给美国消费者和汽车轮胎销售业的发展带来不利影响。	如果强行削减从中国进口,只会迫使企业从其他国家选择类似产品。
6 月 18 日—9 月 11 日(影响 USTR 和奥巴马总统的决定)						

续表

关键问题 / 话语主体	问题1：中国输美轮胎是否存在快速增长的情况？	问题2：中国输美轮胎是否对美国轮胎业造成了实质性损害？	问题3：中国输美轮胎是否与美国轮胎形成竞争？	问题4：对中国输美轮胎实施特保措施是否能给美国轮胎产业及其产业工人带来好处？	问题5：实施特保措施是否会给轮胎销售商和消费者造成损害？	问题6：实施特保是否会导致第三国输美轮胎大量增加？
支持特保措施话语群体	2004—2008年间进口自中国的消费轮胎数量上增长了215.5%，金额上涨了294.5%，其中，2006—2007年间数量上涨了53.7%，金额上涨了60.2%，2007—2008年间数量上涨了10.8%，金额上涨了19.8%。无论是从绝对数量、相对数量，还是年度上涨率上看，进口自中国的轮胎都存在迅速增长的现象。	中国轮胎在2004—2008年间市场份额上升了12%，而美国轮胎产业的市场份额则下跌13.7%；同一时期，美国轮胎产业的平均年生产能力下降17.8%；年产量下降26.6%；出货量下降29.7%；雇佣工人数量下降14.2%；工作时数下降17%；工资下降12.5%；净销售量下降28.1%；毛利下降33.3%；运行收入下降218%；在美国布里斯通轮胎、大陆轮胎和固特异轮胎2006—2008年间关闭部分工厂之前，进口自中国的轮胎数量便开始激增，因此中国轮胎并非仅是填补市场空缺，且上述三家公司在关闭工厂时曾明确表示该决定是受到来自包括中国轮胎在内的亚洲低价轮胎的影响。	美国乘用车和轻型卡车用轮胎在物理属性、用户群、制造过程、用途和市场渠道等方面都与中国输美轮胎完全相同；美国轮胎业并没有放弃低端轮胎市场，19%的产量仍然面向低端市场，总量高达两千五百万条，且有大量生产设备被闲置；2008年82%的美国轮胎公司将进军消费轮胎市场；Goodrich、Michelin、Dunlop、Goodyear当前都分别在销售50、43.3、58、61.7美元等价位的轮胎；中国轮胎与美国轮胎争夺所有细分市场份额。	特保措施将给美国国内的轮胎制造商增加至少1.26亿至2.16亿美元的收入和3000个就业岗位；轮胎企业还可以借此机会再次使用闲置设备，生产各种类型的轮胎。	限制中国轮胎进口之后，美国本土和其他国家的轮胎将会填补中国输美轮胎减少的部分，经销商和零售商的利益不会发生变化。特保措施可能会给美国消费者带来总数45900000到53400000美元的损失，但每个消费者仅损失2.14—2.54美元。这些损失完全能够被轮胎产业因此得到的直接受益以及供应商和社区因此得到的间接受益所抵消。	中国之外的其他轮胎出口国在过去五年的表现显示它们不太可能会突然地向美国大量出口轮胎。美国对于它们中的绝大多数而言并非主要输出国，且进口数量也一直在减少。目前看来这些国家并没有尚未利用的轮胎产能来增加对美出口。因此对中国轮胎实施并不会导致第三国家轮胎进口量的激增。

续表

关键问题 / 话语主体	问题1:中国输美轮胎是否存在快速增长的情况?	问题2:中国输美轮胎是否对美国轮胎业造成了实质性损害?	问题3:中国输美轮胎是否与美国轮胎形成竞争?	问题4:对中国输美轮胎实施特保措施是否能给美国轮胎产业及其产业工人带来好处?	问题5:实施特保措施是否会给轮胎销售商和消费者造成损害?	问题6:实施特保是否会导致第三国输美轮胎大量增加?
反对特保措施话语群体	2007—2008年间,进口自中国的涉案轮胎,占美国实际消费量比例同期仅上涨2.7%;2009年前五个月对美出口额下降超过15%。美方提供的数据并不能证明快速增长的存在。	美国轮胎行业的萧条由来已久,因为其产业正处于结构调整时期,金融风暴加剧了行业的重组,因此中国轮胎出口美国不是造成美工人失业的直接原因。美国国际贸易委员会从已收到的自己发出的问卷有4家美国大生产商回答"不是",另4家表示"无法回答"这也说明中国涉案轮胎对美国轮胎生产并不存在实质损害。	美国国内生产的产品主要向汽车制造商市场(OEM)销售,用于新车配套,而中国的涉案产品主要在美国的低端替换胎市场销售,因此进口的中国轮胎与美国产品不存在直接竞争关系。	ITC所建议的救济措施对于保护美国制造业工人就业机会毫无意义。	美国10万多人从事轮胎进口和销售。限制中国轮胎不仅无助于保住美国制造业的就业岗位,还会损害美国销售商和消费者的利益。在经济困难时期,大量消费者为节省支出而放弃或推迟更换汽车轮胎,这将严重威胁消费者的安全。特保措施将会使美国轮胎零售业损失2500个就业机会。	如果强行削减从中国进口,只会迫使美国经销商从其他国家选择类似产品。

三、问题与讨论

从表3.3中可以看到,从4月20日USW正式向美国ITC提交特保申请到9月11美国总统奥巴马宣布最终裁决,摩擦双方总体上进行了两个轮次的话语互动(或者说是论辩互动)①,其直接目的主要有两个:(1)通过对六个关

① 我们对这两个轮次话语互动的划分以ITC6月18日宣布调查结果、USTR9月2日向白宫呈交建议书以及美国总统奥巴马9月11日宣布最终裁决三个重要事件为参照。之所以选取这三个事件作为划分的依据,主要是因为摩擦双方的所有话语互动实际上都是为了影响上述三者的决定(参见第四章第一节)。其中,奥巴马总统的最终决定与USTR提出的建议书通常是一致的(USTR是美国总统的商务政策智囊),影响了USTR的建议实际上就等于影响了总统的最终决定,因此,我们把影响USTR和影响美国总统决定合并为一个事件。

键性问题的回答来说明特保措施的合法性/不合法性与合理性/不合理性；(2)对对方的话语立场进行驳斥，以此凸显己方观点的可信性。下面我们将从这两个角度对比和分析摩擦双方在这两个轮次话语互动中的话语主题设置。

(一)摩擦双方话语主题对比：回答问题

总体看来，在对六个关键性问题的回答上，摩擦双方的话语主题设置主要存在两点差异。

第一，支持特保措施的话语群体运用了较为确切的数据支撑每个话语主题，而反对特保措施的话语群体在话语主题的设置上以简单的定性判断为主，较少使用数据或其他论据。如表3.3所示，除了在对问题6(实施特保是否会导致第三国输美轮胎大量增加?)的回答上没有列举相关数据之外，支持特保措施的话语群体对其他五个关键问题的回答均有大量细致入微的数据来支撑。比如，在第二轮的话语互动中，为论证实施特保措施不会给消费者带来显著的损失，他们甚至将每个消费者可能遭受的损失精确到了小数点后两位("每个消费者仅损失2.14—2.54美元")；为证明美国本土轮胎产业没有放弃低端轮胎市场，其话语主题中十分详细地列举了Goodrich、Michelin、Dunlop、Goodyear美国四大顶级轮胎制造商当时在美国市场销售的低端轮胎型号及其具体价格(分别是50美元、43.3美元、58美元和61.7美元)。

而与之形成鲜明对比的是，反对特保措施话语群体的大部分话语主题都是对相关问题的简单定性式判断。比如在第一轮话语互动中，该话语群体针对问题4(对中国输美轮胎实施特保措施是否能给美国轮胎产业及其产业工人带来好处?)提出，"美国制造业工人就业率的下降并非一朝一夕的事情，且有多种贸易政策方面的原因，限制和排斥中国产品无法解决美国轮胎产业面临的问题"，但我们自始至终也没有看到"多种贸易政策方面"到底指的是什么。对于同一问题，该群体在第二轮话语互动中解答的则更为简洁和武断——"ITC所建议的救济措施对于保护美国制造业工人就业机会毫无意义"，但"毫无意义"的原因在其话语主题中也同样难觅踪影。从表3.3中可以看出，这种简单定性判断式的话语主题普遍存在于对其他五个问题的回答之中。可以想象,当同时面对大量确切数据支撑式的话语主题和简单定性判断式的话语主题时,受众无疑会对前者更为信服(且不论这些数据的真实性如何)。

第二,支持特保措施的话语群体更加注重从多个角度对每个关键问题进行系统论证,而反对特保措施的话语群体在其话语主题中对问题的回答则较为片面。例如,在对问题2(中国输美轮胎的快速增长是否对美国轮胎业造成了实质性损害?)的回答中,支持特保措施的话语群体首先从美国轮胎产业的产能利用率(下降13%)、轮胎产量(下降25%)、市场份额(下降13.7%)、生产时间、薪金水平、工厂关闭情况(4家工厂被关闭)、失业率(4000多人因此失业,2009年还将有3000人失业)七个方面说明美国轮胎产业的实质性受损,继而在第二轮话语互动中又补充了年产量(下降26.6%)、出货量(下降29.7%)、净销售量(下降28.1%)、毛利(下降33.3%)、运行收入(下降218%)四个考量要素。也就是说,在两轮话语互动中,支持特保措施的话语群体共计从14个专业角度论证了美国轮胎产业的实质性受损。而反对特保措施的话语群体对此问题的回答归纳起来实质上就一点,即"美国轮胎产业正在经历一场积极的产业结构调整,即将产能集中于利润更高的中高端轮胎市场"(没有任何论据支撑)。类似地,在对问题6(实施特保是否会导致第三国输美轮胎大量增加?)的回答上,支持特保措施的话语群体从第三国轮胎价格(其他国家输美轮胎的价格比中国同类轮胎高很多)、轮胎产量(泰国、越南和印尼的输美低价轮胎产量有限)、过去表现(中国之外的其他轮胎出口国在过去五年的表现显示它们不太可能会突然地向美国大量出口轮胎,美国对于它们中的绝大多数而言并非主要输出国,且进口数量也一直在减少)、轮胎产能(目前看来这些国家并没有尚未利用的轮胎产能来增加对美出口)等四个方面进行了详细论证,而反对特保措施的话语群体对此只有一点回应,即"如果强行削减从中国进口,只会迫使企业从其他国家选择类似产品"(且同样没有任何论据支撑)。事实上,如表3.3所示,类似的反差不仅出现在对问题2和问题6的回答上,反对特保措施的话语群体在其他四个问题上的回答也都存在这种简单化和片面化的情况。

（二）摩擦双方话语主题对比：反驳对方

从表3.3中可以看出，针对反对特保措施话语群体提出的话语主题，支持特保的话语群体在两轮话语互动中大都进行了针对性地反驳。比如，在问题2上，反对特保措施的话语群体首先提出美国轮胎产业工厂关闭和工人失业不是中国轮胎大量进口的缘故，因为“中国轮胎进口数量的增加只是在填补低端轮胎市场空白”。针对这一话语主题，支持特保措施的话语群体在第二轮话语互动中通过指明美国轮胎产业工厂关闭与中国轮胎大量进口之间的前后关系予以了驳斥（“在美国布里斯通轮胎、大陆轮胎和固特异轮胎2006—2008年间关闭部分工厂之前，进口自中国的轮胎数量便开始激增，因此中国轮胎并非仅是填补市场空缺，且上述三家公司在关闭工厂时曾明确表示该决定是受到来自包括中国轮胎在内的亚洲低价轮胎的影响”）。而反对特保措施的话语群体对此说法并没有予以反驳，而是再次重复了与之前类似的观点“中国轮胎出口美国不是造成美工人失业的直接原因”；在问题3上，反对特保措施的话语群体认为中国输美轮胎与美国轮胎产业并不形成直接竞争关系，因为“中国进口至美国的轮胎主要是低端替换用轮胎，与美国轮胎产业的市场定位不同”，对此，支持特保措施的话语群体首先在其第一轮话语主题中指出，“美国轮胎业并没有放弃低端轮胎市场，19%的产量仍然面向低端市场，总量高达两千五百万条，且有大量生产设备被闲置；2008年82%的美国轮胎公司将进军消费轮胎市场”，继而又在第二轮话语主题中继续介绍“Goodrich、Michelin、Dunlop、Goodyear当前都分别在销售50、43.3、58、61.7美元等价位的轮胎”，以此说明美国轮胎产业根本没有放弃低端轮胎市场。但是，反对特保措施的话语群体对此依旧没有进行针对性地反驳，而是又重复了一遍之前的话语主题，“美国国内生产的产品主要向汽车制造商市场（OEM）销售，用于新车配套，而中国的涉案产品主要在美国的低端替换胎市场销售，因此进口的中国轮胎与美国产品不存在直接竞争关系”。

除此之外，我们发现，反对特保措施的话语群体在问题4、问题5和问题6三个问题上都没有针对支持特保措施话语群体提出的话语主题予以有力的驳斥，甚至没有任何明确、积极的回应，“自说自话”和简单重复的情况十分普遍

(特别是在问题4和问题6的回应上)。这与支持特保措施在话语主题设置上与对方群体"针锋相对"的表现形成了鲜明的对比。

四、结论

在中美轮胎特保案中,摩擦双方的话语主题主要集中于关涉特保措施"合法性"和"合理性"的六个关键性问题上,其直接目的主要有两个:一是论证己方对这六个问题的回答,二是对对方的回答进行反驳。对比双方话语主题在这两个方面的表现,我们发现如下问题。

(1)在对关键问题的回应上,反对特保措施话语群体的大部分话语主题都是简单的定性判断,缺乏充足、确切的论据,且论证角度较为单一;而支持特保措施的话语群体对问题的回应大都运用了较为确切的数据支撑,且注重从多个角度对每个关键问题进行系统论证。虽然受研究目的、研究者知识范围以及论文篇幅的限制,我们无法对支持特保措施话语群体列举的每个数据逐一进行核实和说明,但是仅从话语策略的层面来看,对于并无太多相关专业知识的美国公众而言,"大量数据+多角度系统论述+结论"比简单定性判断"对"或"错"更具说服力。

(2)在反驳对方立场方面,反对特保措施话语群体的部分话语主题不切要点。从表3.3可以看出,支持特保措施的话语群体在两轮话语互动中不断利用对方话语主题中的空白点步步紧逼,对其提出的话语主题逐条进行拆解,有理有据。但遗憾的是,反对特保措施话语群体对于对方的反驳几乎没有提出更为有力的论据加以质疑,更没有找出对方逻辑推理上的谬误与空白点,而是继续重复那些已经被对方攻击的"体无完肤"的话语主题。在这种情况下,中国输美轮胎对美国轮胎产业的损害几乎成了铁定的事实。

此外,我们认为中方话语主题中缺乏具体的反制措施。中美之间正常的贸易关系不仅对中国经济发展至关重要,对于美国而言同样非常关键。特别是2008年经济危机爆发以后,美国迫切地需要稳定并增加出口量与出口额以保证国内就业率和经济水平不再恶化。因此,如果中国从开始就将美国在华的核心经济利益置于谈判的砝码盘上,在对美方的回应话语中不断明示反制措施这一主题,甚至以行动证明反制措施的可行性①,美方就必须仔细衡量限制中国轮胎进口的得失。但是从我们掌握的语料来看(参见附录二),中国橡胶工业协会直至7月底才在致温家宝总理的公开信中首次提出建议对美国采取反制措施,之后中方的话语主题中再也没有出现反制措施,直至奥巴马宣布对中国轮胎加征特别关税。

第五节　研究启示

综合上述研究与发现,我们认为,以中国商务部和橡胶工业协会为代表的反对特保措施的话语群体在其话语主体布局、话语媒介占有和话语主题设置三个方面均存在不同程度的失误,这些失误是导致中国方面最终无法扭转局面的重要原因之一。以此为鉴,我们建议,在今后的国际贸易摩擦中,中方应着力在以下五点话语使用层面有所作为。

第一,在话语主体的布局上,我们不仅要发动国内相关政府部门、企业、行会、专家、媒体等"该说话的人"出面据理力争,还要努力让对方国家更多的利益相关者和"意见领袖"站出来为中国"说话",增强我们的话语力量。这里的"利益相关者"既包括该国的直接或间接涉案群体(如轮胎特保案中的美国消费者联合会、变革谋胜利总工会等),也包括该国不涉案的直接对华投资者(特别是在对方国家拥有较大经济和政治影响力的跨国公司或商业集团)。就中美贸易摩擦而言,中国特别需要认真分析并积极争取在美国具有重要影响力的各种利益集团为自己立言。这主要是因为,在美国国内的政治经济格局中,各种有组织的利益集团②具有强大的影响力,它们的话语行为不但能影响国会的法律制定和联邦执行机构的规则制定,有时还可能影响联邦法院的

① 有学者认为,在磋商谈判进程中中国政府完全可以同时对出口到中国的美国企业实施某种贸易措施(不是报复),以提高中方的谈判威胁力(宋志刚,2010)。

② 梁碧波(2005)和尚鸣(2006)将美国的利益集团大致分为三类:即联邦系统的立法机构(国会)、行政机构(白宫)、司法机构(法院);与对华贸易相关的商业利益集团,如中美轮胎特保案中的美国轮胎产业协会、美国零售业领导协会等;非商业团体,如轮胎特保案中的USW、美国汽车工人联盟等。

决策制定。此外,对方国家相关专家和学者的话语支撑也很重要——在对方国家的公众看来,他们的言论通常比中国专家和学者的评论更加可信。

第二,根据公告、公开信、听证会、会晤、新闻发布会和大众媒体六大类话语互动媒介的不同特点(参见第三章第三节),对其加以充分、灵活的占有与使用。具体而言:(1)在使用上述话语媒介时,论证应该更为充分、细致和严密(而不是简单定性或抽象论述),话语表述应保证前后一致、无懈可击,避免自相矛盾。美国 USW 在摩擦过程中采用的"谬误—事实"式、"图表—数字"式和问答式等三类公告无论是在内容还是在语体、形式上都更具说服性,值得中国方面借鉴;(2)充分利用网络媒体时效性强、媒体容量大、覆盖面广以及便于议题管理等优势特征对摩擦事态进行细致的报道和评论,话语形式不能仅限于单一的文字表述,而应音、像、图、文并茂,重要内容还应辅以相应的英文版本,以扩大对方国家的读者群和国际读者群;(3)通过各种方法借助对方国家的主流大众媒体传播自己的论点与论据(而不是被动地由对手歪曲转述自己的话语),让该国更多的民众和相关部门直接听到中国的声音,尽力通过话语建构中国和中国产品的正面、积极形象。

第三,在话语主题设置上,我们需要:(1)认真仔细地分析双方争议的焦点问题(主要是事实的确定和相关法律法规的适用),一方面牢牢锁定这些问题逐一进行多个层面的、有理有据的回答;另一方面还要对对方话语主题逐条进行拆解与反驳,对其中的空白点步步紧逼,做到有的放矢、切中要害,不能顾左右而言他,更不能置对方的质疑和批评于不顾、自说自话。在回答关键问题和批驳对方时,中国方面特别需要加强对相关国际贸易法律法规的引用和细致阐释。(2)避免使用简单定性却无力佐证的主题设置模式。从中外贸易摩擦的历史实践和本次轮胎特保案看来,中国方面经常在摩擦话语互动刚开始就对对方的行为进行定性(如贸易保护主义、滥用救济措施等)却不能同时提出任何有力的事实或法律佐证。这种简单"扣帽子"的做法不但无法让受众信服,还有可能会为对方提供反击的武器(熊焰,2007)。(3)必要的时候(特别是在摩擦进入白热化阶段时)可以在话语主题中明示或暗示可能采取的贸易反制措施或其他经济报复手段,促使对方国家严肃考虑整体经济利益的得失。

第四,进一步掌握国际贸易摩擦的游戏规则,熟稔对方国家的贸易摩擦处理程序和常规套路。作为一种机构性话语(institutional discourse),贸易摩擦话语互动必须在国际贸易通行规则和对方国家的贸易法律法规的框架下进行(尽管这些规则和法律法规绝非公正公平,且充斥着霸权和歧视性意识形态)才能取得理想的效果。但是从轮胎贸易摩擦中摩擦双方的话语表现差异,特别是在话语主题设置和话语媒介占有上的差异来看,中国方面在国际贸易规则和美国贸易法的掌握与运用上仍是差强人意。对此,我们建议中国政府和行会组织在今后的贸易摩擦中应广泛征询企业界和学术界意见,大量收集对方国家主要对手的背景与信息,在国际贸易法规和对方国家贸易法律法规的框架下制定话语应对方案。此外,中国还可以聘请对方国家的公关公司帮助"包装"和"推销"中国的话语立场。这些公关公司了解本国民众和政府的思维和心理,可以使中国的话语应对方案更加有效(熊焰,2007)。

第五,正视、重视中西方文化话语表达方式上差异,要"以你的道理论证我的立场"(justify my position in your terms)(Liu,1999)。中美双方话语主体根植东、西两种文化土壤,其话语表达不可避免地会呈现出异质的文化思维方式。一般认为,相比美国"分析性"、"逻辑性"和"追求精确"的文化思维方式,中国人具有更为明显的"综合性"、"直觉性"和"模糊性"思维倾向(连淑能,2002;窦卫霖、董继荣,2006)。这一文化差别或者说文化冲突在特保摩擦话语互动中具体表现为,中方的话语行为总体看来更为概括和综合,较少对细节的深入介绍和精确分析,通常将自己的主观经验判断与法律、数据等"客观事实"同等对待。最为典型的表现就是中方在各种话语媒介的话语主题设置上基本以简单的定性判断为主,更多地是从"道义"和"经验"上阐述己方立场、反驳对方观点,较少使用对方可能更为看重的数据或其他论据;而美国USW、ITC等话语主体的话语行为则更加注意对关键细节的挖掘和精确分析,注重对相关背景的描述和构建,特别突出对相关法律规定、数据等"客观事实"的重视和仰仗,尽力隐藏自己的主观判断。这一点突出表现在USW对

“谬误—事实”式、“图表—数字”式和问答式三种类型公告的操控，也显著表现在其对各种关键数据精确性的追求上（比如为论证实施特保措施不会给消费者带来显著的损失，他们甚至将每个消费者可能遭受的损失精确到了小数点后两位；为证明美国本土轮胎产业没有放弃低端轮胎市场，其话语主题中十分详细地列举了美国四大顶级轮胎制造商当时在美国市场销售的低端轮胎型号及其具体价格）。

应该看到，中西文化思维和话语表达方式本身并无优劣之分，但是在进行文化间沟通时，特别是在关系国计民生的重要文化沟通——比如中美贸易摩擦话语互动——时我们不能有意或无意地忽视文化语境对话语表达方式的限制和影响，而是应该正视和重视文化话语间的差异，切实关注和掌握对方的文化话语表达方式——特别是那些真正影响和制约对方社会实践的文化话语表达方式，并学会用这种话语表达方式包装自己的利益诉求，从而使自己的话语行为更加易懂、更具说服性和有效性。

小　结

本章首先借助文化话语分析法大致勾勒了中美轮胎贸易摩擦的主要话语互动过程，然后从话语主体、话语媒介、话语主题三个方面对摩擦双方的贸易摩擦话语行为进行了宏观剖析和对比。

纵观轮胎贸易摩擦的整体话语过程可以发现，以美国 USW 和 ITC 为首的支持特保措施话语群体和以中国商务部和橡胶工业协会为代表的反对特保措施话语群体构成了话语互动的两大“阵营”；ITC 的特保调查公告、USTR 的措施建议以及奥巴马的裁决公告牵制着双方的话语行为，是推进摩擦话语互动和事态发展的关键性话语实践。除了形式上的话语对抗或合作，内容上的互文关系也是摩擦各方话语互动的重要呈现方式。

对比摩擦双方在话语主体布局、话语媒介占有和话语主题设置上的差异，我们发现，中国方面主要存在如下几点重要失误：(1)忽略了影响力巨大、与轮胎特保案息息相关、本应站出来为中国轮胎说话的美国话语主体——美国消费者联合会,也没能成功游说美国国会议员、政府官员、工会组织和美国专家、学者出面为中国轮胎立言;(2)与美国 USW 和 ITC 对话语媒介的充分占有和灵活使用相比,中国方面对公告、听证会和网络媒体的利用不甚到位,同时也没有充分挖掘美国本土主流媒介的话语导向作用;(3)在对关键问题的回应上,中国方面大部分话语主题都是简单的定性判断,缺乏充足、确切的论据,且论证角度较为单一;在反驳对方立场时大多数话语主题不切要点,这与支持特保措施话语群体"一针见血"、"步步紧逼"和"大量数据+多角度系统论述+结论"式的话语主题设置方式形成了鲜明对比。针对上述三点失误,本章最后提出了五点具体建议。

第四章　轮胎特保案中摩擦双方的论辩话语策略分析与对比：以两封公开信为例

第三章的宏观话语分析与对比可以让我们较为清楚地看到中美轮胎贸易摩擦的整体话语互动过程以及摩擦双方的总体话语布局，但却很难更为细致地揭示摩擦双方在微观话语策略方面的表现与差异①。因此，本章借助论辩话语的策略操控分析方法剖析、对比原诉方 USW 2009 年 8 月 31 日致美国的公开信②和中国五矿化工产品进出口商会、中国橡胶工业协会 2009 年 7 月 27 日致奥巴马和 USTR 的公开信③中的论辩策略操控，试图从微观上深入剖析摩擦双方在轮胎贸易摩擦中运用的论辩话语策略及其语言实现手段。之所以选择这两封公开信作为研究个案是因为它们较为全面地罗列了各自的最终论点与论据，是中美双方最为重要的官方文件之一，同时也代表了双方的总体论辩话语风格。我们将首先简要介绍每封公开信的基本情况（主要包括公开信的发布背景与内容、论辩结构），然后对其论辩话语结构与策略进行剖析、阐释与对比，并得出相关启示。

---

① 宽泛地说，第四章论述的话语宏观布局/安排（包括话语主体、话语媒介、话语主题等话语要素的总体设置）也是话语策略的一个部分。本章所讨论的是更为具体、细致的微观层面话语策略。

② 参见 http://www.usw.org/our_union/our_issues/unfair_trade? id=0006。

③ 参见 http://www.tyrefh.org/news_detail.asp? ID=120。

第一节 USW 公开信的论辩策略分析

一、公开信的发布背景和论辩结构

轮胎特保案原诉方 USW 致美国国会的公开信发布于 2009 年 8 月 31 日，即 USTR 向白宫呈交最终建议（2009 年 9 月 2 日）和奥巴马签署最终决定（2009 年 9 月 11 日）的前夕。在此之前，USW 及其拥趸者（部分国会议员、美国国会钢铁联线、机械师和航空业工人国际联合会、美国电讯工人联合会等）与以中国商务部和中橡协为首的反对特保措施话语群体（包括美国轮胎产业协会、美国轮胎自由贸易联盟等）围绕特保措施的合法性和特保措施的后果在不同场合（包括 ITC 和 USTR 组织的两场及其重要的听证会）进行了多个轮次的话语论辩互动①，USW 提出的特保措施建议最终得到了 ITC 调查报告的充分肯定。

从发布时间及其内容上可以看出，USW 此番公开信的目的非常明确，即敦促美国国会参议院和众议员议员在最后紧要关头对 USTR 和奥巴马施加影响，使其特保救济请求能够得以最终批准。在其发布公开信之后，国会多位议员纷纷致信 USTR 和奥巴马，要求对中国输美轮胎采取特保措施，公开信的成效可见一斑。此外，USW 之所以采用公开信的方式发布，一个重要目的就是希望美国民众、社会各界，甚至 USTR 和奥巴马本人都能同时阅读此信，以此增加 USTR 和奥巴马身上背负的社会压力。下文为该公开信的全部内容（中译文见附录三）②：

---

① 双方争辩的核心问题共有六个，即（1）中国输美轮胎是否存在快速增长的情况？（2）中国输美轮胎的快速增长是否对美国轮胎业造成了实质性损害？（3）中国输美轮胎是否与美国轮胎形成竞争？（4）对中国输美轮胎实施特保措施是否能给美国轮胎产业及其产业工人带来好处？（5）实施特保措施是否会给轮胎销售商和消费者造成损害？（6）实施特保是否会导致第三国输美轮胎大量增加？参见本书第三章第四节。

② 参见 http://www.usw.org/our_union/our_issues/unfair_trade? id=0006。

Dear Senator/Representative:

This week, the President's staff will forward tohim a recommendation on whether to accept, reject or modify a decision of the bipartisan, independent International Trade Commission calling for a response to surging imports of consumer tires from China that have disrupted the U.S. market and resulted in the loss of thousands of jobs. We urge you to contact the President to voice your belief that our trade laws need to be aggressively enforced and that relief should be provided. Your voice, added to the 30,000 letters that have already been sent to the White House in support of relief, will make a big difference.

When theU.S. negotiated with China as to the terms of its accession to the World Trade Organization, China agreed to a new provision in U.S.law that allowed for our country to respond to surging Chinese exports. Clearly, with Chinese consumer tire exports skyrocketing from 14 million to roughly 48 million this year, there can be no dispute as to the nature of the surge. During this same period, several U.S.tire factories have had to close and more than 5,000 tire workers have lost their jobs—with potentially 3,000 more slated to lose their jobs this year. In addition, more than 35,000 retirees' health care depends on the vitality of the industry.

In past weeks, China and the importers of its products have engaged in a well-funded and orchestrated plan to protect their interests and subvert Congressional intent. They have spread rumors and untruths seeking to maintain the export-led economic engine that China's communist leaders depend on and that have decimated our market. Unfortunately, so-called "U.S." tire producers has sat on the sidelines during this fight worried that the Chinese government will retaliate against their operations in China.

The facts are simple: According to the ITC, China competes in all sectors of the market; not just what they have called the lowest tier. Sufficient capacity exists to reclaim and restore production here at home. Retailers will have no problems meeting the needs of their customers in securing high quality competitively-priced products.

Now is the time to finally draw a line in the sand: The American people work hard and play by the rules and they deserve a government that respects their interests and fights for their jobs. It's no wonder that trade has become such a divisive issue in our nation as the people have simply lost confidence that their elected leaders are going to live up to their word and enforce the laws that they have enacted.

The direct tire production jobs in question may only be in a handful of states, but the repercussions of this decision will be felt all across the country. Either farmers, workers and businesses will know that their nation's trade laws are going to be fairly and effectively enforced and that they can be assured of a more level playing field, or they will continue to see the field tilted in favor of our trade partners who enjoy virtually unfettered access to our market while engaging in predatory, protectionist and unfair trade practices.

The choice is clear. Your help in ushering in a new approach to trade is needed.

Sincerely,

Leo W. Gerard

通览信件全文可以看到，USW 在公开信中力图论证的一个核心论点就是首段提出的“our trade laws need to be aggressively enforced and that relief should be provided”（美国必须强有力地执行贸易法、实施特保救济措施）。为了在国会议员和其他可能对此持怀疑或者否定态度的受众（包括彼时态度尚不明朗的 USTR 和美国总统）面前“解决”这一核心意见分歧，进而敦促奥巴马政府立即作出肯定性的裁决，公开信主要从三个方面/角度论证了必须采取特保措施的原因，即：(1)特保措施合乎相关法律规定（中国接受的美国国内贸易法相关条款）；(2)反对实施特保措施的诸多理由均不成立（中国方面的论点与立场都是谣言、美国轮胎厂商本应支持实施特保措施、中国轮胎与美国本土轮胎业形成直接竞争、实施特保措施不会给美国轮胎经销商和消费者带来损害);(3)不实施特保措施后果严重(美国人民将对领导人彻底失望)。在这三点原因中,前两点均是对反对特保措施话语群体的核心论点的直接或间接反驳。也就是说,USW 公开信实际上就是试图通过批驳实际对手的基本立场与主要论点和论据来达到说服受众的目的。公开信的总体论辩结构可以用图 4.1 来表示。

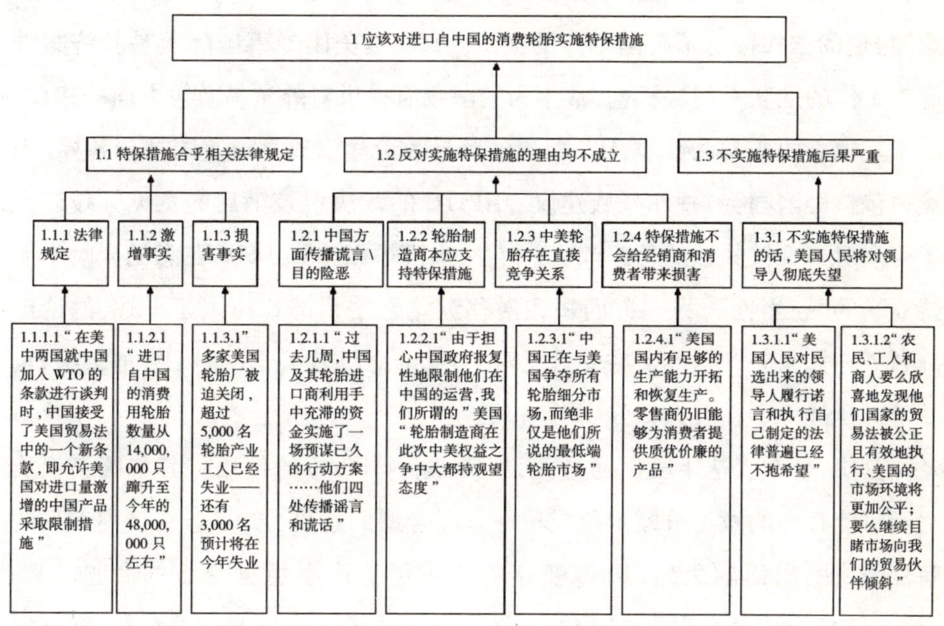

图 4.1　USW 公开信的论辩结构示意图

二、公开信中的策略操控

对比语用论辩理论对论辩阶段性特征的阐述(参见本书第一章第二节)可以发现,USW 公开信的论辩过程存在较为清晰的冲突、开始、论辩和结束四个重要阶段。下面我们将逐一分析 USW 在这四个论辩阶段对“潜在话题”、“受众需求”和“表达手段”三类策略的选择及其具体实现方式。

(一)冲突阶段的策略操控

论辩冲突阶段的显著特征(或者说主要目的)是明确双方可能存在的意

见分歧以及意见分歧的类型(即单一非混合型、单一混合型、多重非混合型或多重混合型。四者的区别参见本书第一章第二节注释)。在公开信的首段,USW 主要借助话题和表达手段的策略性选择完成了该阶段意见分歧及其类型的构建。

首先,是通过"诉诸权威"(appeal to authority)这一话题选取策略界定了意见分歧的产生背景。在开篇首句介绍轮胎特保摩擦的相关背景时,USW 没有直接表达自己对此的立场或态度,而是站在"第三方"的立场,以貌似"客观"报道的方式援引了美国 ITC 的裁决。ITC 是美国专事国际贸易救济案件调查工作的准联邦司法机构,常年为美国政府提供对外贸易政策方面的建议。由于其独立的非党派性质,ITC 提出的贸易政策建议通常被美国社会各界(当然也包括美国国会)视作权威建议。用 ITC 的裁决包装随后的意见分歧迎合了受众对 ITC 权威性的普遍认可①,它一方面可以增强 USW 在意见分歧中所持立场的"正当性",另一方面还在潜移默化之中将 ITC 拉入了 USW 的论辩阵营——如果公开信的潜在受众反对 USW 的立场就等于反对 ITC 的裁决,也就等于挑战 ITC 在公众认知中的"权威性"。

其次,是在表达手段上通过预设(presupposition)的使用将其与国会议员之间可能存在的意见分歧定位成单一非混合型的意见分歧②。在援用 ITC 的特保裁决引出话题之后,USW 直接点明了可能产生意见分歧的命题,"We urge you to contact the President to voice your belief that our trade laws need to be aggressively enforced and that relief should be provided"(我们在此敦促诸位向总统表达您的信念,即美国必须强有力地执行贸易法、实施特保救济措施)。细读之下可以发现,这句话其实存在一个明显的语用预设,即每位国会议员原本就有"美国必须实施特保救济措施"的信念,USW 所做的只不过是敦促他们向总统表达这个信念而已。为加强这一预设,USW 随后又表示,"Your voice,

① 为渲染 ITC 的"权威性",USW 还特别强调,ITC 是一个"由两党组成、立场中立"(bipartisan,independent)的机构。

② "多重非混合型"意见分歧指的是分歧涉及多个命题,一方对此持肯定或否定立场,另一方则对其观点持怀疑态度,而非反对态度(Eemeren & Grootendorst,1992)。

added to the 30,000 letters that have already been sent to the White House in support of relief"（您的声音，加上3万封已经寄往白宫的支持信，将能产生很大影响）。这句话同样存在一个预设，即"您的声音"（国会议员的表态）与"3万封已经寄往白宫的支持信"有着共同的立场——支持奥巴马政府对进口自中国的消费轮胎采取特保措施。借助这两个预设，USW将自己与国会议员之间在可能存在的意见分歧构建成了只涉及一个命题（美国必须实施特保救济措施）且对方（美国国会议员）绝不可能持反对意见、最多只是不确定的"单一非混合型"的分歧。相比多重型和混合型的意见分歧，这种"单一"且"非混合"的意见分歧显然更加容易论证。更为关键的是，通过"三万封寄往白宫的支持信"这一看似"画蛇添足"、实则寓意丰富的插入语和开篇援引的ITC肯定性裁决，USW在没对潜在意见分歧进行论证之前就已经为自己的主张贴上了"正当"的标签。

（二）开始阶段的策略操控

开始阶段的特征（目的）主要有两个：(1)明确论辩的正反两方；(2)确定论辩的出发点。就USW公开信而言，论辩的正反双方是不言而喻的，即写信的USW（正方）和收信的国会议员（反方）。因此，公开信在开始阶段最需要确定的是论辩的出发点，也就是论证赖以成立的各种前提（premises）。从公开信的整体论辩结构上看（参见图4.1），为了论证实施特保措施的必要性，USW明示了两个基本出发点：第一是"our trade laws need to be aggressively enforced"（美国必须强有力地执行贸易法）；第二是"they deserve a government that respects their interests and fights for their jobs"[政府理应尊重他们（美国人民）的利益，保障他们的就业机会]。论辩双方在这两个出发点命题上的论辩轮廓①（dialectical profile）如图4.2所示。

从图4.2中可以看出，虽然两个出发点命题都对应着三种可能的回应

① 按照论辩的批判性讨论原则，论辩双方为了实现论辩目标可以在各个论辩阶段采取一系列不同路径、相互对应的话语（论辩）行为，这些不同的论辩路径就组成了一个虚构的"论辩轮廓"，从这个论辩轮廓中，我们可以更为清楚地看到论辩者对特定论辩目标的追求及其实现方式（Eemeren，2010：98）。

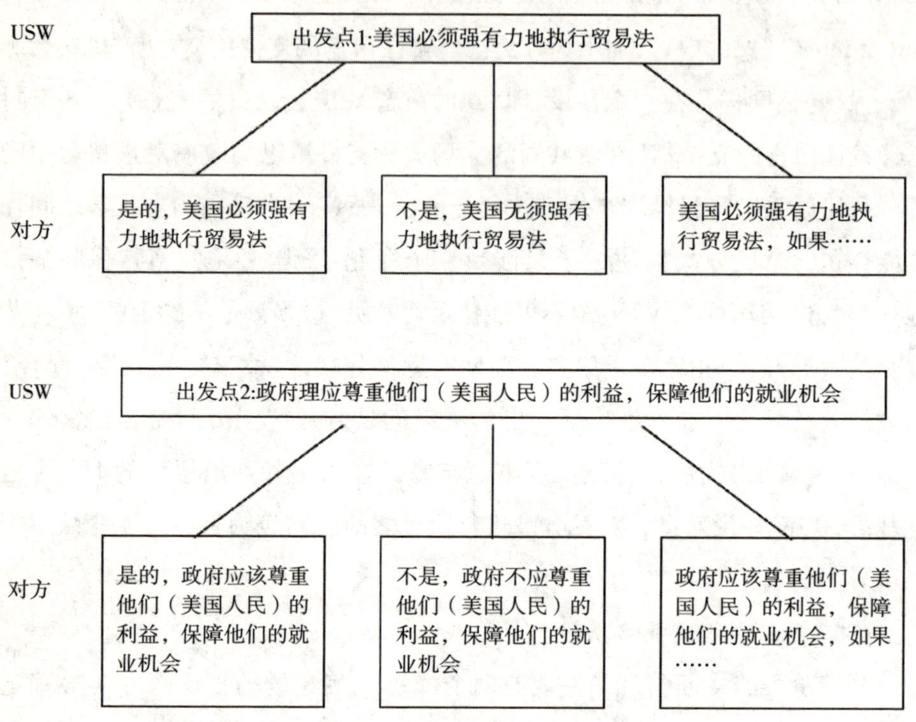

图 4.2　USW 公开信开始阶段出发点的论辩轮廓

(完全接受、完全否定、有条件地肯定)，但是，当 USW 提出这两个出发点命题时就已经为国会议员和其他潜在受众选择了回应——全部接受。这主要是因为两个命题都属于 Perelman(1982:21)所说的“偏好类”(the preferable)①论辩出发点命题，极易获得受众的认可:第一个出发点命题“美国必须强有力地执行贸易法”是一个不容商榷的法治命题，它充分迎合了包括国会议员在内的所有美国从政人员对美国法治理念的认同，任何一个美国议员都不会对此持有异议(起码不敢公然提出异议)；第二个出发点命题中提出的“尊重他们(美国人民)的利益，保障他们的就业机会”一直是美国两党和美国政府的执

① 西方新修辞学代表人物之一 Chaim Perelman(1982:21)将理想的论辩出发点命题分为两类:第一大类是“真实类”(the real)，主要指的是所有具有理性判断和通情达理的人都认可和接受的各类命题；第二大类是“偏好类”(the preferable)，指的是由论辩者试图说服的某一个小群体所偏好或信服的各类见解。

政理念，也是奥巴马竞选宣言的重要组成部分。特别是在当时金融危机肆虐、失业率节节攀升、民众怨声载道的现实社会语境下，“尊重人民利益”和“保障就业机会”几乎成了美国社会各界的共识。因此，以此命题作为出发点不仅迎合了两党国会议员和奥巴马政府的政治理念，还迎合了美国民众彼时迫切希望政府关注就业和民生的心理愿景。此外，即便是反对实施特保措施的话语群体也绝不会顶着“不尊重美国贸易法和美国人民利益”的“罪名”反对这两个命题（特别是在金融危机这一敏感期间），而只能选择完全接受这两个出发点①。

从表达手段上来看，USW 对第二个出发点命题的表达也颇为巧妙。在提出“政府理应尊重他们（美国人民）的利益，保障他们的就业机会”这一出发点时，USW 特别分析了政府必须这样做的原因，即“The American people work hard and play by the rules”（美国人民辛苦劳作、按章办事）。事实上，即便不提及这个原因，政府尊重人民利益、保障人民就业机会也是理所当然的。而 USW 之所以不厌其烦地加上这一句，主要是为了将其与下文中对中国的丑化描述——“who enjoy virtually unfettered access to our market while engaging in predatory，protectionist and unfair trade practices”（他们在美国市场中逍遥进出，专事掠夺性、贸易保护性和不公平的贸易竞争）——形成鲜明的比照。这种“正面自我”（positive self）和“负面他者”（negative others）的表达手段很容易引起国会议员、USTR 和奥巴马情感上的共鸣，它不仅能够进一步巩固论证的出发点，还能加强论辩阶段的论证力度。

（三）论辩阶段的策略操控

一般来说，在口语论辩阶段，正方的任务是为自己在冲突阶段提出的观点进行论证，尽力消除反方的异议或疑惑；与此同时，反方可能会针对正方的观点和论证不断提出异议。在诸如 USW 公开信这样的书面论辩话语中，虽然潜

① 遵守美国贸易法是中美贸易的前提条件，是中国业已接受的“硬事实”（hard fact）。在西方论辩和修辞场域中，一方若要挑战或拒绝承认已确立的“事实地位”或“事实资格”，就必须提出令人信服的理由，否则将被视作非理性的怀疑主义者、无理取闹者，或者出于私利罔顾事实者（刘亚猛，2004：74）。

在的反方不可能当面提出异议,但正方通常会针对反方及其他受众可能提出的异议精心组织自己的论辩话语。

如图 4.1 所示,在公开信的论辩阶段,围绕"特保措施合乎相关法律规定"、"反对实施特保措施的理由均不成立"和"不实施特保措施后果严重"等三方面论证,USW 主要谈及了九个话题:(1)美国贸易法的相关规定;(2)中国输美轮胎数量的激增;(3)中国输美轮胎对美国轮胎业的损害;(4)中国及其轮胎进口商在摩擦中的表现;(5)美国轮胎制造商在摩擦中的表现;(6)中国轮胎与美国轮胎的直接全面竞争关系;(7)特保措施对美国轮胎零售商和消费者的影响;(8)美国人民当前对政治领导人的态度;(9)特保措施对美国人民的影响。为了更为清楚地展示公开信在这一阶段的策略操控,我们首先分析 USW 的话题选择策略,然后具体探讨其在上述三方面论证中对受众需求和表达手段的运用。

1.话题选择

在中美轮胎特保案中,以中国商务部和中橡协为代表的反对特保措施话语群体先后就特保措施的合法性和合理性提出了六点质疑。在公开信的论辩阶段,USW 对其中四点质疑进行了正面回应,却有意忽略了另外两点重要质疑(如图 4.3 所示)。联系摩擦双方的整体话语主题互动过程(参见本书第三章第四节)可以发现,USW 公开信中予以正面回应的四个话题都是其把握最大、中国方面反驳力度最弱的话题——在这四个话题上,USW 及其拥趸者提供了多方面翔实确切的数据予以支撑,且这些数据均为 ITC 调查确认过的数据,反对特保措施的话语群体很难推翻(事实上该群体对这四个话题的论证的确是含糊其辞,难切要点)。而对于中国方面提出的另外两点关涉特保措施后果的质疑,("对中国输美轮胎实施特保措施不能给美国轮胎产业及其产业工人带来好处"和"实施特保措施将导致第三国输美轮胎大量增加"),USW 在整场特保摩擦过程中始终无法像应对前四点质疑那样作出绝对肯定和确切的反驳。所以,在公开信的核心论辩阶段,USW 策略性地规避了这两个自己可能"怎么说也说不清"的话题,试图将国会议员和其他潜在受众的注意力全部集中到最容易论证、最有把握的四个话题上。

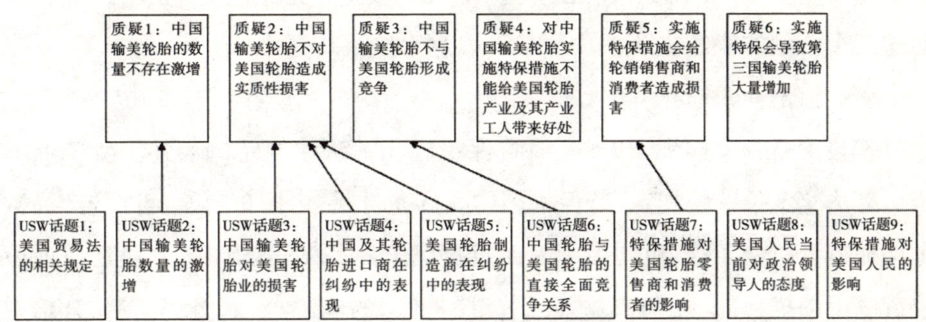

图 4.3　USW 公开信论辩阶段的话题设置

除了正面回应反对特保措施话语群体提出的四点质疑之外，USW 在论辩阶段还提及了美国民众对政府的（失望）态度（图 4.3 中的话题 8 和话题 9），以此论证不实施特保措施的严重后果，却丝毫没有提及特保措施能给美国轮胎业带来的好处（或不实施特保措施将会给美国轮胎业带来的损失）。结合美国当时的现实语境可以看出，USW 对这个话题的选取颇具深意，也极富策略性：2009 年 4 月 20 日中美轮胎特保案爆发时，刚刚入主白宫的奥巴马政权（2009 年 1 月 20 日就任美国总统）尚不牢固，而前任布什政府在伊拉克战争、金融危机等重大问题上的失策又使民众对政府的公信力产生了严重怀疑。因此，奥巴马政府以及美国国会此时最为关注的事项之一就是如何让民众和社会各界重新拾起对新政府的信心，稳固执政基础。在这种情况下，USW 选择美国民众对政府的（失望）态度这一话题一方面可以加重轮胎特保案的政治砝码，促使国会议员和奥巴马认真思量不采取特保措施的“政治后果”；另一方面还将自己构建成了美国全体人民利益的代言人和奥巴马新政权公信力的关切者（而绝非某一特定产业或组织的利益相关者），在国会议员和奥巴马政府等受众面前调整、提升了修辞人格（ethos），很大程度上增强了公开信论辩阶段的说服力。

2.论证一：特保措施合乎相关法律规定

如图 4.1 所示，为论证实施特保措施的合法性，USW 在公开信的第二段先后提出了三个有机相连的命题：相关法律规定（美国贸易法）、中国输美轮胎数量的“激增”、中国输美轮胎数量“激增”给美国轮胎产业带来的“损害”。对这三个命题的表述主要使用了几种表达手段策略：

（1）省略（omission）

省略策略主要体现于USW对特保措施相关法律规定的表述上。依照美国贸易法421条款的规定，特保措施的实施条件是：中国出口至美国的产品数量增加或者所依条件，对同类产品或直接竞争产品的美国国内产业造成或威胁造成市场扰乱（参见第二章第二节对“特保”的概述）。而USW在公开信中则将此规定表述为：

原文：“… China agreed to a new provision in U.S.law *that allowed for our country to respond to surging Chinese exports.*”

译文：“中国接受了美国贸易法中的一个新条款，即允许美国对进口数量激增的中国产品采取限制措施。”

对比421条款的规定可以发现，USW的表述将“进口量激增”构建成了实施特保的唯一条件，“忽略”了特保措施的另外两个重要实施要件：a.同类产品或直接竞争产品；b.造成或威胁造成市场扰乱。更未提及421条款对“market disruption”（市场扰乱）的重要判别方法①。与上文所述的话题选择策略的作用类似，这种有意为之②的省略“放宽”了特保措施的实施条件，降低了下文论证的难度：USW仅需主要论证中国输美轮胎的数量出现了激增现象，便可证明对其施行特保措施的合法性。

（2）隐喻（metaphor）

在描述中国输美轮胎数量“激增”时，USW使用了“飞升”（skyrocketing）

---

① 美国国内贸易法421条款d项规定，判断“市场扰乱”要考虑三个因素：产品的进口量、对美国市场上同类或相似产品价格的影响、对美国同类或相似产品生产的影响，三者缺一不可。

② 对于特保措施的三个实施要件，作为本案原诉方的USW绝不可能不清楚，并且，从USW之前发布的各种公告和听证会证词上都能看出，USW深谙这三个实施要件（参见第三章）。

一词（第六句）①。Skyrocket 的英语原义是带有火药助推器的、点燃后能迅速升天的一种烟火（firework）②。由此延伸而来的动词含义是"（像烟火一样）飞升"，是一个典型的隐喻性动词（metaphorical verb）。从认知语言学的角度来看，隐喻性动词具有认知构建作用，它能使受众在潜移默化中将本体和喻体联系起来，还能激发起受众强烈的视角形象和生动的想象力，给受众留下经久难忘的印象（李庆明，2003）。因此，公开信第六句中的 skyrocket 一词可以引导国会议员在认知层面将中国输美轮胎数量的递增速度（隐喻的喻体）与烟火上升的速度（隐喻的本体）联系起来，促使他们按照烟火点燃后的飞行速度来理解轮胎的递增速度，同时还能对中国输美轮胎数量的激增程度形成较为深刻的主观印象。

（3）不言而喻（truism）

美国贸易法 421 条款对于特保措施实施要件中的"进口数量激增"（surge）并无明确的识别标准③。因此，如何判定进口自中国的消费轮胎数量存在"激增"现象是摩擦双方争论的焦点之一。在公开信的论辩阶段，USW 通过下面这个命题构建了中国输美轮胎数量的激增"事实"：

原文："*Clearly*, with Chinese consumer tire exports skyrocketing from 14 million to roughly 48 million this year, *there can be no dispute* as to the nature of the surge."

译文："很明显，当进口自中国的消费用轮胎数量从 14000000 只飞升至今年的 48000000 只左右时，'激增'的性质就成了无可争辩的事实。"

在上述命题中，USW 将"从 14000000 只飞升至今年的 48000000 只左右"

---

① 该句对应的英文表达是："Clearly, with Chinese consumer tire exports skyrocketing from 14 million to roughly 48 million this year, there can be no dispute as to the nature of the surge"，参见附录二。

② Wikipedia（维基百科）对此的解释是"a type of firework that uses a solid rocket motor to rise quickly into the sky"，参见 http://en.wikipedia.org/wiki/Skyrocket。

③ 事实上，即便是《中华人民共和国加入 WTO 协定书》第 16 条（特保条款）对于"增长数量激增"也没有明确的判别标准，这也在一定程度上说明了特保条款的不公正性。

明确界定为“激增”性质，并通过“clearly”（很明显）和“there can be no dispute”（无可争辩）两个没有任何商量余地的、断言式的表达将这一界定构建成了不言而喻、不言自明的道理。这两个断言式的表达实际上暗示着：任何思维正常、有基本判断力的人都能从两个数字上看出“激增”的性质。这就给受众造成了一定的修辞压力——质疑或反驳这一界定即有可能被对手或其他受众视作缺乏基本判断、愚不可及的人。Eemeren&Grootendorst（1992：110）认为，这种给受众造成修辞压力的断言性言语行为实质上就是在逃避举证责任（burden of proof），其意图是通过阻止受众或对手对此界定提出任何问题或表达任何疑问，造成有关这个界定的正常争议过程“短路”，从而回避自己应负的证明该观点正确的举证责任。虽然在语用论辩理论看来，逃避举证责任违反了批判性讨论的基本原则，应被视作谬误（fallacy）的一种（Eemeren & Grootendorst. 1992），但从论辩效果上看，它仍不失为一种有效的论辩策略。

（4）情态习语（modal idiom）与平行结构（parallelism）

为论证中国输美轮胎数量“激增”对美国本土轮胎产业造成的损害，USW列举了美国轮胎厂关闭和工人失业的情况：

原文：“During this same period, several U.S. tire factories *have had to close* and more than 5,000 tire workers have lost their jobs.”

译文：“同一时期，多家美国轮胎厂被迫关闭，超过5000名轮胎产业工人已经失业。”

可以看出，上述命题中最为显著的（或者说有标记的）表达就是情态习语“have had to”（被迫关闭）的使用。Have to在英语中的基本含义是“不得不”，其潜含之意是这些轮胎厂是在中国轮胎的排挤之下不得不关闭，而非心甘情愿的主动行为。从第三章表3.3中可以得知，在美国轮胎厂的为何关闭这一问题上，摩擦双方各执一词，反对特保措施的话语群体认为，美国部分轮胎企业关闭的主要原因是因为美国轮胎产业正在经历一场积极的产业结构调整，是主动关闭的。通过情态习语have to的使用，USW巧妙地反击了对手的这一说法。

此外,USW 还策略性地将“several U.S.tire factories have had to close”(多家美国轮胎厂被迫关闭)和“more than 5,000 tire workers have lost their jobs”(超过 5000 名轮胎产业工人已经失业)两个子命题组合成了并列平行结构。一般说来,英语平行结构的前后两个部分具有“结构相同、意义并重、语气一致”等特点(张若兰,2003)。也就是说,当 USW 通过情态习语“have to”(不得不)将美国轮胎厂的关闭构建成中国轮胎大量进口造成的“恶果”时,其后与之形成平行结构的“超过 5000 名轮胎产业工人”也就自然而然地被构建成了中国输美轮胎的“受害者”。

3.论证二:反对实施特保措施的理由均不成立

USW 公开信的第三段和第四段集中反驳了反对特保措施的三点理由:(1)美国轮胎制造商并不赞成对中国输美轮胎实施特保措施;(2)中国输美轮胎与美国轮胎产业并不形成直接竞争关系;(3)对中国输美轮胎实施特保措施会损害美国轮胎销售商和消费者的利益。在反驳上述三点理由时,USW 综合采纳了迎合受众需求和表达手段两类论辩策略。具体而言,这两类策略主要体现在对比(contrast)、指称(normination)、反讽(irony)、隐喻(metaphor)、预设(presupposition)和归类(categorisation)和诉诸权威(appeal to authority)七种修辞方法上。

(1)对比(contrast)与指称(normination)

在展开针对性的反驳之前,USW 首先用了相当的篇幅描述了中国及其轮胎进口商在特保摩擦过程的“恶劣行径”:

原文:“In past weeks, China and the importers of its products have engaged in a well-funded and orchestrated plan *to protect their interests* and *subvert Congressional intent*. They have spread rumors and untruths seeking to maintain the export-led economic engine *that China's communist leaders depend on* and *that have decimated our market*.”

译文:“过去几周,中国及其轮胎进口商利用手中充沛的资金实施了一场预谋已久的行动方案,企图以此保护他们的利益、颠覆国会的意志。他们四处散播谣言和谎话,妄图继续维持中国共产党领导人赖以生存的、业已毁损了美国国内市场的出口型经济引擎。"

在上文中,USW 使用了两组对比十分明显的表达:一组是"to protect their interests"(保护自己的利益)和"subvert Congressional intent"(颠覆国会的意志);另一组是"that China's communist leaders depend on"(中国共产党领导人赖以生存)和"that have decimated our market"(业已毁损了美国国内市场)。通过这两组对比,中国方面被塑造成了在本质上只顾自己一己之利而完全不顾美国利益、甚至践踏美国国会与市场的"卑鄙小人"。为强化这一对比,USW 还借助"well-funded"(资金充沛的)、"orchestrated"(预谋已久)、"rumors"(谣言)、"untruths"(谎话)四个词汇对中国方面在摩擦过程中的表现进行了负面描述。这样一来,"财大气粗、自私自利、阴险狡诈"的中国形象和"助纣为虐"的中国轮胎进口商形象立刻跃然纸上。

值得注意的是,后一组对比结构中特别提及了"China's communist leaders"(中国共产党领导人)。USW 之所以使用这一带有意识形态色彩的指称词汇(或者说有标记的词汇),而非之前使用过的、正常无标记的"China"或"China's government",其实是迎合了部分国会议员和政治官员自冷战结束以来对中国共产党和社会主义的敌视或偏见,同时也试图通过这一词汇促使其他受众将美国主流意识形态中对中国共产党的负面认知引入对轮胎特保案的判断之中。

要之,借助两个对比结构、负面词汇和意识形态指称,USW 意图在深入论证之前就在受众面前质疑,甚至贬损中国以及中国轮胎进口商的修辞人格,将其塑造成不可信任的对手,也为公开信的受众选择了看待摩擦双方之前话语互动以及中国方面反对特保措施理由的视角。

(2)隐喻(metaphor)、讽刺(irony)与预设(presupposition)

针对美国几大轮胎制造商在特保摩擦中的中立态度,USW 作出了如下解释:

原文："Unfortunately，*so-called* '*U.S.*' tire producers has sat on the sidelines during this *fight* worried that the Chinese government will retaliate against their operations in China."

译文："不幸的是，由于担心中国政府报复性地限制他们在中国的运营，我们所谓的'美国'轮胎制造商在此次中美权益之争中大都持观望态度。"

"fight"的本意是"战争"，USW 用其指代特保摩擦实际上是一种隐喻性的用法（确切地说是一种常规隐喻），其目的是引导国会议员和其他受众在认知上将这场轮胎贸易摩擦理解成一场中国和美国之间"你死我活"的利益之争。进一步说，结合其上文中对中国"卑鄙形象"的构建，这场"战争"还是美国维护自己长期以来被侵犯的合法权益的战争。这种认知上的迁移与联系无形中就给受众出了一个答案唯一的选择题：在这场利益之战中究竟应该站在美国这一边还是"敌人"中国那一边？

显然，在 USW 看来，美国几大轮胎制造商在特保摩擦中的沉默表现就是做错了这个"选择题"。因此，USW 用了"so-called"一词对其行为进行了直接的讽刺。"so called"在英语中的含义是"所谓的"，表示的是说话人对某事物表达不认可、不赞同或讽刺的态度。通过这个讽刺表达，USW 一方面批判了选择中立的美国轮胎制造商实际上是背叛了美国的利益；另一方面也再次给受众施加压力：公开信的受众若不支持实施特保措施，就跟这些"伪"美国制造商一样背叛了美国的核心利益。

表面上，USW 随后似乎通过"worried that the Chinese government will retaliate against their operations in China"（担心中国政府报复性地限制他们在中国的运营）这句表述"谅解"了轮胎制造商的沉默态度，但实质上这句话潜藏的预设、也是 USW 最想通过这句话传达的信息是，美国轮胎制造商本意是支持特保措施的，只不过由于担心被中国政府报复才选择了中立。该预设不但回应了对手就美国轮胎制造商中立而提出的质疑，还再次构建了中国政府的负面形象。

（3）归类（categorisation）与诉诸权威（appeal to authority）

公开信的第四段论证了中国输美轮胎与美国轮胎产业的直接竞争关系以

及特保措施对于美国轮胎销售商和消费者的零影响:

原文:"The *facts* are simple:*According to the ITC*,China competes in all sectors of the market;not just what they have called the lowest tier.Sufficient capacity exists to reclaim and restore production here at home.Retailers will have no problems meeting the needs of their customers in securing high quality competitively-priced products."

译文:"事实其实很简单:根据*ITC*的调查报告,中国正在与美国争夺所有轮胎细分市场,而绝非仅是他们所说的最低端轮胎市场。(限制中国轮胎进口后)美国国内有足够的生产能力开拓和恢复生产。零售商仍旧能够为消费者提供质优价廉的产品。"

在这段话的开始,USW 首先用"facts"一词将其后的所有命题都归入到了"事实"的范畴,这实际上也是 Eemeren&Grootendorst(1992:110)所说的"逃避举证责任行为",其意图是阻止受众或对手深入质疑后面命题的真实性,回避自己应负的证明该观点正确的举证责任。联系上文可以发现,此处选用的"facts"恰好与其描述的中国四处散播"rumors"(谣言)与"untruths"(谎话)形成了鲜明的对比。这一对比再次强化了中国的负面形象("谣言谎话散布者")和 USW 的正面形象("事实代言人")。

在其后的表达中,USW 并未用自己的声音表达所谓的"事实",而是再次以貌似"客观中立"的态度引用了 ITC 对中国输美消费用轮胎的调查结果。与其在公开信首句援引 ITC 裁决的目的类似,USW 此处再次借 ITC 这一权威机构"发声"实质上也是试图迎合国会议员和 USTR、奥巴马本人等其他潜在受众对 ITC 权威性的认可,以此佐证其后命题的权威性和可靠性。

4.论证三:不实施特保措施后果严重

公开信的第五段和第六段主要论证了不实施特保措施可能带来的严重"后果",即美国人民将对政府完全失去信任。总体看来,论证过程中 USW 主要使用了隐喻(metaphor)、概括(generalization)、让步(concession)、对比(contrast)、预设(presupposition)、一致(consensus)六种话语修辞策略。

(1)隐喻(metaphor)与概括(generalization)

USW首先以美国人民"代言人"和"同情者"的身份呼吁政府保护"辛苦劳作"、"按章办事"的美国民众的利益：

原文："Now is the time to finally *draw a line in the sand*: *The American people* work hard and play by the rules and they deserve a government that respects their interests and *fights* for their jobs."

译文："现在是摆明立场的时候了：美国人民辛苦劳作、按章办事，政府理应尊重他们的利益，为他们的就业机会而斗争。"

在这句话中，USW先后使用了两个隐喻：第一是将国会议员和美国政府的最终决定比作"draw a line in the sand"(字面意思是"在沙子上划开一条线"，此处延伸义是"摆明立场")；第二是将美国政府在此次特保摩擦中保障美国人就业机会比作一场"fight"(斗争)。两个隐喻实际上都意在再次从认知上引导国会议员和其他受众将这场特保摩擦理解成一场中国和美国之间你死我活的利益之争，敦促他们在自己的国家美国和"敌人"中国之间作出一个明确的选择。

此外，USW还通过指称"the American people"(美国人民)的使用将此次摩擦涉及的人群(或者说中国输美轮胎的"受害人")由美国轮胎业工人扩大为了全体美国人。这种概括式的指称表达加重了轮胎特保案最终裁决对于美国的"全局性意义"——关系到"全体美国人"的利益，同时也增加受众的选择压力——受众必须决定是否要与"全体美国人"的利益作对。

(2)让步(concession)

为进一步突出特保案的"全局性意义"，同时迎合受众可能有的想法，USW紧接着还使用了旨在以退为进的"让步"修辞方法：

原文："*The direct tire production jobs in question may only be in a handful of* states, but the repercussions of this decision will be felt all across the country."

译文:"本案直接涉及的也许仅是少数几个州的轮胎生产就业机会,但最终裁决的影响将会波及全国。"

美国的本土轮胎产业主要集中于个别州(如阿拉巴马州、密歇根州、俄亥俄州等),保护他们的局部利益是否会损害中美贸易的大局(特别是在奥巴马政权刚刚上台之处)是美国政府和国会议员普遍关心的一个重要问题。为迎合他们的这一想法,USW在第一个命题中首先"坦承"从特保措施中直接受惠的"may only be in a handful of states"(也许只是少数几个州的轮胎生产就业机会)。但随即话锋一转,在第二个命题中又指出"but the repercussions of this decision will be felt all across the country"(但最终裁决的影响将会波及全国),从根本上否定了前一个命题。USW之所以使用这种"先退后进"、"以退为进"修辞方式,其主要目的在于显示自己的特保主张并非只顾及了特定群体、特定地区的利益,而是充分考虑到了问题的另一面,是一个经过"深思熟虑"后作出的决定。这也是其迎合听众需求的重要表现。

(3)对比(contrast)、预设(presupposition)与一致(consensus)

在公开信的第六段,USW使用了一组平行对比结构指出了轮胎特保摩擦最终裁决"波及全国"的影响,也即不实施特保措施的"危害":

原文:"*Either farmers, workers and businesses* will know that their nation's trade laws are going to be fairly and effectively enforced and that they can be assured of a more level playing field, *or* they will continue to see the field tilted in favor of our trade partners who enjoy virtually unfettered access to our market while engaging in predatory, protectionist and unfair trade practices."

译文:"农民、工人和企业要么发现他们国家的贸易法被公正且有效地执行、美国的市场环境将更加公平;要么继续目睹市场向我们的贸易伙伴倾斜,他们在美国市场中逍遥进出,专事掠夺性、贸易保护性和不公平的贸易竞争。"

总体看来，上述表达使用了两者选其一的“either…or”（要么……要么）句式描述了两种情景：一种是“nation's trade laws are going to be fairly and effectively enforced and that they can be assured of a more level playing field”（国家的贸易法被公正且有效地执行、美国的市场环境将更加公平）；另一种是“field tilted in favor of our trade partners who enjoy virtually unfettered access to our market while engaging in predatory, protectionist and unfair trade practices”（市场向我们的贸易伙伴倾斜，他们在美国市场中逍遥进出，专事掠夺性、贸易保护性和不公平的贸易竞争）。可以看到，前后两个部分形成了鲜明的对比，在此情况下，受众的选择显然是只能是前者。此外，在这个对比句式中实际上还隐含着一个预设，即前者对应的是实施特保措施的好处，后者对应的是不实施特保措施的后果。也就是说，通过对比和预设的使用，实施特保措施就被构建成了受众的唯一选择。

同样值得注意的是，中美轮胎特保案涉及的美国人群主要是轮胎产业的从业人员（特别是轮胎产业工人），他们应该是此次特保案的主要关注者。但在上面这句话中，USW 将关注者的范围扩大到了“farmers, workers and businesses”（农民、工人和企业），意即美国的所有农民、工人和企业对中美轮胎摩擦都持有“一致”的信念，都认为应该实施特保措施。其目的仍然在于增加受众的选择压力——不支持特保措施就是对美国所有农民、工人和企业利益的漠视。

5.结束阶段的策略操控

在论辩的结束阶段，论辩双方通常会确定之前明确的意见分歧是否已经消除，以及在多大程度上得以消除。在口语论辩互动中，如果正方在结束阶段收回自己的立场，那么意见分歧消除就有利于反方；如果反方放弃了他的怀疑，那么意见分歧的消除就有利于正方。而在书面论辩话语中，结束阶段一般由论辩一方根据之前三个论辩阶段的论证预计或猜测受众是否在该意见分歧上与己方达成了一致。在公开信的最后一段，USW 对整个论证做了如下总结：

原文:"*The choice is clear*. Your help in ushering in a new approach to trade is needed."

译文:"抉择是无比清楚的。美国需要在您的帮助下开辟出一条新的贸易路途"(十九句)。

在这个结论中,USW 再次使用了"不言而喻"这一表达手段策略,指出受众在是否支持特保措施这一问题上的抉择是"无比清楚的"。其言下之意就是,通过上述三点的论证,结论应该是十分"明显"和"清楚"的:任何一个"尊重法律的"(论证一)、"理性的"(论证二)、"爱国、爱民的"(论证三)国会议员和其他潜在受众都理应支持采取特保措施。如我们在上文中对类似表达的分析,这种不言而喻式的表达手段可以给受众造成一定的修辞压力——质疑或反驳这一结论即有可能被对手或其他受众视作不尊重法律、不理性、不爱国爱民的人。

三、总结

综合上述分析可以发现,围绕特保措施的"合法性"和"合理性",USW 在公开信的冲突、开始、论辩和结束四个阶段的策略操控综合体现在潜在话题选择、迎合听众需求和选择表达手段三个方面,具体表现在诉诸权威、预设、"正面自我"与"负面他者"对比、省略、隐喻、弱点规避、迎合受众偏好、指称、不言而喻、情态习语、平行结构、对比、讽刺、归类、概括、让步、一致等多种话语修辞策略上。这些策略在四个阶段中的分布及其服务的论辩目标与修辞目标如表 4.1 所示:

表 4.1 USW 公开信中的策略操控一览表

阶段	论辩目标	修辞目标	策略操控		
			潜在话题	受众需求	表达手段
冲突阶段	明确意见分歧及其类型	将意见分歧界定为"美国必须实施特保救济措施",且为单一非混合型意见分歧,即受众对此不应持反对意见	诉诸权威策略		预设策略

续表

阶段	论辩目标	修辞目标	策略操控		
			潜在话题	受众需求	表达手段
开始阶段	明确论辩的出发点	将出发点界定为“美国必须强有力地执行贸易法”和“政府理应尊重他们（美国人民）的利益，保障他们的就业机会”		迎合受众偏好策略	“正面自我”与“负面他者”对比策略
论辩阶段	论证自己的立场以及反方对此可能提出的质疑	从“合法性”和“合理性”两个方面论证实施特保措施的必要性，同时直接或间接回应受众可能提出的异议和反对特保措施话语群体业已提出的立场和观点	弱点规避策略、迎合受众偏好策略	指称策略、让步策略	省略策略、隐喻策略、“不言而喻”策略、情态习语使用策略、平行结构策略、讽刺策略、归类策略、诉诸权威策略、概括策略、对比策略、预设策略、一致策略
结束阶段	明确论辩的结果	将支持特保措施构建成不言而喻、不言自明的			“不言而喻”策略

第二节　中国五矿商会和中橡协公开信的论辩话语策略分析

一、公开信的发布背景与论辩结构

中国五矿化工产品进出口商会（以下简称五矿商会）和中国橡胶工业协会（以下简称中橡协）致美国总统奥巴马和 USTR 办公室的公开信发布于 2009 年 7 月 31 日，其目的是劝说后两者“decide against special safeguard measures”（作出不采取特保措施的最终决定）。在此之前美国 ITC 已经召集主张与反对特保措施的两大话语群体代表（包括中国五矿商会、中国山东永泰化工集团、美国轮胎产业协会、USW、支持特保的部分国会议员等）进行了听证调查,并于6月18日发布了肯定性裁决。7月,美国ITC又发布了完整的调查报告,明确建议USTR和美国政府对进口自中国的消费轮胎连续三年分别加征55%、45%和35%的特别关税。在公开信中,五矿商会和中橡协论证了中方的立场与主要观点,并对ITC和USW的立场与部分观点进行了针对性反驳。其后,USTR于9月2日向奥巴马提交了实施特保措施的建议;奥巴马于9月11日发布了最终裁决,宣布对进口自中国的消费轮胎连续三年征收35%、30%和25%的特别关税。从这点上看,五矿商会和中橡协的公开信并没有取得完全理想的话语效果(当然,中橡协在USTR随后召集的听证会上话语表现欠佳也是最终失利的重要原因之一,参见第三章论述)。下文为五矿商会和中橡协公开信的英文版本(中译文参见附录四)①:

Dear Mr.President/The Honorable Ron Kirk,

This is from China Chamber of Commerce of Metals, Minerals & Chemicals Importers & Exporters ("CCCMC") and China Rubber Industry Association ("CRIA"), who represent Chinese tire producers and exporters. The U.S. International Trade Commission ("ITC") held that Chinese tire imports created market disruption, and proposed a remedy of 55% to 35% special import duties on Chinese-made tires. We regret that holding and believe that it lacks factual and objective basis.

We have filed much evidence demonstrating that Chinese tire imports do not injure theU.S.tire industry. The restriction of Chinese tires cannot solve any problem faced by the U.S.tire industry, and further would hurt U.S.tire distributors and consumers. We hope that as President /USTR you will give prudent consideration and decide against special safeguard measures.

---

① 五矿商会和中橡协的公开信共两封,一封致美国总统奥巴马,另外一封致USTR办公室,两封信除了开头和正文中的称呼语"Mr.President"与"The Honorable/Mr.Kirk"(总统阁下和柯克先生)不同之外,所有内容都是一致的,参见www.cria.org.cn/criawebsite/english/news/USTR.pdf和www.cria.org.cn/criawebsite/english/news/obama.pdf。

1.Firstly,Mr.President/Mr.Kirk,we respectfully request that you pay attention to the fact that the petition raised by the United Steelworkers is only supported by less than half of the tire workers and no U.S.tire manufacturer has claimed(much less,itself documented)harm from Chinese tire imports.The U.S.Tire Industry Association, which represents enterprises and workers in the manufacturing, wholesale,retail,after-sale services,retreading and recycling segments of the U.S. tire industry,has firmly opposed any special safeguard measure,as not helping to protect U.S.manufacturing jobs and harmful to U.S.distributors and consumers.Respected research institutes such as the U.S.think tank Cato Institute also state that any safeguard measure would do more harm than good.

2.The facts also demonstrate that Chinese-made tires largely do not compete with U.S.-made tires in the U.S. Rather, they serve different market segments. Again,Chinese tire imports did not injure theU.S.tire industry.Specifically in this regard.

(a)The U.S.-made tires are largely sold to car manufacturers(OEMs)assembled in new cars and in the premium branded replacement market.In contrast,the Chinese-made tires are mainly sold in a different market segment—i. e., the budget,no brand replacement tire market forU.S.consumers with severe budget constraints.Even before any significant Chinese entry into the U.S.market,U.S.tire manufacturers were in the process of abandoning this particular market segment in order to concentrate on the more profitable segments where supply from U.S.production was viable.Again,the subject Chinese-made tires do not injure U.S.producers.

(b)Chinese tire imports to theU.S.have not experienced rapid growth of late. The subject Chinese tire imports into the U.S.only increased by 2.7 percentage points from 2007 to 2008 as a percent of U.S.consumption.And,in the first quarter of 2009,Chinese imports actually significantly dropped.

(c) Significantly, four majorU.S.tire manufacturers said "No" to the ITC question "Have the involved Chinese tire imports been a reason for the substantial harm to the U.S.market?" and the other four said they could not answer the question.

3.Lastly, while there are 20,000 tire manufacturing workers in the U.S., there are about 200 U.S.tire distributors, 43,100 retailers engaged in sales of Chinese-made tires and about 100,000 workers involved in tire import and sales.The compulsory restriction of Chinese tire imports would only force the enterprises to choose similar products from other countries.This would do nothing for theU.S.manufacturing industry but would bring adverse effect to U.S.consumers and the U.S.car manufacturing industry. If the import of Chinese-made tires is restricted, some distributors and retailers could be in danger of losing their jobs or have to find a new position.The consequences could be relatively serious.

Mr.President/Mr.Kirk, we look forward to your fair and final decision not to adopt the special safeguard measure.

Sincerely,

Xu Xu, Chairman

China Chamber of Commerce of Metals Minerals & Chemicals Importers & Exporters

(China Chamber of Commerce of Metals Minerals & Chemicals Importers & Exporters Tire Branch)

Fan Rende, Chairman

China Rubber Industry Association

(China Rubber Industry Association Tire Branch)

总体看来,在这封公开信中,五矿商会和中橡协主要从三个方面/角度论证了不应对进口自中国的消费轮胎实施特保措施的原因:(1)特保案的相关多方都不支持采取特保措施(超过半数的美国轮胎产业工人、美国轮胎生产企业、美国轮胎产业协会、美国智库凯托研究所);(2)事实证明对中国轮胎实施特保措施的理由既不充分也不公正（中国生产的轮胎与美国国内生产的同类产品并不存在直接竞争关系、美国进口的中国涉案产品没有快速增长、中国涉案轮胎对美国轮胎生产并不存在实质性损害）；（3）对中国轮胎实施特保措施后果严重（无助于保住美国制造业的就业岗位、损害消费者的利益、损害美国经销商和零售商的利益）。其论辩结构如图 4.4 所示：

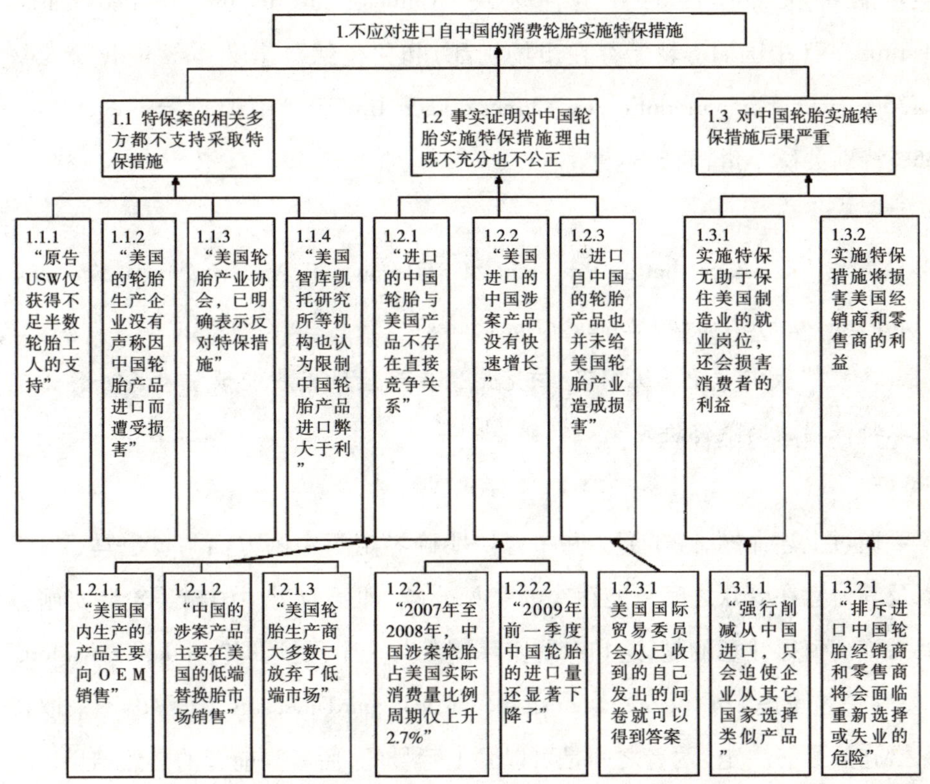

图 4.4　五矿商会、中橡协致奥巴马和 USTR 公开信的论辩结构

二、公开信中的策略操控

与 USW 公开信的论辩结论相似，五矿商会、中橡协致奥巴马和 USTR 的公开信也可以大致分为冲突、开始、论辩和结束四个主要阶段，其策略操控也同样体现在潜在话题选择、迎合听众需求和表达手段三个方面上。与对 USW 公开信的分析不同，我们在本节中不但要探讨中方公开信四个阶段的主要特征及其涉及的具体论辩策略,还要结合中美轮胎特保案的现实语境和USW公开信中的策略操控方式阐释中方公开信中可能存在的策略操控失误或改善方式。

(一)冲突阶段的策略操控

在公开信的冲突阶段(第一段),五矿商会和中橡协首先援引了ITC对中美轮胎特保案作出的肯定性裁决"Chinese tire imports created market disruption"(中国输美轮胎存在市场扰乱)和关税惩罚建议"a remedy of 55% to 35% special import duties on Chinese-made tire"(对中国轮胎征收55%—35%特别关税),继而指出:

原文:"We hope that as President /USTR you will *give prudent consideration* and *decide against special safeguard measures*"

译文:"我们希望总统阁下/柯克先生在后续调查中能慎重考虑并作出不采取特保措施的最终决定"

通过上述命题,五矿商会和中橡协明确界定了中国方面与奥巴马、USTR以及其他潜在受众之间可能存在的意见分歧,即不应对中国输美轮胎实施特保措施。值得注意的是,这句命题实际潜藏着一个预设,即"prudent consideration"(慎重考虑)与"decide against special safeguard measures"(作出不采取特保措施的最终决定)两者之间是可以画上等号的,后者是前者的必然结果。

如前所述,论辩冲突阶段的目标是明确双方的意见分歧及其类型(Eemeren,2010:45)。依此看来,五矿商会和中橡协的公开信在冲突阶段基本实现了这个总体目标。但是由于公开信中并未明确受众对此究竟是持反对意见还是持怀疑或不确定的态度,我们(包括受众在内)只能将其理解为"单一型"的意见分歧(单一混合型或者是单一非混合型)。与USW公开信在论辩开始阶段对"单一非混合型"意见分歧的巧妙构建方式相比(参见本书第四章第一节),我们的公开信在意见分歧类型的界定上尚缺乏必要的策略操控。

（二）开始阶段的策略操控

从公开信的总体论辩结构（参见图 4.4）中可以看到，五矿商会和中橡协的全部论证主要基于两个出发点：第一个出发点与意见分歧的表述共存于同一个命题“it lacks factual and objective basis”（该裁决缺乏事实和客观依据）。在这个命题中，五矿商会和中橡协实际上间接地表达了论证的出发点，即“对进口自中国的消费轮胎实施特保必须具备事实和客观依据”；第二个论证出发点体现于公开信的第八段首句，“while there are 20,000 tire manufacturing workers in the U.S., there are about 200 U.S.tire distributors, 43,100 retailers engaged in sales of Chinese-made tires and about 100,000 workers involved in tire import and sales”（美国虽有 2 万名轮胎产业制造工人，但经营中国轮胎的进口经销商有 200 家左右，零售商有 43100 多个，多达 10 万人从事轮胎进口和销售）。这句对比式表达蕴含的出发点就是“经营中国轮胎的美国经销商和零售商的利益也很重要”。论辩双方在这两个出发点命题上的论辩轮廓如图 4.5 所示：

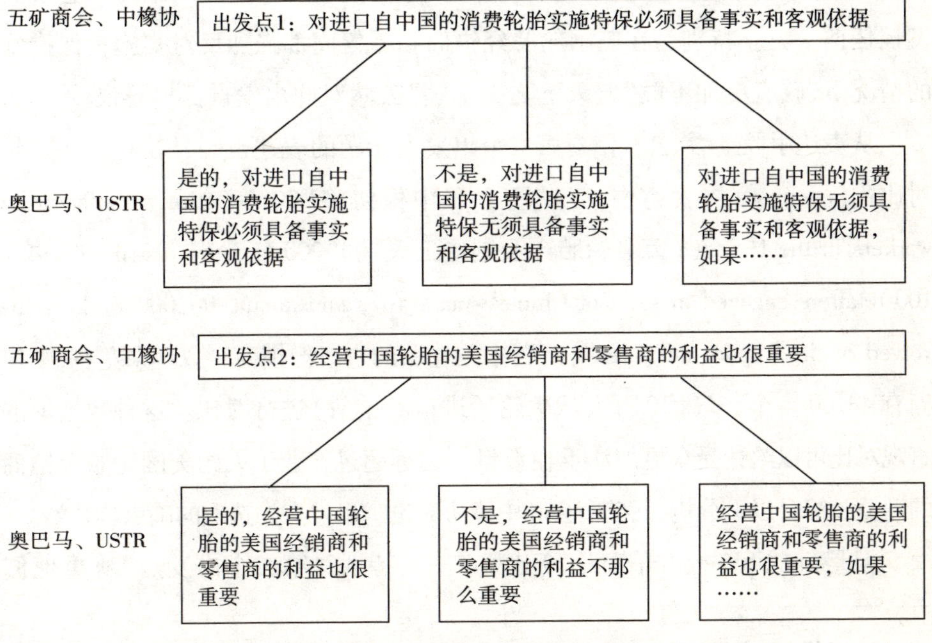

图 4.5　五矿商会、中橡协公开信开始阶段出发点的论辩轮廓

从图 4.5 可以看到，对于每个出发点所对应的完全接受、完全不接受和有条件接受三种可能态度，奥巴马和 USTR 只能选择完全接受，因为：(1)出发点 1“对进口自中国的消费轮胎实施特保必须具备事实和客观依据”体现的是对“事实”的重视。在中西方话语修辞和论辩修辞中，“事实”通常被认为是至高无上的、最具说服力的，“让事实说话”(let fact speaks)可以被视作西方话语活动中一项普遍认可的价值观①。更为重要的是，中美轮胎特保案直接关涉 WTO 特保条款和美国国内贸易法 421 条款等贸易法律法规的适用，而能否适用这些法律法规关键之一就在于对相关“事实”的确定，这也是美国方面在此次特保摩擦中一直强调的观点(即是否实施特保措施完全取决于相关法律规定和中国输美轮胎的“侵害”事实)。因此，将对“事实”和“客观依据”的重视作为论辩的出发点既迎合了受众的普遍价值观(也可以说是核心价值观)，又迎合了受众对特保措施法律构成要件的认知。(2)出发点 2 关切的是“美国轮胎经销商和零售商的利益”。对于美国政府而言，轮胎制造商、轮胎产业工人、轮胎经销商和零售商四者的利益都应是其保护的对象，政府绝对不会公然偏袒任何一方。特别是在美国轮胎经销商和零售商都强烈反对实施特保措施的情况下，政府更加不敢“冒天下之大不韪”公然对此出发点提出异议。

从表达手段上看，公开信对第二个出发点命题的表述也颇具技巧。在这句对比式(contrast)的表述中，五矿商会和中橡协将“20,000 tire manufacturing workers in the U.S.”(2 万名轮胎产业制造工人)和“200 U.S.tire distributors,43,100 retailers engaged in sales of Chinese-made tires and about 100,000 workers involved in tire import and sales”(经营中国轮胎的进口经销商有 200 家左右，零售商有 43100 多个，多达 10 万人从事轮胎进口和销售)进行对比。这种数据上的直观对比可以给让受众更加注重在数量上远远超过产业工人的美国轮胎经销商的利益。综合以上分析，五矿商会和中橡协对论辩出发点的选取的确堪称巧妙。

但是，与 USW 公开信对论辩出发点——特别是第二个出发点“尊重他们

① 虽然中西方修辞界在“什么是事实”、“怎么确定事实”等涉及“事实”本质的问题上见解并不一致(参见刘亚猛，2004：57—94)，但不可否认的是，“事实”本身在中西方修辞和论辩理论和实践中均占有十分重要的地位，且通常作为论辩话语的出发点和争议点。

（全体美国人民）的利益"——的选择相比，五矿商会和中橡协提出的第二个出发点可能较为"狭隘"：仅关注了美国轮胎经销商和零售商的利益，很大程度上忽略了轮胎制造商和产业工人的利益。如前所述，奥巴马最终能够执掌政权一个重要的原因就是得到了包括轮胎产业工人在内的劳工阶层的有力支持（参见本书第二章第二节），因此后两者的利益，特别是产业工人的利益，无疑是奥巴马和 USTR 关注的重点之一。从这个意义上说，五矿商会和中橡协在出发点的设置上或许不应该只关注轮胎经销商和零售商的利益，而是应该将所有涉案群体的利益，特别是奥巴马重点关注的、USW 一再宣称被中国轮胎"伤害至深"的产业工人利益都列入出发点之中。

此外，对比 USW 公开信论辩阶段提出的第一个出发点——"美国必须强有力地执行贸易法"（参见本书第四章第一节）——之后，我们认为，中方公开信在论辩出发点的设计上缺乏对相关法律的必要考虑。无论从哪个方面来看，中美轮胎特保案都是一个贸易法规的执行问题，是否要依照/尊重相关法律法规（即美国贸易法 421 条款和 WTO 贸易法中的特保条款）以及应该如何在特保摩擦中适用这些法律法规应该是包括本公开信在内所有论辩话语的重要出发点之一。从这个意义上看，中方公开信在出发点的选择上尚缺乏足够的经验和智慧。事实上，从第四章的分析中我们也能看出，对相关法律法规的阐释与引用是中方所有摩擦话语行为的一大弱项。

（三）论辩阶段的策略操控

如图 4.4 所示，在公开信的论辩阶段，五矿商会和中橡协主要从三个方面对冲突阶段提出的意见分歧进行了论证。下面我们将从总体上分析这三点论证对话题的选择，并在此基础上上深入分析每个论证在受众需求和表达手段两方面的策略操控。

1.话题选择

总体上看，五商会和中橡协在论辩阶段的论证中主要谈及了八个话题：即美国轮胎工人对特保的态度、美国轮胎企业对中国输美轮胎的态度、美国轮胎产业协会对特保的态度、美国智库凯托研究所对特保的态度、中美两国轮胎产品的市场定位、中国输美轮胎的增长幅度、实施特保措施对美国制造业和消费者的影响、实施特保措施对美国经销商和零售商的影响等。对比摩擦双方在特保案中的整体话语互动(参见本书第三章第四节)可以发现,这八个话题基本覆盖了原告方 USW 及其拥趸者提出的六点质疑(如图 4.6 所示)。

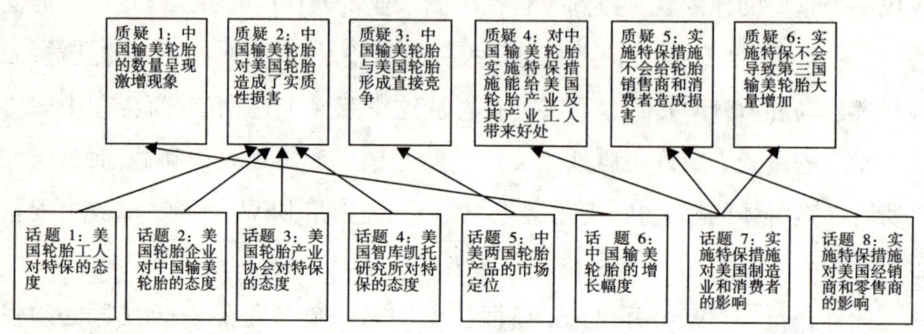

图 4.6 五矿商会、中橡协公开信论辩阶段的话题设置

从图 4.6 中可以看出,公开信论辩阶段在论证各种"事实和客观依据"之前首先通过话题 1、话题 2 、话题 3 和话题 4 列举了美国轮胎工人、美国轮胎企业、美国轮胎产业协会和美国智库对特保措施的态度。这些话题实际上为受众选择一个看待特保措施的"视角",即 USW、ITC 的特保措施主张并非像其描述的那样"深得人心"或"得到了轮胎工人的广泛支持",恰恰相反,特保案的相关多方,包括轮胎工人在内,对 USW 的特保主张都持反对或不支持、不表态的立场。

诚然,在话题选择上全面回应对手提出的质疑是说服受众、消除意见分歧的最佳方法。但从 USW 公开信论辩阶段对话题的选择与规避中(参见本书第四章第一节)可以看到,回应对手的话题必须是论辩者最易论证、最有把握的,最好还是对手已经直接或间接妥协的话题,这样才能将受众的注意力全部集中到最容易论证、最有把握的话题上,否则就会给受众留下论证不充分的印象,意见分歧因而无法得到有效地消除。从第四章的论述和公开信中可以看到,中国方面在质疑 3(中国输美轮胎与美国轮胎形成直接竞争关系)和质疑 4(对中国输美轮胎实施特保措施能给美国轮胎产业及其产业工人带来好处)两点质疑的反驳上并无有力的论证,相关的支撑数据和证据也不甚充足(与对手的论证相比)。也就是说,这三个问题是包括五矿商会、中橡协在内的反对特保措施话语群体的弱项。借鉴 USW 公开信论辩阶段对话题的规避与选择,在有限的篇幅内,我们也许并不需要“迎难而上”、主动去回应这几个自己并不擅长的质疑,而是应该将受众的注意力转移到话题 2(美国轮胎企业对中国输美轮胎的沉默态度)、话题 3(美国轮胎产业协会公开表示反对特保措施)等对手已经妥协承认的话题,和话题 7(实施特保措施对美国制造业和消费者的影响)、话题 8(实施特保措施对美国经销商和零售商的影响)等对手表现出论证无力、无甚把握的话题上。

2.论证一:特保案的相关多方都不支持采取特保措施

如上所述,为论证特保案并非像 USW 描述的那样“深得人心”、“理所当然”,五矿商会和中橡协列举了美国轮胎工人、美国轮胎企业、美国轮胎产业协会和美国智库对特保措施的态度:

原文:“the petition raised by the United Steelworkers is only supported by *less than half of the tire workers* and no *U.S.tire manufacturer* has claimed(much less, itself documented) harm from Chinese tire imports. *The U. S. Tire Industry Association*, which represents enterprises and workers in the manufacturing, wholesale, retail, after-sale services, retreading and recycling segments of the U.S.tire industry, has firmly opposed any special safeguard measure, as not helping to protect U.S.manufacturing jobs and harmful to U.S. distributors and consumers. *Respected research institutes such as the U.S.think tank Cato Institute* also state that any safeguard measure would do more harm than good.”

译文:“提出该案申请的美国钢铁工人联合会仅获得不足半数轮胎工人的支持,没有任何一家美国轮胎制造商声称因中国轮胎产品进口而遭受损害。代表美国轮胎产业生产、批发、零售、售后服务、翻新、回收等企业和工人利益的美国轮胎产业协会坚决反对特保措施,他们认为特保措施不但不能保护美国制造业的就业,反而会给美国经销商和消费者造成损失。美国智库凯托研究所等知名研究机构也认为限制中国轮胎产品进口弊大于利。”

在中美轮胎特保案的话语互动中,不支持或明确反对实施特保措施的话语主体很多(参见表3.1),公开信之所以重点援引这四个话语主体的立场或观点主要是出于"诉诸权威"的考虑,其目的就在于迎合奥巴马和USTR对这些话语主体立场和观点可取性的认知:

首先,USW主张对中国输美轮胎采取特保措施的重要理由就是各种数据显示中国输美轮胎数量的"激增"给美国轮胎产业和美国轮胎工人造成了损失。因此,美国轮胎产业和轮胎工人的观点直接决定了USW特保主张的真实性或可靠性,也是受众最想了解的"权威"观点。如果超过半数的轮胎工人、所有轮胎制造商和"代表美国轮胎产业生产、批发、零售、售后服务、翻新、回收等企业和工人利益的"轮胎产业协会都如上述命题所说的那样不支持或坚决反对特保措施,USW及其拥趸者无疑就丧失了必要的修辞人格,其特保主张也就失去了正当性。总的说来,上述三者"权威"观点的引用从根本上质疑或是否定了原告方USW提出特保请求的合法身份。在西方修辞中,论辩一方一旦被认定是不具备合法身份和人格的,那么其所有论点和立场都是值得质疑的(甚至是被完全否定)。由此看来,五矿商会和中橡协对美国轮胎工人、制造商和产业协会观点的援引尤为巧妙。

其次,相比特保案中的各类利益得失者(如中国商务部、中国轮胎出口商、美国轮胎产业工人、USW等),"利益无涉"的美国相关领域专家、学者和研究机构对特保案的分析在受众看来可能更为"中立"、"客观"和"权威"。凯托智库(Cato Institute)是美国九大著名智库之一,在情报、公共政策以及政府角色等方面的专业研究上颇具影响力。更为重要的是,凯托研究所从不接受美国各级政府的资助,是一个独立的、无党派的研究机构,其研究结论通常被认为是较客观和公正的①。五矿商会和中橡协对其观点的援引实际上就为自己"不应实施特保措施"的立场贴上了"专业化"、"学术化"和"客观化"的标签。

3.论证二:事实证明对中国轮胎实施特保措施理由既不充分也不公正

在公开信的四到七段,五矿商会和中橡协针对USW和ITC提出的特保措

① 参见凯托研究所的英文网站 http://www.cato.org/about.php。

施实施理由先后提出了三个主要命题:中美轮胎产品不存在直接竞争关系、中国输美轮胎的数量不存在激增现象、中国输美轮胎没有对美国轮胎产业造成实质性损害。其中综合运用了模糊表达(vagueness)、对比、重复、统计(statistics)和诉诸对手妥协之处(appeal to opponet's concession)五种话语修辞策略。

(1)模糊表达(vagueness)与对比

原文:"The U.S.-made tires are *largely* sold to car manufacturers(OEMs) assembled in new cars and in the *premium branded replacement market*.In contrast,the Chinese-made tires are *mainly* sold in a different market segment—i.e.,*the budget*, *no brand replacement tire market* for U.S.consumers with severe budget constraints.Even before any significant Chinese entry into the U.S.market,U.S.tire manufacturers were in the process of abandoning this particular market segment in order to concentrate on *the more profitable segments* where supply from U.S.production was viable."

译文:"美国国内生产的产品主要向汽车制造商市场(OEM)销售,用于新车配套和高端品牌替换市场。而中国的涉案产品主要面向其他不同市场——比如为那些手头吃紧的美国消费者提供廉价无牌的替换轮胎。而且,在中国轮胎进口量显著增长之前,美国轮胎生产商已在逐步放弃低端市场,专注于利润空间更大的细分市场,这部分市场基本由美国本土轮胎制造商所占有。"

模糊表达在论辩中最为重要的作用之一就是能够支撑起一个概括和总体的结论,且对手和受众很难对此予以驳斥。在论证中美轮胎的细分市场时,五矿商会和中橡协使用了两个模糊表达:"largely"(主要,很大一部分)和"mianly"(主要)。如表 4.1 所示,支持特保措施的话语群体(特别是 ITC 和 USW)在摩擦过程中多次声明美国轮胎产品并非只针对高端市场、中国输美轮胎也绝非只面向低端市场,且列出了详细比例("美国轮胎产业 19%的产量仍然面向低端市场")①。有鉴于此,五矿商会和中橡协的模糊表达手段一来

① 参见 ITC2009 年 7 月发布的"中国输美乘用车及轻型卡车轮胎"特保调查报告:www.usitc.gov/publications/safeguards/pub4085.pdf。

可以将受众的注意力转移到有利于自己结论的“问题的主要方面”,同时还因为并不违背对手提出的结论而有效规避了对手可能提出的质疑或反对意见。

此外,该命题还采用对比的表达方式分别构建了中美轮胎产品的不同市场定位:美国本土轮胎产品面向的是“premium branded replacement market”(高端品牌替换市场),且已经占有了“the more profitable segments”(利润空间更大的细分市场),而中国轮胎仅是面对“the budget, no brand replacement tire market”(廉价无牌的替换轮胎市场)。这个对比表达明确区分了市场定位,更重要的是迎合了美国受众的心理需求,即美国本土轮胎产品“档次更高”、“利润空间更大”,而中国产品仅是占有了已经被美国轮胎产业“放弃”的“廉价无牌市场”。进一步说,这个对比式表达还可以给奥巴马、USTR 形成一种修辞压力:如果在此情况下还限制中国轮胎进口的话,就有“恃强凌弱”的嫌疑。

(2)重复(repetition)

公开信的第四段和第五段尾句用大致相似的句式结构重复表达了中国输美轮胎产品并未对美国轮胎产业造成损害:

原文 1:“Again, Chinese tire imports did not injure the U.S. tire industry.”

原文 2:“Again, the subject Chinese-made tires do not injure U.S. producers.”

译文 1:“进口自中国的轮胎产品也并未给美国轮胎产业造成损害。”

译文 2:“中国涉案轮胎根本没有给美国轮胎产业造成损害。”

两个命题中的重复表达,特别是“again”(再一次)一词的反复使用,可以增强语气,突出强调说话人对这一观点的绝对肯定。

(3)统计(statistics)

对于中国输美轮胎进口量是否存在激增的问题,五矿商会和中橡协是这样表达的:

原文:“The subject Chinese tire imports into the U.S. only increased by 2.7 percentage points *from* 2007 *to* 2008 as a *percent of U.S. consumption.*”

译文:“2007 年至 2008 年期间,进口自中国的涉案轮胎,占美国实际消费量比例同期仅上升 2.7%。”

从第四章的论述和表 4.1 中可以看到,原诉方 USW 和 ITC 判断中国输美轮胎进口量激增的统计方式主要是依据 2004—2008 年间中国轮胎每年的进口总量和同期增长比例(“2004 年到 2008 年,进口自中国的消费轮胎数量上上涨 215%,总额上涨接近 300%”①)。在公开信中,五矿商会和中橡协没有使用这一明显对自己不利的统计方法,而是将统计时间定位在“from 2007 to 2008”(2007 年至 2008 年),统计的标准被界定为“percent of U.S.consumption”(实际消费量),按此方法统计,中国输美轮胎的增长率仅有 2.7%。直观看来,与 USW 列出的 215%和 300%相比,2.7%的冲击力的确要小得多。但实际上,这种“巧妙的”统计方法并没有从根本上否定对手 USW 和 ITC 的观点,因此也无法充分驳斥他们的立场。更重要的是,在国际贸易历史上的其他特保案件中,虽然计算时间并无统一标准,但统计进口总量和增量是通行的做法,这一点是所有从事国际贸易的专业人士都应充分了解的知识。从这个意义上看,五矿商会和中橡协的这一表达方式上的策略操控不但无法驳倒对手、说服受众,还可能会削弱自己的修辞权威。因此我们认为,中方可能并不应该在“实际消费量”上进行策略操控,而是应该在并无定论的“统计时间”上施行统计方法策略。

(4)诉诸对手妥协之处(appeal to opponent's concession)

为了进一步论证中国输美轮胎并未给美国轮胎产业带来实质性损害,公开信列举了美国 ITC 调查报告中的部分内容:

原文:“four major U.S. tire manufacturers said ‘No’ to the ITC question ‘Have the involved Chinese tire imports been a reason for the substantial harm to the U.S.market?’ and the other four said they could not answer the question.”

译文:“对于美国国际贸易委员会调查问卷中的问题‘进口自中国的涉案

① 参见 http://assets.usw.org/China_Trade_Tires/china-tires-421-facts-imports.pdf。

轮胎是否是美国市场受到实质损害的原因之一',有4家美国大生产商回答'不是',另4家表示无法回答。"

用对手业已承认的观点或命题来支撑自己的立场是一种重要的修辞手段和论辩策略。它不仅能够有力驳斥对手的总体立场,还能阻止对手在该命题上的质疑或反对。如前所述,ITC提出的贸易政策建议通常被美国社会各界,包括美国国会和政府,视作权威建议(参见本书第四章第一节)。在中美轮胎特保案中,ITC是支持特保措施话语群体中的"中坚力量",其调查报告中的重要结论一直为该群体其他话语主体反复引用。因此,当五矿商会和中橡协从其号称"公正"的调查报告中找出美国轮胎制造商——原告方USW和ITC自己口中的中国输美轮胎"受害者"——并不支持特保的证据时,USW和ITC特保主张的合理性就很难立足了。

4.论证三:对中国轮胎实施特保措施后果严重

在公开信论辩阶段的最后,五矿商会和中橡协论证了实施特保措施的"严重"后果:

原文:"If the import of Chinese-made tires is restricted, some distributors and retailers could be in *danger of losing their jobs or have to find a new position*. The consequences could be relatively serious."

译文:"如果排斥进口中国轮胎,那么这部分经销商和零售商将会面临失业或重新选择工作的危险,其后果也是比较严重的。"

在这个命题中,五矿商会和中橡协没有重点提及消费者可能因特保措施而遭受的损失,也没有提及美国轮胎经销商和零售商在经济上的重大损失,而是将重点放在了后者的失业危险上,这就迎合了奥巴马全国就业率直线下降的关注。

(四)结束阶段的策略操控

结束阶段的策略操控主要体现在预设这一表达手段的运用上:

原文："Mr.President/Mr.Kirk, we look forward to your *fair and final decision not to adopt the special safeguard measure.*"

译文："尊敬的总统阁下/柯克先生，我们期盼您公正的最后裁决，作出不采取特保措施的最终决定。"

可以看到，在这个命题中，"not to adopt the special safeguard measure"（作出不采取特保措施的最终决定）被预设为一个"fair and final decision"（公正的最后裁决）。

三、总结

综合上述分析，我们认为，五矿商会、中橡协公开信四个论辩阶段的策略操控在潜在话题选择、迎合听众需求和选择表达手段三个方面都有所体现，且具体表现在预设、对比、诉诸普遍价值观、视角化、诉诸权威、模糊表达、重复、统计、诉诸对手妥协之处等不同的话语修辞策略上。这些策略在四个阶段中的分布及其对应的论辩目标与修辞目标如表4.2所示。

总的看来，中方公开信中的大部分策略操控是合适和成功的，但结合语境和USW公开信中的策略操控可以发现，我方的公开信在冲突阶段意见分歧类型界定、开始阶段出发点的选择、论辩阶段话题选择三个方面以及对比、统计等具体话语修辞策略的使用上都出现了一些偏差，影响了论证的说服性。

表4.2　五矿商会、中橡协公开信中的策略操控一览表

阶段	论辩目标	修辞目标	策略操控		
			潜在话题	受众需求	表达手段
冲突阶段	明确意见分歧及其类型	将意见分歧界定为"不应对中国输美轮胎实施特保措施"，且为单一型意见分歧			预设策略

续表

阶段	论辩目标	修辞目标	策略操控		
			潜在话题	受众需求	表达手段
开始阶段	明确论辩的出发点	将出发点界定为“对进口自中国的消费轮胎实施特保必须具备事实和客观依据”和“经营中国轮胎的美国经销商和零售商的利益也很重要”		诉诸普遍价值观策略	对比策略
论辩阶段	论证自己的立场以及反方对此可能提出的质疑	从“合法性”和“合理性”两个方面论证不应实施特保措施的事实和客观依据，同时直接或间接回应受众可能提出的异议和反对特保措施话语群体业已提出的立场和观点	视角化策略	诉诸权威策略、对比策略	模糊表达策略、重复策略、统计策略、诉诸对手妥协之处策略
结束阶段	明确论辩的结果	将不实施特保措施构建成公正的裁决			预设策略

第三节　研究启示

一、中方贸易摩擦话语论辩策略的改善

通过对 USW 公开信和五矿商会、中橡协公开信论辩结构和策略操控的剖析、对比与阐释，我们认为，中方公开信在策略操控的宏观布局和具体表现方式上尚有很大提升空间。有鉴于此，本书建议中国政府、进出口行会和进出口企业在今后的贸易论辩话语（特别是书面论辩话语）中应着力做到如下三点。

第一，应明确论辩话语的冲突、开始、论辩和结束四个重要阶段，在清楚界定每个阶段论辩目标的同时合理、巧妙地设置各阶段的修辞目标。具体而言，在冲突阶段我们需要将意见分歧明确界定成“混合型”（受众持否定意见）或

是“非混合型”(受众持怀疑态度)。USW 的做法给我们的启示是,“非混合型”的意见分歧可以为受众选择一个更利于己方论证的思维视角,论证效果可能更胜一筹;在开始阶段我们需要根据现实语境和受众的价值观或偏好灵活设置论辩的出发点。其中,对相关贸易法律法规的尊重和阐释,以及对贸易摩擦直接相关群体利益的关切都应该作为重要的出发点之一;在论辩阶段话题的设置上,我们不需要面面俱到、回应对手的所有质疑与批驳,而是应该规避那些自己没有十足把握的话题,将受众的注意力集中到最容易论证、最有把握的话题上,最好还是对手已经直接或间接妥协的话题;结束阶段需要界定受众可能在多大程度上赞同己方的立场,在书面论辩话语中我们可以通过“不言而喻”或“预设”等表达手段将冲突阶段确定的意见分歧“彻底消除”。

第二,根据不同阶段的论辩和修辞目标灵活选择合适有效的策略操控方式。理想状态下,我们在每个论辩阶段都应综合使用潜在话题选择、迎合听众需求和表达手段选择三方面的策略。具体而言,潜在话题的范围主要包括受众认可的权威观点或立场、普遍价值观、“客观事实”、法律法规、受众或对手的妥协之处等;迎合听众需求主要包括顺应并尊重受众的一般偏好、特殊偏好、核心利益、现实关注、意识形态、重要观点等;表达手段则主要包括使用预设、隐喻、对比、详略安排、平行结构、归类、概括、一致、模糊表达、重复等多种修辞手法。在众多表达手段中,我们特别强调隐喻表达的恰当使用:与其他表达手段相比,隐喻更具隐蔽性,它能在认知层面将受众日常生活中的普通体验迁移到对特定事件或现象的理解中,激发受众强烈的内心情感(比如 USW 公开信中两次将中美轮胎特保摩擦比作你死我活的“敌我战争”)。更重要的是,它不但能较好地隐藏己方的主观倾向,还在潜移默化中为受众选择了思考和推理的视角,从而使说话人的论证更具信服力。

第三,熟悉受众的文化话语表达,避免以己度人。在第三章的启示中(参见本书第三章第五节),我们已经探讨过中美摩擦话语在“综合性—分析性”、“直觉性—逻辑性”和“模糊性—精确性”三组文化思维对立体上的表现。在本章的分析中,我们发现两封公开信的话语表述不但存在上述三个方面的差别(比如中方公开信在观点的表述上使用了较多的第一人称,而 USW 公开信则竭力避免使用第一人称，以使自己的陈述更为“客观”；中方公开信几乎没有提及相关法律，而 USW 公开信全文都以美国贸易法为依据；中方使用了较多的模糊表达，而 USW 没有使用任何模糊表达，等等），还存在“委婉—直接”的区别——中方公开信先后使用了“We *regret* that holding”（我们对此裁决深表遗憾）、“We *hope* that as President /USTR you will give prudent consideration and decide against special safeguard measures”（我们希望总统阁下/柯克先生在后续调查中能慎重考虑并作出不采取特保措施的最终决定）、“we *look forward* to your fair and final decision”（我们期盼您的公正决定）等委婉、克制的表达。与之形成鲜明对比的是，USW 的公开信在话语使用上更为直接、激烈和不容置疑，如“We *urge* you to contact the President”（我们在此敦促诸位向总统表达您的信念）、“Now is the time to finally draw a line in the sand”（现在是摆明立场的时候）、“The choice is clear”（抉择是十分清晰的）。中国文化崇尚和谐、平和和中庸（施旭，2010：57），与其对应的就是委婉、克制、不伤和气的话语表达方式，但是对于并不熟悉，或者并不愿意熟悉，更或是故意选择性遗忘中国文化话语表达方式的美国受众而言，中方这种委婉、克制、不伤和气的话语方式在 USW 直接、激烈、不容置疑的话语表达方式的对比下很可能被视作“底气不足”、“辞穷理屈”的表现。因此，我们认为，中国方面在中外贸易论辩话语中不应以己度人、乐观估计受众对中国文化话语表达的正确理解，而应认真考虑受众的文化思维与文化话语表达，学会用他们的表达方式来陈述我们的观点与立场。

二、特保措施“（不）正当性”的话语策略构建

从第四章第一、二节的分析中可以看到，USW 和中橡协、五矿商会在公开信中运用了多种论辩话语策略。通过对这些话语策略的操控和操控，两封公开信构建了双方身份、特保案性质、特保措施核心法律要件以及（不）实施特保措施的后果，最终实现了对特保措施“正当性”或“不正当性”的构建：

第一，是对己方和对手身份的构建。身份是行为“正当性”的重要前提之一，话语主体是否具有“正当”的身份在贸易摩擦中直接关系到其观点与立场

的可信度。为此,USW 在公开信的开头部分首先通过诉诸权威策略(引用ITC 的裁决)和数据的列举("3 万封寄往白宫的支持信")把自己构建成了"权威机构"ITC 的支持者和广大民意的代言人。一般认为,己方身份是在与他者身份的对比中被构建并强化的(Martin,1995)。因此,在构建自己正当身份的同时,USW 还不遗余力地通过指称策略(使用大量负面词汇和意识形态词汇"共产党政府")将其主要对手——中国政府和中国轮胎进出口商——塑造成"自私自利"、"财大气粗"、"阴险狡诈"、"独裁专断"的敌人。在中方公开信中,五矿商会和中橡协首先通过对美国轮胎经销商和消费者损失的关注将自己建构成"美国利益保护者"、美国的"友人"而非"敌人"。另外,他们也借助诉诸权威这一话语策略(援引美国轮胎工人、美国轮胎制造商和美国轮胎产业协会对特保措施的反对或不支持立场)将 USW 构建成了"不正当的原诉方",从而在根本上否定了 USW 的合法正当身份,削弱了其修辞人格。

第二,是对轮胎特保案性质的构建。不同性质的贸易摩擦对应着不同的应对方式。在 USW 公开信中,通过两个战争隐喻的使用(一是将摩擦本身比作"战争",二是将美国政府在此次特保摩擦中保障美国人就业机会比作一场"斗争"),特保案被塑造成了中国和美国之间"你死我活"、"不可调和"的利益之争。结合其在上文中对中国"卑鄙形象"的构建,这场"战争"还是美国维护自己长期以来被侵犯的合法权益的战争。在这种修辞情势下,受众(美国国会议员)必须在中国轮胎("敌人")和美国轮胎("己方")之间选择一种明确的、非中立的立场。而在五矿商会和中橡协的公开信中,通过诉诸普遍价值观(凸显"事实"和"客观根据"在特保措施裁决中的重要性)和诉诸权威(美国轮胎工人、美国轮胎制造商和美国轮胎产业协会对特保措施的反对或不支持立场)两种策略,USW 发起的特保案被构建成了"没有事实根据的"、"不得人心"的"冤假错案"。

第三,是对特保措施核心法律要件的构建。是否满足美国贸易法 421 条款对特保实施要件的规定是判断轮胎特保措施"合法"与否、"正当"与否的核心所在。USW 在公开信中首先通过省略策略将 421 条款中的多条法律要件"精简"为了一条——"进口量激增",继而借助两个重要数据的统计("从

14000000 只飞升至今年的 48000000 只左右”)、隐喻策略(把中国轮胎进口量的增加速度比作“像烟火一样飞升”)和两句不言而喻式的表达(“很明显”和“无可争辩”)“坐实”了这一法律要件。为否定这一法律要件的存在,中方公开信没有使用这一明显对自己不利的统计方法,而是借助统计策略,将统计时间定位在了“2007 年至 2008 年”,同时将统计标准界定为“实际消费量”。这样一来,中国输美轮胎的增长率便从 USW 及 ITC 口中的“高达 215%”变成了“仅有 2.7%”,“数量激增”这一法律要件也就站不住脚了。

第四,是对(不)实施特保措施后果的构建。特保措施的“正当性”不仅取决于该措施是否“合法”,还取决于特保措施实施之后造成的影响。因此,USW 公开信和中方公开信都使用了大量篇幅对(不)实施特保措施的后果大加渲染。总的看来,前者主要采取指称策略(将中国输美轮胎的“受害人”从美国轮胎业工人扩大为了全体美国人、所有“美国农民、工人和企业”)、让步策略(表面承认直接受惠的“也许只是少数几个州的轮胎生产就业机会”,重点强调“最终裁决的影响将会波及全国”,以退为进)和对比策略(不实施特保措施的“恶劣情形”和实施特保措施的“美好前景”)构建了不实施特保措施可能造成的“全国性”、“广泛性”、“多行业性”的严重后果;后者则采用对比策略(“2 万名轮胎产业制造工人”和“多达 10 万人从事轮胎进口和销售”的对比)“理性”预测了实施特保措施“高成本、低收益”的不良后果。

受篇幅和主要研究问题所限,我们此处无法更为详细和全面地阐述话语策略对轮胎贸易摩擦的构建作用。但从上述四点简要分析中也可以比较清楚地看到,话语策略为受众看待、理解特保措施提供了不同的视角与方法,在特保措施“(不)正当性”的构建中起到了十分关键的作用。换句话说,特保措施的“正当性”或“不正当性”本质上就是话语策略构建的产物。但是从摩擦双方在上述四点上的话语抗争看来,话语策略对特保措施的构建并非是一个简单、单向的过程,而是一个复杂、多向、充满竞争的过程,其中交织着权力的协商与妥协。这也充分印证了批判话语研究者大都认同的一句断言,即“话语是社会权力关系生成和再现的场所”(Wodak,1996:17—20;Fairclough & Wodak,1997)。了解了中国轮胎对美国产业和轮胎市场的“实质性损害”和特保措施的"正当性"只不过是其通过各种话语策略和语言形式构建出来的,我们就能更为深刻地理解美国长期以来宣称的"自由贸易"(free trade)和"公平竞争"(fair competition)的真实含义。

小 结

借助语用论辩理论中的策略操控分析方法,本章对 USW 2009 年 8 月 31 日致美国的公开信和中国五矿化工产品进出口商会、中国橡胶工业协会 2009 年 7 月 27 日致奥巴马和 USTR 的公开信中的论辩结构和策略操控进行了分析与对比。

研究结果发现,两封公开信冲突、开始、论辩和结束四个阶段的策略操控综合体现在潜在话题选择、迎合听众需求和选择表达手段三个方面。其中,USW 公开信中的策略操控具体表现在诉诸权威、预设、"正面自我"与"负面他者"对比、省略、隐喻、弱点规避、迎合受众偏好、指称、不言而喻、情态习语、平行结构、对比、讽刺、归类、概括、让步、一致等多种话语修辞策略上;中方公开信中的策略操控则主要体现在预设、对比、诉诸普遍价值观、视角化、诉诸权威、模糊表达、重复、统计、诉诸对手妥协之处等不同的话语修辞策略上。

与 USW 公开信中的策略操控相比,中方公开信在冲突阶段意见分歧类型界定、开始阶段出发点的选择、论辩阶段话题选择三个方面以及对比、统计等具体话语修辞策略的使用上出现了一些偏差。有鉴于此,我们建议中方在今后的贸易论辩话语中应:(1)明确论辩话语的冲突、开始、论辩和结束四个重要阶段,在清楚界定每个阶段论辩目标的同时合理、巧妙地设置各阶段的修辞目标;(2)根据不同阶段的论辩和修辞目标灵活选择合适有效的策略操控方式;(3)熟悉受众的文化话语表达,避免以己度人。

本章最后简要剖析了轮胎特保措施的话语构建机制并指出,特保措施的"正当性"或"不正当性"本质上就是话语策略构建的产物,其中交织着权力的协商与妥协。

第五章　结　　语

本书从理论上论证了中外贸易摩擦话语的特征与研究思路，并运用文化话语分析方法和论辩话语的“策略操控”分析方法，从宏观话语互动过程和微观论辩话语策略两个角度对中美轮胎特保案中摩擦双方的话语行为进行了分析、对比与反思。在本章中，我们将总结上述研究的主要结论，分析本研究的创新与不足之处，并对本研究的深化与拓展提出可行性的建议。

第一节　结论与启示

第一，与普遍意义上的话语一样，贸易摩擦话语也具有语境、社会和文化三重属性与内涵，它不仅包括国际贸易摩擦发生、激化、缓和、转化和消解等过程中产生的各种相关话语文本，还包括这些文本蕴含的多方面语境意义，以及由此产生的社会语用效果。与其他机构话语相比，贸易摩擦话语具有三个重要特征：(1)它是一种论辩互动。摩擦双方通常围绕事实确定和法律适用两大类问题，运用各种论辩话语策略拆解对方话语中的“谬误”、塑造自己话语的“合理性”与“合法性”。(2)它是一种跨文化交际。参与贸易摩擦话语活动的双方通常身处不同的文化背景，在话语表达上不可避免地会呈现出异质的文化思维方式和文化冲突。(3)它是一种权力争斗方式。经济实力、国际政治地位、文化影响力等多方面的权力关系和意识形态制约着双方贸易摩擦话语的形式与内容；同时，摩擦双方通常借助话语来构建、再现某种(些)特定的意识形态，以维续或反抗这种权力关系。

基于贸易摩擦话语的内涵与特征,对中外贸易摩擦的话语研究至少可以采取两种有机相连的研究思路:首先,是从话语主体、话语媒介、话语主题、话语目的、话语效果等宏观角度剖析、对比中外双方在贸易摩擦中对各自话语行为的布局与安排。其次,是从微观论辩话语策略的角度阐释与对比中外双方在贸易摩擦中对话语策略及相应语言形式的操控。其中,宏观的话语剖析与对比有助于研究者从总体上把握摩擦话语互动的大致轮廓,并从纷繁复杂的话语行为中抓住一些较为突出、亟须解决的话语使用问题;而微观论辩话语策略与语言形式分析则可以帮助研究者深入考察摩擦双方在具体话语实践中对特定话语内容和形式的操控。总体而言,宏、微观两种话语分析维度的结合可以帮助我们更为全面地考察贸易摩擦话语,同时也能更为深刻地展现话语在贸易摩擦中的关键性作用。

第二,在中美轮胎特保案中,以美国 USW 和 ITC 为首的支持特保措施话语群体和以中国商务部和橡胶工业协会为代表的反对特保措施话语群体构成了话语互动的两大话语群体;在所有摩擦话语事件中,ITC 的特保调查公告、USTR 的措施建议以及奥巴马的裁决公告牵制着双方的话语行为,是推进摩擦话语互动和事态发展的关键性话语实践。此外,内容上的互文关系也是摩擦各方话语互动的重要方式。

对比摩擦双方在话语主体布局、话语媒介占有和话语主题设置上的差异,我们发现,中国方面主要存在三点重要失误:(1)忽略了影响力巨大、与轮胎特保案息息相关、本应站出来为中国轮胎说话的美国话语主体,也没能成功游说美国国会议员、政府官员、工会组织和美国专家、学者为中国轮胎立言;(2)对公告、听证会和网络媒体的利用不甚到位,没有充分挖掘美国本土主流媒介的话语导向作用;(3)大部分话语主题都是简单的定性判断,缺乏充足、确切的论据,且论证角度较为单一;在反驳对方立场时大多数话语主题不切要点。针对上述三点失误,我们认为中国方面在今后的贸易摩擦中应该:(1)在话语主体的布局上不仅要发动国内相关政府部门、企业、行会、专家、媒体等“该说话的人”出面据理力争,还要努力让对方国家更多的利益相关者和“意见领袖”站出来为中国“说话”,增强话语力量;(2)根据公告、公开信、听证会、会晤、新闻发布会和大众媒体等六大类话语互动媒介的不同特点对其加以充分、灵活的占有与使用;(3)在话语主题的设置上避免使用简单定性却无力佐证的主题设置模式,而应牢牢锁定双方争议的焦点问题逐一进行多个层面的、有理有据的回答,同时还要对对方话语主题进行拆解与反驳,对其中的空白点步步紧逼,做到有的放矢;必要的时候还可以在话语主题中明示或暗示可能采取的贸易反制措施或其他经济报复手段,促使对方国家严肃考虑整体经济利益的得失;(4)进一步掌握国际贸易摩擦的游戏规则,熟稔对方国家的贸易摩擦处理程序和常规套路;(5)正视、重视中西方文化话语表达方式上差异,做到"以你的道理论证我的立场"。

第三,对比分析 USW 公开信和中国五矿商会、中橡协公开信中的论辩结构和策略操控后可以发现,中美两封公开信冲突、开始、论辩和结束四个阶段的策略操控综合体现在潜在话题、迎合听众需求和表达手段三个方面,具体表现在诉诸权威、预设、省略、隐喻、弱点规避、迎合受众偏好、指称、不言而喻、情态习语、平行结构、对比、讽刺、归类、概括、让步、一致、诉诸普遍价值观、视角化、模糊表达、重复、统计、诉诸对手妥协之处等多种话语修辞策略的使用上。这些话语策略为受众看待、理解特保措施提供了不同的视角与方法,在特保措施"(不)正当性"的构建中起到了十分关键的作用。

与 USW 公开信中的策略操控相比,中方公开信在冲突阶段意见分歧类型界定、开始阶段出发点的选择、论辩阶段话题选择三个方面以及对比、统计等具体话语修辞策略的使用上均有偏差。有鉴于此,我们建议中方在今后的贸易论辩话语中应:(1)明确论辩话语的冲突、开始、论辩和结束四个重要阶段,在清楚界定每个阶段论辩目标的同时合理、巧妙地设置各阶段的修辞目标;(2)根据不同阶段的论辩和修辞目标灵活选择合适有效的策略操控方式;(3)熟悉受众的文化话语表达,避免以己度人。

第四,虽然与美国 USW、ITC 等支持特保措施的话语群体相比,中国方面无论是在宏观话语布局,还是在微观论辩话语策略的操控上都存在较大的不足,但是从中国商务部、轮胎行会与企业不断根据事态发展通过各种媒介积极回应、组团赴美进行交涉和游说并成功争取到了包括美国轮胎产业协会在内的多个美国行会组织的话语支持这一点来看，在经历了众多贸易摩擦案件之后，中国方面已经意识到了话语应对的重要性。不仅如此，从中方公开信对诉诸普遍价值观、视角化、模糊表达、重复、统计、诉诸对手妥协之处等多种论辩策略的使用上也可以看出，中国方面在具体的话语应对策略上有了显著的进步。

第五，贸易摩擦的产生、激化、转化、缓和、消解是一个多方博弈和较量的过程，仅靠某个学科的知识很难将其成因与对策分析透彻。话语研究作为人文社会科学广泛使用的研究方法，可以为贸易摩擦提供一个有益的“观测窗”——透过话语，我们可以看清贸易摩擦的变化发展过程，可以感受到贸易舞台上每个“演员”的细微动作极其深刻寓意，还可以分辨出贸易摩擦过程中交织的权力关系，从而帮助我们更为全面和深刻地把握贸易摩擦的实质与应对策略。

当前国内的话语研究总的看来尚停留在引进和简单套用阶段，真正关切中国实际社会、经济、政治问题的话语研究并不多见，这与西方同行对于社会问题的密切关注形成了鲜明的对比。事实上，即便是在西方话语研究学界，对贸易摩擦话语的研究也处于摸索阶段，尚无力作出现。在这种情况下，国内学者相关研究成果的早日面世将有助于我们与西方话语研究同行的平等对话，期望本书能在该研究领域起到抛砖引玉的作用。

第二节　创新之处

一、视角创新

当前国内外学界对中外/国际贸易摩擦的研究主要集中于国际贸易学、国际法学和国际政治学三个学科领域，较少有学者从语言或话语的角度对其进行描述和阐释。本书突破了中外/国际贸易摩擦的传统研究模式，开拓了贸易摩擦研究的视野，同时也拓展了话语研究的视角，为话语研究和中外/国际贸易摩擦研究搭上了对话的桥梁。

二、理论与方法创新

有鉴于国内外学界对国际贸易摩擦语言/话语的片面认识以及相关研究的零散性,本书首次尝试根据后现代话语观和文化话语观明确界定了中外/国际贸易摩擦话语的语境性、文化性和社会性三重内涵,以及论辩互动、跨文化交际和权力争斗三个基本特征,并依此提出了宏观话语布局和微观话语策略两个层面的中外/国际贸易摩擦话语系统研究思路及其对应的研究方法,初步建立了"中外贸易摩擦话语研究框架"。

三、实践创新

虽然国内已有少数学者指出,中国在今后的贸易摩擦中应加强游说和沟通能力(赵海斌、张晓宇,2010;朱妮娜、吕世平,2009;宋志刚,2010 等),但是他们对"怎么说"这个问题没有进行深入的阐释。本书首次从宏观话语布局和微观话语策略两个角度为中国智慧应对中美(外)贸易摩擦提供了话语使用方面的系统建议。

第三节　不足之处

一、语料局限

受到收集渠道的限制,本书的研究语料主要局限于中美轮胎贸易摩擦过程中产生的各种书面话语,没能收集到中美高层官方会晤和私下谈判的口语语料。从某种意义上说,高层会晤与谈判时的话语交锋过程及其中运用的各种话语策略也具有十分重要的研究意义。

二、理论与方法局限

理想状态下,中美贸易摩擦话语研究需要同时吸收并有机结合话语研究和国际贸易研究的相关理论与方法。但是,由于笔者本人学科背景和专业知识宽度所限，本书主要综合采用了话语研究的理论和方法和国际贸易、中美贸易方面的背景知识，没能更多地吸收国际贸易研究领域的相关理论与研究方法。此外，如果按照定性或定量两种研究方法范畴进行概括的话，本书主要采用的是定性阐释的方法，较少采用定量分析方法，研究结论因此具有一定的局限性，但我们认为这并不影响研究结果的启示性意义。

第四节 研究展望

一、基于大型语料库的中外贸易摩擦话语研究

我们可以进一步拓展研究视野，将近十年发生的重大中外贸易摩擦案作为研究对象，通过各种渠道穷尽性地收集中国和摩擦对方相互对应的各种话语语料，建立大型中外贸易摩擦话语语料库。然后借助本书提供的中外贸易摩擦话语的基本研究框架和语料库语言学的多种研究方法对其中的话语实例进行系统、细致地分析与对比，总结对方国家在贸易摩擦话语实践上常用的方法、策略与技巧，更为系统和全面地反思中国在贸易摩擦话语应对上的经验与不足。

二、美国 ITC 历年涉华贸易调查报告的批判性分析

在历次中美贸易摩擦中，美国 ITC 发布的贸易调查公告是美国当局最终实施制裁措施的主要依据，也是美国各界评价摩擦的一个重要参照。那么，该报告是否真的如其所说是“合理”且“合法”的？围绕这一问题，我们可以对美国 ITC 近年来在重大涉华贸易摩擦中发布的调查报告进行批判话语分析，以此揭示美国所谓“自由贸易”和“公平竞争”的话语—权力操控机制，及其背后隐藏的贸易保护主义和更为深刻的遏华意识形态。

三、中外其他类型摩擦话语研究

在暴力控制退居幕后的当今国际社会，话语使用已经成为国家之间维续、

争夺和反抗控制的重要手段，是否重视话语的使用、能否熟稔话语的智慧使用方法在很大程度上直接决定了“正义”的归属。中国当前在贸易摩擦、气候谈判、人权之争等问题上都与西方发达国家有着激烈的话语争辩，如何更加有效、有理有据地回应和反击它们在这些问题上对中国的诘难是政府和学者们都十分关注的问题。借鉴本书提出的中外贸易摩擦话语研究框架，我们同样可以从宏观和微观两个角度对中外其他类型的摩擦话语进行细致和系统的研究，从中找出应对的方案与策略。

小　　结

本章总结了之前各章研究的主要结论与启示，分析了本研究在视角、理论和方法上的创新以及存在的不足之处，并对本研究的深化与拓展提出了三个建议。

参考文献

北冈诚司:《巴赫金:对话与狂欢》,魏炫译,石家庄:河北教育出版社,2002年。

毕夫:《中美轮胎“特保案”:没有赢家的制裁》,《对外经贸实务》2009年第10期,第18—20页。

蔡云、李玉娟:《中美轮胎“特保案”探讨与对策研究》,《价格理论与实践》2009年第10期,第66—67页。

蔡云、李玉娟:《中美轮胎“特保”案的经济学分析》,《金融与经济》2009年第12期,第43—45页。

蔡云:《从应对“轮胎特保案”看我国行业协会的发展》,《经济研究》2010年第1期,第85—87页。

陈爱蓓:《以规则话语应对国际贸易争端论析》,《世界经济与政治论坛》2010年第2期,第153—161页。

陈海花:《国际商务谈判中的跨文化因素分析》,《江西社会科学》2007年第1期,第154—157页。

陈平:《话语分析说略》,《语言教学与研究》1987年第3期,第4—18页。

陈泰峰:《中美贸易摩擦根源的反思》,《国际经济合作》2005年第9期,第40—43页。

代树兰:《电视访谈话语研究》,北京:中国社会科学出版社,2009年。

丁黎:《从贸易角度探讨我国的贸易摩擦与对策》,《国际贸易问题》2005年第11期,第29—34页。

窦卫霖、董继荣:《思维方式对经济新闻写作方式的影响——〈中国日报〉和〈金融时报〉之比较》,《外语教学与研究》2006年第4期,第266—231页。

杜金榜:《法律语言学》,上海外语教育出版社,2004年。

范黎波、屠新泉:《中国应对贸易摩擦增发的策略》,《宏观经济研究》2005年第8期,第50—55页。

冯捷蕴:《话语混合与全球本土化——北京旅游推广话语的个案研究》,《旅游学刊》2010年第9期,第38—43页。

傅菊辉、申健:《金融危机下“中国制造”屡遭反倾销调查之原因——以轮胎特保案为例》,《北华大学学报(社会科学版)》2010 年第 1 期,第 4—7 页。

弗兰斯 · H.凡 · 爱默伦、弗兰西斯卡 · 斯 · 汉克曼斯:《论辩巧智——有理说得清的技术》,北京:新世界出版社,2006 年。

高虎城:《妥善应对贸易争端,积极改善贸易环境》,《求是》2006 年第 8 期,第 61—63 页。

甘梅霞:《基于国际生产网络视角的中美轮胎特保案经济原因分析》,《金融经济》2010 年第 4 期,第 21—22 页。

宫力:《1972 年以来中美经济贸易关系的发展》,《外交学院学报》2000 年第 1 期,第 25—31 页。

顾曰国:《当代语言学的波形发展主题一:语言、符号与社会》,《当代语言学》2010 年第 3 期,第 193—219 页。

顾曰国:《什么是会话修辞学》,《外语教学与研究》1989 年第 2 期,第 8—16 页。

郭可、毕笑楠:《网络媒体在对外传播中的应用》,《新闻大学》2003 年第 2 期,第 69—71 页。

郭兴平:《现阶段我国所面临的国际贸易摩擦及对策》,《科技情报开发与经济》2005 年第 7 期,第 110—111 页。

贺晓勇:《国际贸易争端与中国对策研究——以 WTO 为视角》,北京:法律出版社,2006 年。

黄国文:《语篇分析概要》,长沙:湖南教育出版社,1988 年。

黄国文:《徐珺:语篇分析与话语分析》,《外语与外语教学》2006 年第 10 期,第 1—6 页。

黄国文:《中国的语篇分析研究——写在中国英汉语篇分析研究会成立之际》,《外语教学》2007 年第 3 期,第 6—9 页。

黄河、高辉:《美国与世界多边贸易体制——从结构性权力视角看美国的双重作用》,《现代国际关系》2007 年第 7 期,第 24—29 页。

黄宏煦:《柯特哈德〈话语分析导论〉述评》,《国外语言学》1982 年第 4 期,第 7—18 页。

黄凌云、朱军凯、李星:《中美“轮胎特保案”对我国轮胎业及宏观经济的影响——基于 GTAP 模型的一般均衡分析》,《技术经济》2010 年第 4 期,第 100—104 页。

黄敏:《“新闻作为话语”——新闻话语分析的一个实例》,《新闻大学》2004 年第 1 期,第 27—34 页。

胡春阳:《话语分析:传播研究的新路径》,上海:上海人民出版社,2007 年。

胡音音:《论中美贸易摩擦的表现、成因及对策》,郑州大学硕士论文,2006 年。

胡壮麟:《语言学教程》,北京:北京大学出版社,2007 年。

贾海基、李春顶:《我国对外贸易摩擦频繁爆发之合理性研究及对策》,《国际贸易问题》2006 年第 7 期,第 9—14 页。

纪文华、姜丽勇:《WTO 争端解决规则与中国的实践》,北京:北京大学出版社,

2006 年。

籍佳婧:《经济危机下的贸易保护政策——以“只买美国货 Buy American”为例》,《中国经贸导刊》2009 年第 15 期,第 41 页。

李春顶:《中美贸易摩擦成因中的心理、制度和政治因素分析》,《财贸研究》2007 年第 3 期,第 50—56 页。

李钢:《话语文本:国家教育政策分析》,北京:社会科学文献出版社,2009 年。

李娟:《“美国对华轮胎特保案”述评——WTO 相关规则为参照系》,《法商研究》2010 年第 1 期,第 3—11 页。

李庆明:《隐喻性动词的形象功能及其翻译》,《中国科技翻译》2003 年第 2 期,第 3—12 页。

李岩:《媒介批评:立场、范畴、命题、方式》,杭州:浙江大学出版社,2005 年。

李毅、李晓峰等:《国际贸易救济措施:反倾销、反补贴、保障措施与特保措施》,北京:对外经济贸易大学出版社,2005 年。

连淑能:《论中西思维方式》,《外语与外语教学》2002 年第 2 期,第 40—48 页。

梁军:《中美贸易摩擦的经济学困惑及其政治经济学解释》,《国际观察》2005 年第 4 期,第 59—65 页。

廖美珍:《法庭问答及其互动研究》,北京:法律出版社,2003 年。

廖秋忠:《现代汉语篇章中空间和时间的参考点》,《中国语文》1983 年第 4 期,第 257—263 页。

刘宁元:《WTO 框架内的中美轮胎特保摩擦评析》,《东方法学》2009 年第 6 期,第 64—68 页。

刘芹:《中美贸易摩擦产生的深层原因》,《国际经贸探索》2001 年第 4 期,第 61—64 页。

刘彤:《中国入世后的对外贸易摩擦分析》,《中共中央党校学报》2007 年第 3 期,第 71—74 页。

刘亚猛:《追求象征的力量:关于西方修辞学思想的思考》,北京:生活 · 读书 · 新知三联书店,2004 年。

刘亚猛:《西方修辞学史》,北京:外语教学与研究出版社,2008 年。

罗淑娟:《从轮胎特保案论述美国当前的新重商主义》,《现代商贸工业》2010 年第 5 期,第 103—104 页。

那宏:《入世后中美贸易摩擦的原因及对策研究》,东北财经大学硕士论文,2006 年。

彭兴华:《中美贸易关系中几大问题的思考》,《世界经济研究》1999 年第 6 期,第 39—42 页。

彭宣维:《语篇主题模式述评》,《外语与外语教学》2003 年第 3 期,第 7—11 页。

戚雨村:《现代语言学特点和发展趋势》,上海:上海外语教育出版社,1997 年。

钱敏汝:《戴伊克的话语宏观结构论》,《国外语言学》1988 年第 3 期,第 128—131 页。

秦法萍:《中国国际贸易摩擦的新特点》,《河南师范大学学报(哲学社会科学版)》

2005 年第 2 期,第 100—101 页。

萨莫瓦约:《互文性研究》,邵炜译,天津:天津人民出版社,2003 年。

邵来安:《中国对外贸易摩擦问题及对策》,《经济问题探索》2005 年第 5 期,第 31—35 页。

施旭:《论辩话语研究——Frans van Eemeren 和 Rob Grootendorst 的理论简介》,《外语教学与研究》1992 年第 3 期,第 45—49 页。

施旭:《话语分析的文化转向:试论建立当代中国话语研究范式的动因、目标和策略》,《浙江大学学报(人文社会科学版)》2008 年第 1 期,第 131—140 页。

施旭:《试论建立当代中国话语研究体系》,《当代中国话语研究》2008 年第 1 期,第 1—11 页。

施旭、冯冰:《当代中国话语的主体分析》,《中国社会语言学》2008 年第 10 期,第 1—14 页。

施旭:《从话语研究的视角看城市发展》,《文化艺术研究》2009 年第 3 期,第 32—43 页。

施旭:《文化话语研究:探索中国的理论、方法与问题》,北京:北京大学出版社,2010 年。

舒兵:《中美贸易摩擦成因及其表现特点——从美国贸易政策角度探析》,苏州大学硕士论文,2005 年。

宋志刚:《中美贸易摩擦的博弈分析框架:以轮胎特保案为例》,《吉林大学社会科学学报》2010 年第 2 期,第 29—36 页。

孙吉胜:《语言、意义与国际政治》,上海:上海人民出版社,2009 年。

谭斌:《教育学话语现象的文化分析——话语/权力视角下的中国教育理论与实践》,北京:首都师范大学出版社,2006 年。

唐青叶:《语篇语言学》,上海:上海大学出版社,2009 年。

田海龙:《病例报告:抗击非典的话语实践》,《中国社会语言学》2004 年第 1 期,第 113—124 页。

田海龙:《旅游研究的语篇视角》,《南京社会科学》2009 年第 8 期,第 124—128 页。

田海龙:《语篇研究:范畴、视角、方法》,上海:上海外语教育出版社,2009 年。

王碧峰:《对外贸易摩擦问题讨论综述》,《经济理论与经济管理》2005 年第 9 期,第 75—79 页。

王福祥:《俄语话语结构分析》,北京:外语教学与研究出版社,1981 年。

王福祥:《汉语话语语言学初探》,北京:商务印书馆,1989 年。

王蕾:《外贸谈判英语语域及其语言特点》,《外语与外语教学》2004 年第 4 期,第 13—15 页。

王淑军:《网络媒体,优势何在——一名实际工作者的视角》,《国际新闻界》2001 年第 3 期,第 54—57 页。

王亚飞:《解析中美贸易摩擦的特有性》,《当代世界》2008 年第 1 期,第 56—58 页。

王有兰:《国外对华反倾销的发展趋势及应对措施》,《江西社会科学》2003 年第 10 期,第 222—223 页。

韦桂华:《轮胎特保案的根源与对策》,《中国中小企业》2009 年第 10 期,第 36—38 页。

吴鹏:《话语与权力评介》,《现代外语》2009 年第 3 期,第 322—324 页。

吴鹏:《现实政治的话语:常态的政治介评》,《现代外语》2010 年第 3 期,第 320—322 页。

吴鹏:《批判话语分析的"社会—认知"取向:以 Bush 伊拉克战争五周年演讲为例》,《电子科技大学学报(社科版)》2010 年第 1 期,第 68—71 页。

吴鹏、邹慧民:《话语与贸易纠纷:试论中外贸易摩擦的话语研究思路》,《学术论坛》2010 年第 9 期,第 168—173 页。

吴鹏、黄澄澄:《话语研究视域下的中美轮胎贸易纠纷》,《北京理工大学学报(社会科学版)》2011 年第 4 期,第 39—45 页。

吴勤堂:《国际贸易摩擦的潜在因素及对策研究》,《宏观经济管理》2004 年第 7 期,第 43—46 页。

吴仁波:《政府应对贸易摩擦的策略研究》,《江苏商论》2006 年第 9 期,第 86—88 页。

夏基松:《现代西方哲学》,上海:上海人民出版社,2009 年。

项蕴华、张迈曾:《下岗女工身份建构的叙事分析》,《吉林大学社会科学报》2005 年第 3 期,第 154—158 页。

谢毅:《国际商务谈判中语言的语用及特点》,《国际商务研究》1999 年第 2 期,第 58—62 页。

熊焰:《中国对外贸易谈判中的"被动"问题研究》,对外经济贸易大学硕士论文,2007 年。

徐珺:《中国的语篇分析研究走向》,《外语教学》2007 年第 3 期,第 10—13 页。

杨超、王锋:《金融危机下美国关税壁垒的抬升:基于中美双边贸易的实证研究》,《国际贸易问题》2010 年第 6 期,第 37—46 页。

杨红强、聂影:《美国对华木质林产品反倾销措施的影响研究:1995—2006 年实证数据》,《农业经济问题》2008 年第 2 期,第 49—53 页。

杨恺钧:《从中美轮胎特保案透析 WTO 框架下特别保障措施》,《学术交流》2010 年第 1 期,第 66—68 页。

杨文慧:《从福柯的"话语权力论"看中美贸易谈判》,《广东外语外贸大学学报》2009 年第 5 期,第 22—25 页。

杨衍佐:《中国对外贸易摩擦的原因、特点及对策分析》,《甘肃社会科学》2009 年第 6 期,第 123—125 页。

杨益:《全球贸易救济的现状、发展及我国面临的形势》,《国际贸易》2007 年第 9 期,第 4—9 页。

于国栋:《"回述"的理论及其运用——医患关系中"回述"现象的会话分析研究》,《山西大学学报(哲学社会科学版)》2008 年第 3 期,第 54—58 页。

袁晖:《二十世纪的汉语修辞学》,太原:学海出版社,2000 年。

张春姝:《美国利益集团与中美贸易摩擦》,安徽大学硕士论文,2007 年。

张婧:《轮胎特保案对我国外贸的影响分析》,《中国商贸》2010 年第 14 期,第 186—187 页。

张迈曾:《庐山真面目——语篇的交互观》,《南开语言学刊》2002 年第 1 期,第 137—143 页。

张若兰:《Parallelism 的结构特征及其语义特点》,《华中科技大学学报(社会科学版)》2003 年第 6 期,第 99—103 页。

张树学:《论辩的语用辩证理论研究与实践》,《外语与外语教学》2007 年第 9 期,第 28—31 页。

张艳茹:《输美轮胎特保案的宏观微观效应分析》,《经济论坛》2009 年第 22 期,第 35—36 页。

张英博:《新重商主义对美国经济负面影响的动态分析》,《新疆石油教育学院学报》2009 年第 6 期,第 185—186 页。

赵海斌、张晓宇:《中美"轮胎特保案"的政治经济分析——写在轮胎特保一周年之际》,《未来与发展》2010 年第 8 期,第 61—65 页。

赵霞、张生祥:《中德跨文化商务谈判行为研究》,《河南社会科学》2005 年第 6 期,第 31—35 页。

郑华:《首脑外交:中美领导人谈判的话语分析 1969—1972》,上海:上海人民出版社,2008 年。

周雪晴:《要重视和解决国际商务中的跨文化沟通问题》,《经济师》2001 年第 9 期,第 83—84 页。

朱妮娜、吕世平:《"轮胎特保案"与新贸易保护壁垒》,《国际商务》2009 年第 10 期,第 45—49 页。

朱旭东:《当代美国教育理论多元化格局形成的文本和话语分析》,《清华大学教育研究》2000 年第 2 期,第 36—43 页。

庄佳:《文化差异对国际商务谈判的影响——从中美文化差异看中美谈判风格的差异》,《对外经济贸易大学学报》2003 年第 4 期,第 85—92 页。

Adler, N.J., Brahm, R.& Graham.J.L. 1992.Strategy Implementation: A Comparison of Face-to-Face Negotiations in the People's Republic of China and the United States.*Strategic Management Journal*, Vol. 13: 449-466.

Augsburger, D. W. 1995. *Conflict Mediation Across Cultures: Pathways and Patterns*. Louisville, KY: Wesminster John Knox Press.

Austin, J.L. 1962.*How to Do Things with Words*. Cambridge: Harvard University Press.

Bates, D.G.& Plog, F. 1990.*Culture Anthropology*.New York: McCraw-Hill, Inc.

Barker, C.& Galasinski, D. 2001.*Cultural Studies and Discourse Analysis: A Dialogue on Language and Identity*.London: Sage Publication.

Bhatia, V.K., Flowerdew, J.& Jones, R.H. 2008. Approaches to Discourse Analysis. In Bhatia, V.K., Flowerdew, J.& Jones, R.H. (eds.), *Advances in Discourse Analysis*. London and New York: Routledge.

Brown, G & Yule, G. 1983. *Discourse Analysis*. Cambridge: Cambridge University Press.

Ceva, E and Andrea Fracasso. 2010. Seeking Mutual Understanding: a discourse-theoretical analysis of the WTO Dispute Settlement System. *World Trade Review*, 9(3): 457–485.

Chang, L. C. 2002. Cross-cultural Differences in Styles of Negotiation between North Americans and Chinese. *Journal of American Academy of Business*, 1(2): 179–188.

Chen, Guo-Ming & Starosta, W.J. 2007. *Foundations of Intercultural Communication*. Shanghai: Shanghai Foreign Language Education Press.

Choi. E.K. 2002. Trade and the Adoption of a Universal Language. *International Review of Economics and Finance*, 11: 265–275.

Chouliaraki, L.& Fairclough, N. 1999. *Discourse in Late Modernity: Rethinking Critical Discourse Analysis*. Edinburgh: Edinburgh University Press.

Duranti, A.& Goodwin, C. 1992. *Rethinking Context: Language as an Interactive Phenomenon*. Cambridge: Cambridge University Press.

Van Eemeren, F.H.& R. Grootendorst. 1992. *Argumentation, Communication and Fallacies-A pragma-dialectic perspective*. London: Routledge.

Van Eemeren, F.H.& Houtlosser, P. 2003. The Development of the Pragma-dialectical Approach to Argumentation. *Argumentation*, 17: 387–403.

Van Eemeren, F. H. & Houtlosser, P. 2006. Strategic Maneuvering: A Synthetic Recapitulation. *Argumentation*, 20: 381–392.

Van Eemeren, F H.& Houtlosser, P. 2009. Seizing the Occasion: Parameters for Analyzing Ways of Strategic Maneuvering. in van Eemeren, F.H., &Garssen, B. (eds.) *Pondering on Problems of Argumentation: Twenty Essays on Theoretical issues*. Springer, 3–14.

Van Eemeren, F. H. 2010. *Strategic Maneuvering in Argumentative Discourse*. Amsterdam/Philadelphia: John Benjamins Publishing Company.

Fairclough, N. 1992. *Discourse and Social Change*. Cambridge: Polity Press.

Fairclough, N.& Wodak, R. 1997. Critical Discourse Analysis. in van Dijk (eds.), *Discourse Studies: A Multidisciplinary Introduction*. Volume 2. London: Sage, 258–284.

Fisher, G. 1983. International Negotiation: Cross-cultural Perception. *The Humanist*, 43(11): 14–18.

Foucault, M. 1972. *The Archeology of Knowledge and the Discourse on Language*. New York: Pantheon Books.

Foucault, M. 1980. *Power/Knowledge: Selected Interviews and Other Writings*. New York: Pantheon Books.

Garfinkel, H. 1967. *Studies in Ethnomethodology*. Englewood Cliffs, NJ: prentice-Hall, Inc.

Gee, J. P. 2005. *An Introduction to Discourse Analysis: Theory and Method* (2nd *edition*). London and New York: Routledge.

Goby, V. P. 1999. Teaching Business Communication in Singapore: An Issue of Language. *Journal of Business and Technical Communication*. 13(4): 449-456.

Goffman, E. 1959. *The Presentation of Self in Everyday Life*. Garden City, New York: Doubleday.

Goffman, E. 1974. *Frame Analysis: An Essay on the Organization of Experience*. New York: Harper & Row.

Graham, J.L., Minlu, A.T. & Rogers, W. 1994. Explorations of Negotiation Behaviors in Ten Foreign Cultures Using A Model Developed in TheUnited States. *Management Science*, 40(1): 72-95.

Gulbro, R. D. & Herbig, P. 1999. Cultural Differences Encountered by Firms When Negotiating Internationally. *Industrial Management&Data Systems*, 99(2): 47-56.

Gumperz, J. 1982. *Discourse Strategies*. Cambridge: Cambridge University Press.

Hall, E. 1976. *Beyond Culture. Garden City*. New York: Anchor Press/Double Day.

Halliday, M.A.K. 1973. *Explorations in the Functions of Language*. London: Edward Arnold.

Halliday, M.A.K. & Hasan, R. 1976. *Cohesion in English*. London: Longman.

Harris, Z.S. 1952. Discourse Analysis. *Language*, 28(1): 1-30.

Harvey, D. 1996. *Justice, Nature and the Geography of Difference*. London: Blackwell.

Hilton, C.B. 1992. Japanese International Business Communication: The Place of English. *The Journal of Business Communication*, 29(3): 253-266.

Hofstede, G.. 1980. *Culture's Consequences: International Difference in Work-related Values*. Beverly Hill, CA: Sage Publications.

Hofstede, G. & Bond, M. H. 1988. The Confucius Connection: From Cultural Roots to Economic Growth. *Organization Dynamics*, 16(4): 4-21.

Hutchinson, W.K. 2002. Does Ease of Communication Increase Trade? Commonality of Language and Bilateral Trade. *Scottish Journal of Political Economy*, 49(5): 544-556.

Hymes, D. 1972. Models of the Interaction of Language and Social Life. In Gumperz, J.J. and Hymes, D. (eds.), *Directions in Sociolinguistics: The Ethnography of Communication*. New York: Holt, Rinehart and Winston, 35-71.

Hymes, D. 1977. *Foundations in Sociolinguistics: An Ethnographic Approach*. London: Tavistock.

Janosik, R.J. 1987. Rethinking the Culture-negotiation Link. *Negotiation Journal*, 3: 385-395.

Johnstone, B. 2008. *Discourse Analysis* (2nd *edition*). Malden: Blackwell.

Kress, G. 1985. *Linguistic Processes in Sociocultural Practice*. Geelong/Australia: Deakin University Press.

Levy, M.E. 2002. *The Construction of Free Trade as Discourse by the World Trade Organiza-*

tion: *A Critical Discourse Analysis*. Washington, D.C.: Howard University Ph.D Disseration.

Liu, Yameng. 1999. Justifying My Position in Your Terms: Cross-cultural Argumentation in a Globalized World. *Argumentation*, 13(3): 297-315.

Lohmann, J. 2011. Do Language Barriers Affect Trade. *Economics Letters*. 110: 159-162.

Malinowski, B. 1923. The Problem of Meaning in Primitive Languages. In C.K. Ogden &I.A. Richards (eds.). *The Meaning of Meaning*. London: Routledge & Kegan Paul.

Martin, J. 1992. *English Text*. Philadelphia & Amsterdam: John Benjamins.

Martin, D. 1995. The Choice of Identity. *Social Indentities*, 1(1): 5-21.

McCarthy, M. & Carter, R. 1994. *Language as Discourse*. London: Longman Group Limited.

McQuail, D. 2000. *Mass Communication Theory* (4th *edition*). London: Sage Publication.

Melitz, J. 2008. Language and Foreign Trade. *European Economic Review*, 52: 667-699.

Mintu-Wimsatt, A. & Calanlone, R.J. 1995. Intra and Inter-cultural Negotiations: A Chinese Buyer's Perspective. *Journal of Marketing-Theory and Practice*, Summer: 88-98.

Mintu-Wimsatt, A. & Gassenheimer, J.B. 2000. The Moderating Effects of Cultural Context in Buyer-seller Negotiation. *The Journal of Personal Selling & Sales Management*, 20(1): 1-9.

Osman-Gani, A.M. &Tan, J.S. 2002. Influence of Culture on Negotiation Styles of Asian Manager: An Empirical Study of Major Cultural/ethic Group inSingapore. *Thunderbird International Business Review*, 44(6): 819-840.

Perelman, C. 1982. *The Realm of Rhetoric*. Notre Dame: University of Notre Dame Press.

Sacks, H., Schegloff, E. A. & Jefferson, G. A. 1974. A Simplest Systematics for the Organization of Turntaking for Conversation. *Language*, 50: 696-735.

Schiffrin, D. 1994. *Approaches to Discourse*. Oxford: Blackwell.

Schiffrin, D., Tannen, D., and Hamilton E.H. 2001. *The handbook of Discourse Analysis*. Cornwall: Blackwell.

Scott, J.C. 1995. The Rising Tide of Estuary English: The Changing Nature of Oral English Business Communication. *Business Communication Quarterly*, 58(2): 40-45.

Shi-xu. 2005. *A Cultural Approach to Discourse*. New York: Palgrave Macmillan.

Shi-xu. 2009. Reconstructing Eastern Paradigms of Discourse Studies. *Journal of Multicultural Discourses*, 1: 29-48.

Stubbs, M. 1983. *Discourse Analysis: The Sociolinguistic Analysis of Natural Language*. Oxford: Basil Balckwell.

Stubbs, M. 1983. *Discourse Analysis*. Chicago: University of Chicago Pess.

Tannen, D. 1989. *Talking Voices: Repetition, Dialogue and Imagery in Conversational Discourse*. Cambridge: Cambridge University Press.

Titscher, S., Meyer, M. & Wodak, R. 2000. *Methods of Text and Discourse Analysis*. LA/London/New Delhi/Singapore: Sage.

van Dijk. T.A. 1972. *Some Aspects of Text Grammars. A Study in Theoretical Linguistics*. New

York: Routledge.

van Dijk, T. A. 1993. Principles of Critical Discourse Analysis. *Discourse & Society*, 4(2): 249-283.

van Dijk. T. A. 1997. The Study of Discourse. In van Dijk. T. A. (eds.) *Discourse as Structure and Process* (*volume* 1). London/New Delhi/Singapore: Sage. 1-34.

van Dijk, T. A. 1997. *Discourse Studies: A Multidisciplinary Introduction. Vols* 1 & 2. London: Sage Publications.

van Dijk. T. A. 2007. The Study of Discourse: An Introduction. In van Dijk. T. A. (eds.). *Discourse Studies* (*volume I*). LA/London/New Delhi/Singapore: Sage, xix-xlii.

van Dijk, T. A. 2008. *Discourse and Power*. Houndmills, England/New York: Palgrave Macmillan.

Volkema, R. J. & Fleury, M. T. L. 2002. Alternative Negotiating Conditions and The Choice of Negotiation Tactics: A Cross-cultural Comparison. *Journal of Business Ethics*, 36(4): 381-399.

Widdowson, H. G. 2004. *Text, Context, Pretext: Critical Issues in Discourse Analysis*. Malden: Blackwell Publishing.

Widdowson, H. G. 2007. *Discourse Analysis*. Oxford: Oxford University Press.

Wilkinson, R. 2009. Language, Power and Multilateral Trade Negotiations. *Review of International Political Economy*, 16(4): 597-619.

Wodak, R. 1996. *Disorders of Discourse*. London and NewYork: Longman.

Wodak, R. 2001. What CDA is about: A Summary of Its History, Important Concepts and Its Developments. In Wodak, R. &Meyer, M. (eds.). *Methods of Critical Discourse Analysis*. London: Sage, 1-13.

Wu-peng. 2009. Discourse and Power. *Discourse &Communication*, 3: 222-225.

Wu-peng. 2010. What We Remember: the Construction of Memory in Military Discourse. *Discourse & Society*, 2: 237-239.

附录一　主要语料来源网站

1.中华人民共和国中央人民政府网:https:// www.gov.cn

2.中国商务部网站:https:// www.mofcom.gov.cn

3.中国外交部网站:http://www.fmprc.gov.cn/chn/gxh/tyb/

4.中国政府新闻网:http://gov.people.com.cn/

5.美国白宫网站:http://www.whitehouse.gov/

6.美国 USTR 网站:http://www.whitehouse.gov/

7.美国 ITC 网站:http://www.usitc.gov/

8.美国 USW 网站(轮胎特保案专题网页):http://www.usw.org/our_union/our_issues/trade/page? type=trade_cases&id=0005

9.中国橡胶工业协会网站:http://www.cria.org.cn/criawebsite/default.aspx

10.中国五矿化工进出口商会网站:http://www.cccmc.org.cn/

11.美国轮胎产业协会网站:http://www.tireindustry.org/

12.《中国日报》英文网页:http://www.chinadaily.com.cn/

13.《人民日报》英文网页:http://english.peopledaily.com.cn/

14.《洛杉矶时报》(The Los Angeles Times):http:// www.latimes.com

15.《纽约时报》(The New York Times):http:// www.nytimes.com

16.《华盛顿邮报》(Washington Post):http:// www.washingtonpost.com

17.《华尔街日报》(The Wall Street Journal):http:// www.wsj.com

18.《纽约每日新闻》(The New York Daily News):http:// www.nydailynews.com

19.《芝加哥论坛报》(Chicago Daily Tribune):http:// www.chicago-tribune.com

20.《今日美国》(USA Today):http:// www.usatoday.com

21.《纽约邮报》(New York Post):http:// www.nypost.com

附录二　中美轮胎特保案中各方主要话语行为的总体布局

话语时间	话语主体 1（说话人）	话语主体 2（听话人）	话语媒介	话语主题
4 月 20 日	USW	ITC	公告	从中国进口的消费轮胎从 2004 年到 2008 年四年间数量增加了 215%，金额上涨 295%，同一时期美国国内消费轮胎的产量下降超过 25%，市场份额由 63%下降至低于 50%，4400 个美国轮胎产业工人下岗，2009 年还有两个轮胎工厂将被关闭，另有 2400 名工人将因此失业；依据美国贸易法第 421 条款，向 ITC 提出对中国输美消费轮胎的特殊保障措施案申请。
4 月 21 日—4 月 23 日	美国国会议员 John Tanner、Tim Ryan	ITC	公开信	从中国进口的消费轮胎从 2004 年到 2008 年四年间数量增加了 215%，金额上涨 295%，同一时期美国国内消费轮胎的产量下降超过 25%，市场份额由 63%下降至低于 50%；支持 USW 利用美国贸易救济法抵制中国产品进口商品激增带来的恶劣经济后果。
4 月 27 日	中国商务部副部长钟山	美国驻华使馆临时代办彭达	会晤	即使美国通过贸易救济措施将中国产品排除在美市场之外，美国国内产业亦未必能摆脱困境；两国产业界应加强磋商，不能动辄使用贸易救济措施；希望美方从中美经贸关系大局出发，妥善处理贸易摩擦，抵制贸易保护主义。

续表

话语时间	话语主体1（说话人）	话语主体2（听话人）	话语媒介	话语主题
4月29日	ITC		公告	接受USW4月20日提出的特保申请,启动对中国轮胎产品的特保调查。
4月30日	中国商务部		公告	USW特保申请书在国内产业代表性、证据的准确性和充分性等方面存在诸多问题;美国行政当局在这种情况下仍启动特保调查,是对中国产品的歧视性做法,是对特保措施的滥用。
5月28日—6月2日	美国国会议员Bart Gordon、Larry Kissell、Arthur Davis、Bill Shuster、Richard Burr、Lindsey O.Graha	ITC	公开信	中国轮胎进口数量的激增极有可能冲击到其所代表的田纳西州、加利福尼亚州、阿拉巴马州、宾夕法尼亚州等地区的轮胎制造业,产业工人的失业率会因此上扬,企业和工人都需要政府严格执行贸易法规。
6月2日	USW、美国国会Arlen Spencer、Louise M. Slaughter等7位参议员和众议员、Eric Land、James Fetzer等8位美国法学和经济学专家		ITC听证会	2004—2008年,进口自中国的消费轮胎数量上涨215%,总额上涨接近300%;这种快速上涨是持续性的、近期的,自2004年以来每年都以两位数的百分比上涨,2006年以来进口量上涨超过70%;同一时期2004—2008年美国国内轮胎产能利用率下降13%,轮胎产量下降25%,市场份额下降13.7%,生产时间和薪金水平都在下降,4家工厂被关闭,4000多人因此失业,2009年还将有3000人失业;美国轮胎业并没有放弃低端轮胎市场,19%的产量仍然面向低端市场,中国输美轮胎并非都是针对低端市场,而是与美国轮胎争夺所有细分市场份额;特保措施将给美国轮胎制造商增加至少1.26亿至2.16亿美元的收入和3000个就业岗位。

续表

话语时间	话语主体 1（说话人）	话语主体 2（听话人）	话语媒介	话语主题
6 月 2 日	美国轮胎产业协会（US Tire Industry Association）、美国轮胎自由贸易联盟（American Coalition for Free Trade in Tires）、Les Schwab Warehouse 等三家美国轮胎厂商、中国山东永泰化工集团		ITC 听证会	中国输美轮胎的数量上涨是逐渐的，仅是 2006—2007 年之间发生了大规模增长，而这是美国轮胎生产企业退出低端轮胎市场导致的，2007—2008 年中国输美轮胎的增长量仅有 11%，2009 年第一季度比 2008 年同一时期进口量还下降 14.7%。因此并不存在快速上涨；美国轮胎产业并没有遭受实质性损害，而是在经历一场积极的产业结构调整，即将产能集中于利润更高的中高端轮胎市场。中国出口至美国的轮胎主要是低端替换用轮胎，与美国轮胎产业的市场定位不同，不形成直接竞争关系；限制和排斥中国产品无法解决美国轮胎产业面临的问题，只会迫使企业从其他国家选择类似产品，这不仅无利于美国制造业，还会给美国消费者和汽车轮胎零售商的发展带来不利影响。
6 月 4 日	美国俄亥俄州州长 Ted Strickland	ITC	公开信、大众媒体	中国输美轮胎数量的激增对国内轮胎产业的健康发展带来直接的影响。Denman 轮胎公司和 Cooper 轮胎橡胶公司在俄亥俄州分别雇佣了 260 名和 1100 名工人，他们的工作机会岌岌可危。
6 月 17 日	美国轮胎产业协会		公告	轮胎产业协会痛心美国制造业工人就业率的下降，但这并非一朝一夕的事情，且有多贸易政策方面的原因，USW 提出限制中国轮胎进入美国市场的做法并不能保障制造业工人的就业机会，还会对消费者造成巨大损失。
6 月 18 日	ITC		公告	对中国乘用车及轻卡车轮胎特保案作出肯定性损害裁决，认定中国轮胎产品进口的大量增加或威胁造成了美国内相关产业的市场扰乱。

续表

话语时间	话语主体 1（说话人）	话语主体 2（听话人）	话语媒介	话语主题
6月18日	Kristen Gillibrand、Arlen Specter 等六位美国国会议员		公告	支持 ITC 的肯定性裁决，ITC 和奥巴马总统应采取果断措施保护美国工人的利益
6月19日	中国商务部		公告	美国国际贸易委员会对中国乘用车及轻卡车轮胎特保案作出肯定性损害裁决，中国政府对此深表遗憾；中方已多次表达对外国政府援引特保条款对中国产品进行调查的反对立场；中国生产的轮胎与美国同类产品不存在直接竞争关系，美国国际贸易委员会的裁决既没有事实依据，也没有法律依据；美国钢铁工人联合会仅获得了不足半数轮胎工人的支持，美国轮胎生产企业不支持特保，轮胎产业协会和智库凯托研究所均反对特保，这说明该案没有满足采取特保措施的法定条件；希望美行政当局在后续调查中作出不采取特保措施的决定。中国政府将帮助业界积极交涉和磋商。
6月24日	美国密歇根州参议员 Debbie Stabenow	ITC	公开信	中国加入 WTO 以后一直违背自己的承诺，2004 年以来美国本土已有 4 家轮胎厂倒闭、5100 名工人失业；支持 ITC 作出的肯定性裁决。
6月29日	ITC		公告	中国轮胎产品进口的大量增加或所以条件，造成或威胁造成了美国内相关产业的市场扰乱；建议美国政府对进口自中国的乘用车、轻型货车用轮胎征收 3 年特别关税，第 1 年至第 3 年额外征收的关税分别为 55%、45%、35%。

续表

话语时间	话语主体 1（说话人）	话语主体 2（听话人）	话语媒介	话语主题
7 月（日期不详）	ITC		调查报告	2004—2008 年间进口自中国的消费轮胎数量上增长了 215. 5%，金额上涨了 294. 5%，其中，2006—2007 年间数量上涨了 53. 7%，金额上涨了 60. 2%，2007—2008 年间数量上涨了 10. 8%，金额上涨了 19. 8%。无论是从绝对数量、相对数量，还是年度上涨率上看，进口自中国的轮胎都存在迅速增长的现象；同一时期，美国轮胎产业的年产量下降 26. 6%；出货量下降 29. 7%；雇佣工人数量下降 14. 2%；工作时数下降 17%；工资下降 12. 5%；净销售量下降 28. 1%；毛利下降 33. 3%；运行收入下降 218%；美国乘用车和轻型卡车用轮胎在物理属性、用户群、制造过程、用途和市场渠道等方面都与中国输美轮胎完全相同；中国轮胎在 2004—2008 年间市场份额上升了 12%，而美国轮胎产业的市场份额则下跌 13. 7%；中国轮胎 2006—2007 年间进口量增幅最大，随后不久美国轮胎业就开始急剧衰退。 在美国布里斯通轮胎、大陆轮胎和固特异轮胎 2006—2008 年间关闭部分工厂之前，进口自中国的轮胎数量便开始激增，因此中国轮胎并非仅是填补美国市场空缺，上述三家公司在关闭工厂时曾明确表示该决定是受到来自包括中国轮胎在内的亚洲低价轮胎的影响。中国输美轮胎并非都是针对低端市场，而是与美国轮胎争夺所有细分市场份额。中国之外的其他轮胎出口国过去五年的表现显示它们不太可能会突然地向美国大量出口轮胎。美国对于它们中的绝大多数而言并非主要输出国，且进口数量也一直在减少。目前看来这些国家并没有尚未利用的轮胎产能来增加对美出口。因此对中国轮胎实施并不会导致第三国家轮胎进口量的激增。

续表

话语时间	话语主体 1（说话人）	话语主体 2（听话人）	话语媒介	话语主题
7 月 3 日	中国商务部		公告	中国生产的轮胎与美国国内同类产品不存在直接竞争关系,中国产品的进口并未给美国国内产业造成损害,限制中国产品的进口无法解决美国内产业面临的问题。ITC 提出的高额关税措施建议,缺乏合理性和客观依据,不仅将严重阻碍中美轮胎贸易的正常开展,而且也将损害美国内轮胎消费者的利益。商务部将一如既往地帮助国内产业积极交涉和抗辩,努力为企业创造公平稳定的经营环境。
7 月 10 日	美国轮胎产业协会（US Tire Industry Association）	美国总统奥巴马、美国贸易代表 Ron Kirk	公开信	ITC 所建议的救济措施对于保护美国制造业工人就业机会毫无意义,反而会损害美国消费者和轮胎贸易商的利益;如果美国政府采取限制措施,不但达不到救济美产业的目的,反而会引起市场扰乱。
7 月 14 日	中国商务部		公告	对中国轮胎产品采取限制措施缺乏法律和事实依据,不但无助于美轮胎产业发展,反而会对美国内轮胎进口商、分销商、和广大消费者的利益造成损害。
7 月 16 日	Evan Bayh、Sherrod Brown 等十位美国国会议员	美国总统奥巴马	公开信	从中国进口的消费轮胎从 2004 年到 2008 年进口数量增加了 215%,金额上涨 295%,造成美国轮胎制造业大量裁员,这期间超过 5100 名工人因此被辞退,四个工厂被关闭。给美国家庭和社会造成了巨大的损害。ITC 经过调查对 USW 的特保申请作出了肯定性裁决并提出了救济措施建议。我们坚信采纳 ITC 的建议将能给美国轮胎企业提供喘息的机会,且不会给消费者带来巨大损失。

续表

话语时间	话语主体 1（说话人）	话语主体 2（听话人）	话语媒介	话语主题
7 月 23 日	中国橡胶工业协会	中国国务院总理温家宝	公开信	美国国内生产的轮胎主要为美国汽车制造商配套，而中国的出口轮胎主要在美国的低端零售市场销售，彼此并不构成直接竞争；美国轮胎行业的萧条由来已久，这是因为其产业正处于结构调整时期，金融风暴加剧了行业的重组，因此中国轮胎出口美国不是造成美工人失业的直接原因，对美国轮胎生产不存在实质损害。如果强行削减从中国的进口，只会迫使美国经销商从其他国家选择类似产品，这不仅无助于保住美国轮胎业的就业岗位，还会损害美国经销商和消费者的利益；政府的态度及协商力度对于此次特保调查将具有决定性的作用，应发挥政府作用，寻求多种沟通渠道。
7 月 24 日	美国汽车工人联盟（United Auto Workers）	USTR	公开信	美国前任总统布什多次拒绝 ITC 的特保措施建议，新任总统奥巴马应该抓住此次机会显示其捍卫 421 条款和重振美国工人士气的决心，履行其竞选诺言。

续表

话语时间	话语主体1（说话人）	话语主体2（听话人）	话语媒介	话语主题
7月27日	中国橡胶工业协会、橡胶工业协会轮胎分会、五矿化工产品进出口商会、五矿化工产品进出口商会轮胎分会、中国轮胎企业	美国总统奥巴马	公开信	ITC的裁决与建议缺乏事实和客观依据:提出该案申请的美国钢铁工人联合会仅获得不足半数轮胎工人的支持,美国的轮胎生产企业、美国轮胎工业协会、凯托研究所都不支持特保措施;美国国内生产的产品主要向汽车制造商市场(OEM)销售,用于新车配套,而中国的涉案产品主要在美国的低端替换胎市场销售,因此进口的中国轮胎与美国产品不存在直接竞争关系;2007—2008年期间,进口自中国的涉案轮胎,占美国实际消费量比例同期仅上升2.7%,因此美国进口的中国涉案产品没有快速增长;美国国际贸易委员会从已收到的自己发出的问卷有4家美国大生产商回答“不是”,另4家表示“无法回答”这说明中国涉案轮胎对美国轮胎生产、消费并不存在实质损害。经营中国轮胎的进口经销商有200家左右,零售商有43100多个,多达10万人从事轮胎进口和销售。限制进口中国轮胎不仅无助于保住美国制造业的就业岗位,还会损害美国经销商和消费者的利益。
7月27日	美国汽车贸易政策理事会（American Automotive Trade Policy Council）	USTR	公告	汽车原配胎为定制产品,必须根据不同车型满足特定的技术标准,若美国限制进口中国产原配轮胎,美汽车制造商将耗费大量资源重新寻找轮胎替代来源,这将涉及大量机械装备的投资,每种车型约需花费100万美元,并需要18—30个月才能完成。

续表

话语时间	话语主体 1（说话人）	话语主体 2（听话人）	话语媒介	话语主题
7月27日	Stewart & Stewartf 法律事务所（代表 USW）	USTR	公告	请求 USTR 就中美轮胎特保摩擦召开听证会并允许 USW 及其相关证人出席听证会，并首先进行陈词论辩。根据 ITC 的调查报告，中国轮胎产品进口的大量增加或所以条件，造成或威胁造成了美国内相关产业的市场扰乱；2004—2008 年之间，超过 5100 个轮胎产业工人失业，2009 年年底还将有另外 3000 位工人因此失业；进口自中国的轮胎每年都以两位数百分比的速度递增，四年间在绝对数量上上涨 215%，金额上涨 295%，相对产量和相对消费量分别增长 328% 和 255%，增长速度每年都是所有中国输美商品增长速度的 3—6 倍；同一时期，美国轮胎产业的年产量下降 26. 6%；出货量下降 29. 7%；雇佣工人数量下降 14. 2%；工作时数下降 17%；工资下降 12. 5%；净销售量下降 28. 1%；毛利下降 33. 3%；运行收入下降 218%，大量产能被闲置，美国轮胎产业很难赢利，大量工人失业或即将失业，这些都是由中国轮胎大量进口造成的。在美国轮胎产业损失的整体市场份额和替换用轮胎市场份额中，中国轮胎的进口增长数量分别占据了 87. 6%和 100%。这说明，中国轮胎进口数量的激增使美国轮胎产业遭受了实质性损害；限制中国轮胎进口之后，美国本土和其他国家的轮胎将会填补中国输美轮胎减少的部分，经销商 的利益不会发生变化。虽然特保措施可能会给美国消费者带来总数 45900000—53400000 美元的损失，每个消费者仅损失 2. 14—2. 54 美元。但是这些损失完全能够被轮胎产业因此得到的直接受益以及供应商和社区因此得到的间接受益所抵消。特保措施执行第一年便可收益大约 1 亿美元，间接受益更多。

续表

话语时间	话语主体 1（说话人）	话语主体 2（听话人）	话语媒介	话语主题
7 月 27 日	美国电讯工人联合会（Communications Workers of America）	美国总统奥巴马	公开信	ITC 对中国输美轮胎的惩罚性建议可以使国内受损的轮胎企业恢复赢利，保障美国的就业率和生产能力。
7 月 27 日	美国零售业领导者协会（Retail Industry Leaders Association）	美国贸易代表 Ron Kirk	公开信	对中国输美轮胎采取限制措施不符合美国公共利益，保护单一产业或其工人的利益将会在困难时期给美国公共安全和消费者带来损害。且在经济困难时期，大量消费者为节省支出而放弃或推迟更换汽车轮胎，这将严重威胁消费者的人身安全。
8 月 5 日	中国橡胶工业协会、中国五矿商会和 7 家国内轮胎企业		新闻发布会（美国召开）	中方各项证据都说明中国轮胎出口没有影响美国本土轮胎销售。
8 月 7 日	USW、多位美国国会议员		USTR 听证会	ITC 的调查充分显示，中国出口至美国的乘用车、轻型货车用轮胎增长的数量或所依条件对生产同类产品或直接竞争产品的美国轮胎制造业造成了或威胁造成了市场扰乱；进口自中国的轮胎在高中低档轮胎市场都与美国轮胎形成直接竞争，美国轮胎企业 19%的产量瞄准的是低端轮胎市场，总量达 25000000 条。实施特保措施后，美国轮胎产业将有 5000000—9000000 条轮胎产能被恢复，能够产生 1200—1800 个就业机会，增加 126000000—216000000 美元的利润，上游产业将增收 364000000—727000000 美元，社区将获得 6000000—85000000 美元的总收入。由于美国轮胎业产能的恢复和第三国轮胎输入量的增加，限制中国轮胎并不会导致轮胎供应量大幅减少，以此供应商和零售商的利益不会因此受损。美国消费者可能会因为限制中国轮胎进口而总计损失 45900000—53400000 美元，这仅占 2008 年美国 GDP 的 0.003%，每只轮胎仅平均涨价 3.5 美元，这对消费者的影响是微不足道的。

续表

话语时间	话语主体 1（说话人）	话语主体 2（听话人）	话语媒介	话语主题
8 月 7 日	中国橡胶工业协会、中国五矿商会中国七家轮胎制造商		USTR 听证会	中国输美轮胎的细分市场集中在低端、低价的非品牌更替轮胎，这与美国本土轮胎制造商瞄准的高端品牌轮胎有明显区别；中国输美轮胎销量未出现连续快速增长。在 2007—2008 年间，中国输美轮胎总金额占美国消费的比例仅增长 2.7 个百分点。2009 年前五个月对美出口额下降超过 15%；美国汽车和轮胎相关行业协会及企业，集体反对采取特保措施，因为这将提高美国厂商的轮胎购进价格，最终损害美国消费者利益；中国轮胎生产企业仍以满足中国国内市场需求为主，美国并不是主要销售地；美国轮胎工厂关闭的原因并不是中国输美轮胎增加，而是美国轮胎制造商采取产品升级战略，放弃了利润较少的低端轮胎市场，而中国轮胎大多是低端产品，并不构成对美国轮胎的威胁。针对中国轮胎实行 55%的高关税，实质就是将中国轮胎产品拒之门外，对中国相关产业造成打击，也不利于美国消费者的利益。

续表

话语时间	话语主体1（说话人）	话语主体2（听话人）	话语媒介	话语主题
8月（具体日期不详，但从内容上看在USTR听证会之后）	USW		公告	大部分中国轮胎企业仍是国家或集体所有制企业，2006—2008年间这些企业的出口量占中国轮胎总出口量的23%，美国政府发现中国国有轮胎企业以低于生产成本的价格在美国市场销售，且中国政府出台了多项行业政策支持轮胎企业的扩张。美国沃尔玛超市目前正在广告销售Michelin公司生产的50美元的低端轮胎，TIRE-Eeasy网上正在广告美国本土Goodrich生产的43.3美元的轮胎、Dunlop生产的58美元的轮胎，以及Goodyear生产的61.7美元的轮胎，这都说明美国轮胎产业并未ifangqi低端轮胎市场，中国轮胎不仅在低端轮胎市场与美国轮胎竞争，同时与美国轮胎竞争OEM轮胎市场；美国消费者可能会因为限制中国轮胎进口而总计损失45900000—53400000美元，这仅占2008年美国GDP的0.003%，每只轮胎仅平均涨价3.5美元，但这却可能给整个国家的福利带来7300000美元的利益。对中国轮胎实施特保措施后，美国本土轮胎产业完全有能力生产同等规格的轮胎，同时其他国家进口的轮胎也可以补充市场空缺，因此对经销商和零售商而言没有任何影响；中国之外的其他轮胎出口国在过去五年的表现显示它们不太可能会突然地向美国大量出口轮胎。美国对于它们中的绝大多数而言并非主要输出国，且进口数量也一直在减少。目前看来这些国家并没有尚未利用的轮胎产能来增加对美出口。因此对中国轮胎实施并不会导致第三国家轮胎进口量的激增。实施特保将能使美国轮胎产业的产量、输出量、销售额等多方面得以提升，将其从目前的亏损状态拉回至适度赢利状态。

续表

话语时间	话语主体1（说话人）	话语主体2（听话人）	话语媒介	话语主题
8月15日	中国国际商会、中国国际贸易促进委员会	美国贸易代表Ron Kirk、美国商会会长兼首席执行官Thomas J. Donohue	公开信	ITC的肯定性裁定是缺乏根据的。中国橡胶工业协会已就此向美国国际贸易委员会做了详细的陈述。中国国际商会和贸促会完全支持其观点。中国产品主要供应美国低端和二手车轮胎市场，美国生产商的产品主要供应高端市场。在目标市场不一致的前提下，美国国际贸易委员会不应以中国轮胎的市场份额大小来认定中国产品对美国市场造成扰乱；限制中国产品不会从根本上解决美国轮胎市场问题，还将损害中美两国商界的共同利益。
8月17日—18日	中国商务部副部长钟山	美国白宫安全委员会、财政部、贸易代表办公室	会晤	中国政府、业界和民众高度关注此案，因为特保措施具有歧视性，对中方不公平；特保条款中关于贸易转移的规定，会产生传导效应，如美方采取措施，会引发其他国家也采取措施，对中方利益造成危害；在当前国际社会共同应对金融危机的形势下，美方采取特保措施会向世界发出贸易保护主义的错误信号，也会严重影响中美经贸关系的稳定发展。
8月21日	美国贸易紧急委员会（Emergency Committee for American Trade）	美国总统奥巴马	公开信	对中国轮胎产品征收高额关税对美国经济的许多方面都将产生破坏性影响，同时将对其他面临对美出口遭受限制压力的许多国家发出非常负面的信号。
8月24日	美国固铂轮胎集团（Cooper Tire and Rubber）		公告	ITC提出的对中国轮胎采取特保措施是不适当、不能接受的，此项措施将不仅带来严重的负面影响，而且可能无法解决ITC想要解决的问题。

续表

话语时间	话语主体 1（说话人）	话语主体 2（听话人）	话语媒介	话语主题
8月25日	美中贸易全国委员会（The US-China Business Council）	奥巴马	公开信	过去美国当局对中国低端轮胎征税并没有使美国的就业状况有所改善,却对美国消费者的经济状况有很大的负面影响;对中国低端轮胎征税的确限制了其进口的数量,但是其他国家的低端轮胎进口数量同时迅速增加,且进口总数量比征税之前还要高。
8月31日	USW	美国国会	公开信	进口自中国的轮胎数量在过去四年从14000000条猛增至48000000条,同一时期美国一些轮胎企业被迫关闭,5000多名工人因此失业,2009年还将有3000名被迫失业,35000名退休工人的医疗护理也危在旦夕。过去的几周里,中国轮胎产业和美国进口商为了自己的利益不断制造谎言,混淆视听,而美国轮胎产业因为畏惧中国政府的报复措施也不敢发言。ITC的调查数据显示,中国轮胎在各个市场层面都与美国轮胎形成直接竞争,美国轮胎有足够的产能补充中国轮胎占据的市场,零售商将能一如既往地为消费者提供价廉物美的轮胎。
9月4日	美国国会议员 Jason Altmire	美国总统奥巴马	公开信	从中国进口的消费轮胎从2004年到2008年进口数量增加了215%,金额上涨295%,造成美国轮胎制造业大量裁员。奥巴马的态度直接决定了新政府在执行贸易政策时的立场,且在当前的经济形势,奥巴马的决定至关重要。
9月10日	美国国会钢铁联线（the Congressional Steel Caucus）	美国总统奥巴马	公开信	ITC的裁决与建议是合适合理的,之前政府拒绝执行ITC的建议给美国钢铁制造业带来了巨大的损失。此次案件是新政府执行和捍卫421条款的良机。
9月11日	美国政府		公告	在未来三年内分别对中国输美轮胎征收35%、30%和25%的从价特别关税,美方将在措施实施6个月后就其对中美双方经济和就业的影响进行评估。

续表

话语时间	话语主体 1（说话人）	话语主体 2（听话人）	话语媒介	话语主题
9 月 11 日	USW		公告	之前政府长期的不作为和不良贸易政策给美国工人带了巨大灾难，奥巴马此举显示他将坚定不移地执行贸易法规，站在美国工人这一边。奥巴马试图传达这样一个信息，即中国必须像我们一样遵守规则。
9 月 12 日	中国商务部		公告	美方此举不但违反世贸组织规则，也违背了美国政府在 G20 金融峰会上的有关承诺，是对贸易救济措施的滥用，在当前世界经济处于危机背景下开了极坏的先例，中方对美国政府的做法表示强烈不满和坚决反对；中方将保留作出进一步反应的一切权利，坚决维护中国企业的正当利益。
9 月 12 日	中国橡胶工业协会、中国五矿化工产品进出口商会、中国橡胶工业协会轮胎分会、中国五矿化工产品进出口商会轮胎分会、中国全体涉案轮胎企业	美国总统奥巴马	公开信	中国输美轮胎产品 2008 年比上年仅增加 2.2%，2009 年上半年比去年同期还下降 16%，根本不存在大量增加；美国因轮胎产业调整五年前就关闭部分工厂，造成部分工人失业，后来进入美国市场的中国轮胎根本不造成美国轮胎工人失业；美国政府作出中国输美轮胎存在市场扰乱的裁决和建议，既不符合事实，又缺乏客观依据，既无助于解决美国轮胎产业面临的问题，又损害了代表美国轮胎产业生产、批发、零售、售后服务、翻新、回收等企业和广大消费者的利益，更伤害了中、美两国友好正常的贸易关系。30 多个机构跨国公司都明确表示反对特保措施的立场；现在美国经营中国轮胎进口经销商有 200 多家，零售商也有 43100 多个，这部分经销商和零售商将会面临重新选择就业岗位，其后果也是相当严重；我们已向我国政府要求，对美国实行强烈的反制措施。

续表

话语时间	话语主体1（说话人）	话语主体2（听话人）	话语媒介	话语主题
9月13日	中国外交部		新闻发布会	美方不顾中方严正立场，决定对中国输美乘用车轮胎产品采取特保措施，我们对此表示强烈不满和坚决反对。美方这一做法违反了其在20国集团金融峰会上作出的有关承诺，是对贸易救济措施的滥用，是严重的贸易保护主义行为，将给中美经贸合作造成损害，也不利于推动世界经济早日复苏。
9月14日	美国轮胎产业协会		公告	对中国轮胎实施特保措施是一个政治驱动的决定，它将导致更多就业岗位的丢失。它不会给美国制造业创造更多的就业机会，反而会使美国轮胎零售业损失数千个工作岗位。美国轮胎制造业多年前就已决定将低价位的轮胎生产线转出美国，目前这个特保措施决定只会使他们将这些生产线转往中国之外的其他国家，如巴西和印度，美国本土就业岗位并不会因此增多。
9月15日	中国商务部		新闻发布会	2008年中国对美轮胎出口的增长只有2%左右，2009年上半年，甚至出现超过15%的负增长，在这样一个背景下，对于市场扰乱的判断是无法成立的；发起这件案件的主体是美国钢铁工人协会，事实上美国轮胎制造商，美国相关产业的零售商和销售商都是对中国的轮胎产品持欢迎态度的，在这个案件中，他们也反对USTR作出这个决定。应当说对申诉主体的地位我们也存在质疑；在中国输美轮胎制品中，有68%是外商投资企业出口的，美资企业在中国获得了大量的发展空间和盈利。在这样一种背景下，美方还持续坚持这样一个错误的决定。中国已经正式向美方提出了在世贸组织争端解决机制项下的磋商请求。

附录三 USW 致美国国会的公开信中译文

尊敬的参议员/众议员：

由于中国输美消费轮胎数量的激增损害了美国轮胎市场且导致几千人失业，由两党组成的、立场中立的 ITC 主张对其采取限制措施。本周，总统的智囊团（译者注：指的是美国 USTR）将就接受、拒绝或者修改 ITC 的这一主张呈交给总统一份建议书。我们在此敦促诸位向总统表达您的信念，即美国必须强有力地执行贸易法、实施特保救济措施。您的声音，加上 3 万封已经寄往白宫的支持信，将能产生很大影响。

在美中两国就中国加入 WTO 的条款进行谈判时，中国接受了美国贸易法中的一个新条款，即允许美国对进口量激增的中国产品采取限制措施。很明显，当进口自中国的消费用轮胎数量从 14000000 只蹿升至今年的 48000000 只左右时，"激增"的性质就成了无可争辩的事实。同一时期，多家美国轮胎厂被迫关闭，超过 5000 名轮胎产业工人已经失业——还有 3000 名预计将在今年失业。此外，35000 位退休工人的医疗护理也有赖于轮胎产业的发展。

在过去几周，中国和中国轮胎的美国进口商利用充沛的资金，积极实施一场预谋已久的行动方案，企图保护他们的利益、颠覆国会的初衷。他们四处传播谣言和谎话，企图继续维持中国共产党政权赖以生存的、已经毁损了我们国内市场的出口型经济引擎。不幸的是，由于担心中国政府报复性地限制他们在中国的运行，那些所谓的"美国"轮胎制造商在此次中美权益之争中大都持观望态度。

事实其实很简单：根据 ITC 的调查报告，中国正在与美国争夺所有轮胎细分市场,而绝非仅是他们所说的最低端轮胎市场。(限制中国轮胎进口后)美国国内有足够的生产能力开拓和恢复生产。零售商仍旧能够为消费者提供质优价廉的产品。

诸位,现在是摆明立场的时候了:美国人民辛勤劳作、按章办事,政府理应尊重他们的利益,保住他们的就业机会。特别是在美国人民对民选出来的领导人能否履行诺言和执行自己制定的法律普遍已经失去信心的情况下,此次贸易摩擦的最终裁决无疑会广受关注。

本案直接涉及的也许仅是少数几个州的轮胎生产就业机会,但最终裁决的影响将会波及全国。农民、工人和商人要么可以欣喜地发现他们国家的贸易法会被公正且有效地执行、美国的市场环境将更加公平;要么继续目睹市场向我们的贸易伙伴倾斜,他们在美国市场中逍遥进出,专事掠夺性、贸易保护性和不公平的贸易竞争。

抉择是十分清晰的。美国需要在您的帮助下开辟出一条新的贸易路途。

您忠诚的,

Leo W.Gerard

2009 年 8 月 31 日

附录四　中国五矿商会、中橡协致奥巴马和USTR的公开信中译文

尊敬的总统阁下/柯克先生(笔者注:美国贸易代表):

我们是代表中国轮胎进出口商的中国五矿化工产品进出口商会(CCCMC)和中国橡胶工业协会(CRIA)。贵国国际贸易委员会(即ITC)作出了中国输美轮胎存在市场扰乱的裁决报告,并提出对中国轮胎征收55%—35%特别关税的救济措施建议。我们对此裁决深表遗憾,认为该裁决缺乏事实和客观依据。

我们已多次申诉,并通过大量的证据材料充分论证,中国轮胎产品的进口并未给美国轮胎产业造成损害。限制和排斥中国产品无法解决美国轮胎产业面临的问题,还会损害美国轮胎经销商和消费者的利益。我们希望总统阁下/柯克先生在后续调查中能慎重考虑并作出不采取特保措施的最终决定。

1.首先,我们想请总统阁下/柯克先生注意,提出该案申请的美国钢铁工人联合会仅获得不足半数轮胎工人的支持,没有任何一家美国轮胎制造商声称因中国轮胎产品进口而遭受损害。代表美国轮胎产业生产、批发、零售、售后服务、翻新、回收等企业和工人利益的美国轮胎产业协会,已明确表示反对特保措施。他们认为特保措施不但不能保护美国制造业的就业,反而会给美国经销商和消费者造成损失美国智库凯托研究所等机构也认为限制中国轮胎产品进口弊大于利。

2.其次,事实可以证明,中国生产的轮胎与美国国内生产的同类产品,并不存在直接竞争关系,进口自中国的轮胎产品也并未给美国轮胎产业造成损

害。这主要体现在以下几点上：

(1)进口的中国轮胎与美国产品不存在直接竞争关系。美国国内生产的产品主要向汽车制造商市场(OEM)销售,用于新车配套和高端品牌替换市场。而中国的涉案产品主要面向其他不同市场——比如为那些手头吃紧的美国消费者提供廉价无牌的替换轮胎。而且,在中国轮胎进口量显著增长之前,美国轮胎生产商已在逐步放弃低端市场,专注于利润空间更大的市场细分,这部分市场基本由美国本土轮胎制造商所占有。

(2)美国进口的中国涉案产品没有快速增长。2007—2008 年期间,进口自中国的涉案轮胎,占美国实际消费量比例同期仅上升 2. 7%。2009 年前一季度中国轮胎的进口量还显著下降了。

(3)重要的是,对于美国国际贸易委员会调查问卷中的问题"进口自中国的涉案轮胎是否是美国市场受实质损害的一个原因",有 4 家美国大生产商回答"不是",另 4 家表示"无法回答"。

3.最后,美国虽有 2 万名轮胎产业制造工人,但经营中国轮胎的进口经销商有 200 家左右,零售商有 43100 多个,多达 10 万人从事轮胎进口和销售。如果强行削减从中国进口,只会迫使企业从其他国家选择类似产品,这不仅无利于美国制造业,还会给美国消费者和汽车业的发展带来不利影响。如果排斥进口中国轮胎,那么这部分经销商和零售商将会面临失业或重新选择工作的危险,其后果也是比较严重的。

尊敬的总统阁下/柯克先生,我们期盼您的公正决定,作出不采取特保措施的最终决定。

徐旭　会长
中国五矿化工产品进出口商会
中国五矿化工产品进出口商会轮胎分会
范仁德　会长
中国橡胶工业协会
中国橡胶工业协会轮胎分会

后　记

拙作是在本人博士论文的基础上改造而成的。而今行文至“致谢”部分，想到二十余年的艰辛求学终有所获，欣喜之情不言而喻，但同时也多了一份忧虑和沉重——学海苦读的尽头只是人生另一段长征和炼狱的开始。掩卷而思，能最终完成这部著作，我有太多的人需要感谢和致敬。

首先诚挚感谢恩师施旭教授。2008 年 5 月，在我处于人生重大选择的十字路口，最彷徨无助和低落的时候，施老师丝毫不嫌弃我才疏学浅，在众多优秀的候选人当中选择了我，成为了他在国内指导的第一个博士生。之后的三年半里，施老师在我的学习、工作和生活上倾注了许多心血。在论文准备阶段，他从自己十分有限的科研经费中拨出了大量现金资助我赴香港理工大学收集相关资料；为帮助我理清思路，他专门组织了“话语与贸易纠纷”专题研讨会，邀请来自国内名校的专家批评指正我的论文构想；在论文撰写的攻坚阶段，他还时常给我发来宽慰、励志的手机短信，让我倍感温暖，挺过了最难熬的几个月。施老师严谨的治学之道、宽厚仁慈的胸怀、积极达观的生活态度，为我树立了人生典范。他的教诲与鞭策将激励我在学术和教育的道路上励精图治，开拓创新，永不满足。

真诚地感谢浙江大学人文学院院长、语言与认知研究中心主任黄华新教授。在浙大求学期间，他不但为我提供了舒适的科研场所，还多次在“危难时刻”出手相救，对此我始终心怀感激。黄老师厚重的文化底蕴、扎实的语言文字功底、宽严相济的待生之道让我终生受益。

十分感谢在浙大教导过我的诸位老师，他们包括：字字珠玑的何莲珍教授、一丝不苟的殷企平教授、一心向学的吴宗杰教授、慈祥可亲的李岩教授、宽厚大度的沈弘教授、平易近人的池昌海教授、坦诚见底的吴义诚教授、善良热心的庞继贤教授等。他们对我的教导不仅体现在学术指导上,还彰显于一举一动之间。衷心感谢香港理工大学中文与双语学系吴东英教授在我赴港访学期间提供的食宿和图书查阅便利。同时,我还要感谢上海交通大学外国语学院王振华教授、南京大学陈新仁教授、天津商业大学田海龙教授、南京师范大学辛斌教授对我博士论文提出的宝贵意见。

在我任教的江苏大学外国语学院,许多领导和同事都曾在我读博期间给予了大力帮助:外国语学院院长陈红教授一再激励我勇敢地在学术道路上大步向前;副院长、我的硕士生导师张璘副教授不断提醒我要踏实做人、做学问;同事徐慧霞老师和季丽珺老师在我赴杭读博期间帮助我处理了大量私事和公事,从来不计个人得失……对这些可敬可爱的领导和同事,我想发自肺腑地说一声"感谢你们"。

感谢江苏大学图书馆魏惠卿副教授对我慈母般的照顾。每当工作、学习和生活遇到困难,她总是耐心地听我倾诉,帮我冷静地分析问题。我工作以来每个重要时刻、关键阶段都有她的身影,她让我在异地他乡感受到了家一般的温暖。

特别感谢人生恩师、国际论辩研究顶级学者、荷兰阿姆斯特丹大学荣休教授 Frans van Eemeren 对我论文构思和深入研究价值的肯定。博士论文完成之后不久,2013 年 8 月至 2014 年 8 月间,受国家留学基金委的资助,我有幸能够在 van Eemeren 教授的门下系统学习语用论辩学,更正了之前许多错误理解。教授的一言一行一直激励我在论辩研究的道路上锐意进取、永不言弃。教授对我生活上的关心和爱护让我在异国他乡感受到了温暖,也让我挺过了人生最大的低潮。此等恩情,没齿难忘。

最后,我要特别感谢生我养我、至今仍在家乡辛苦劳作的父母。三十余年以来,他们的最大心愿就是我能身体健康、有所成就、生活美满。他们不辞劳苦、节衣缩食,甘做我成长道路上的铺路石,不求任何物质回报。反观自己,离家求学、工作十余年来,陪伴他们的时间总是少得可怜。每每想到这儿,我都愧疚无比却也无可奈何，只能努力奋斗，期望能以更大的成绩来慰藉他们和自己。值此拙作完成之际，我想对最亲爱的父母说一声：儿子将永远不辜负您二老的期望。

吴　鹏

2016 年 6 月 27 日于

阿姆斯特丹阿姆斯特尔河畔